大学生创新创业教育教材

创 业 基 础

主　编　粟继祖

副主编　温芝龙

参　编　杨春艳　马　丁

U0361631

机械工业出版社

本书围绕大学生创业所需的基础知识、基本理论、基本方法和基本流程，以强调知识、理论和能力"三位一体"的创业系统为基础构建基本内容和知识体系。全书共九章，主要内容包括创业型经济与创业、创业者与创业团队、创业机会识别与评价、商业模式、创业资源、创业计划书、创业融资、初创企业创立与成长、初创企业管理。

本书各章均以真实案例作引导，提出观点和问题，然后用生动简明的语言阐述相关知识；各章章后均配有本章小结以及贴近创业实际的复习思考题及案例分析。全书编写思路清晰，内容设计合理，符合教学规律，能够很好地帮助学生对重点内容进行理解和掌握。

本书以内容系统、形式活泼、资料丰富、案例新颖及可操作性强为特色，为计划创业者提供知识和培育素质，为正在创业者提供有效的方法和路径。

本书主要作为高等院校公共课程"创业基础"的本科教材，也可作为各类创新创业培训的教材和相关人员自主学习的参考书。

图书在版编目（CIP）数据

创业基础/栗继祖主编 . —北京：机械工业出版社，2021.10
大学生创新创业教育教材
ISBN 978-7-111-69361-1

Ⅰ. ①创…　Ⅱ. ①栗…　Ⅲ. ①大学生—创业—高等学校—教材
Ⅳ. ①G647.38

中国版本图书馆 CIP 数据核字（2021）第 207210 号

机械工业出版社（北京市百万庄大街22号　邮政编码100037）
策划编辑：冷　彬　责任编辑：冷　彬
责任校对：刘宏艳　封面设计：严娅萍
责任印制：李　昂
北京捷迅佳彩印刷有限公司印刷
2022 年 1 月第 1 版第 1 次印刷
184mm×260mm · 14 印张 · 345 千字
标准书号：ISBN 978-7-111-69361-1
定价：39.80 元

电话服务　　　　　　　　　网络服务
客服电话：010-88361066　机 工 官 网：www.cmpbook.com
　　　　　010-88379833　机 工 官 博：weibo.com/cmp1952
　　　　　010-68326294　金 书 网：www.golden-book.com
封底无防伪标均为盗版　机工教育服务网：www.cmpedu.com

前　言

2012 年 8 月，教育部办公厅印发的《普通本科学校创业教育教学基本要求（试行）》明确指出，在普通高等学校开展创业教育，是服务国家加快转变经济发展方式、建设创新型国家和人力资源强国的战略举措，是深化高等教育教学改革、提高人才培养质量、促进大学生全面发展的重要途径，是落实以创业带动就业、促进高校毕业生充分就业的重要措施。其所附《"创业基础"教学大纲（试行）》明确了"创业基础"的课程性质："创业基础"是面向全体高校学生开展创业教育的核心课程，要纳入教学计划，不少于 32 学时、不低于 2 学分。此外，该教学大纲还对普通本科学校创业教育的教学目标、教学原则、课程要求与教学方法、课程内容与教学要点做出了明确规定。创业教育要坚持"面向全体、注重引导、分类施教、结合专业、强化实践"的原则，以教授创业知识为基础，以锻炼创业能力为关键，以培养创业精神为核心，使学生掌握创业的基础知识和基本理论，熟悉创业的基本流程和基本方法，了解创业的法律法规和相关政策，激发学生的创业意识，提高学生的社会责任感、创新精神和创业能力。该文件的出台标志着我国大学生创业教育课程建设进入了规范发展的新阶段。

2015 年 5 月，国务院办公厅发布了《国务院办公厅关于深化高等学校创新创业教育改革的实施意见》。该意见指出，2015 年起要全面深化高校创新创业教育改革，2017 年要取得重要进展，形成科学先进、广泛认同、具有中国特色的创新创业教育理念，形成一批可复制可推广的制度成果，普及创新创业教育，实现新一轮大学生创业引领计划预期目标。到 2020 年建立健全课堂教学、自主学习、结合实践、指导帮扶、文化引领融为一体的高校创新创业教育体系，人才培养质量显著提升，学生的创新精神、创业意识和创新创业能力明显增强，投身创业实践的学生显著增加。

当下"众创"热潮蓬勃涌动，大众创业、万众创新已经成为培育和催生经济社会发展的新动力，我国的创业活动有了较大规模和较快发展，创业活动对中国经济和社会发展做出了巨大贡献。

但与此同时，我国的创业活动也存在创业技能不高的现象，创业环境也有待改善。从发展的角度看，我国创业活动的性质发生了很大的变化，对创业机会的重视和把握程度更高了，创业者队伍的结构也更优化，科技型、新经济型创业成为主流。形势的发展凸显了提高国民素质、培养大批高素质创新创业人才的重要性和紧迫性。党中央、国务院高度重视创新创业人才的培养。习近平总书记多次做出重要指示：造就规模宏大、富有创新精神、敢于承担风险的创新创业人才队伍。李克强总理多次强调：大众创业、万众创新的核心在于激发人的创造力，尤其在于激发青年的创造力。

因此，培养和强化创业精神，普及创业教育，同时锻炼和提升大学生创业技能是我们编写本书的主要目的。创业愿望强烈但创业技能不高是我国创业活动的现状。提升创业技能的重要途径之一是开展创业教育。创业教育并不是让所有受教育者都去创建自己的企业，而是传授给受教育者创业知识，培养创业思维，培育创业和创新精神，引导未来创业者了解创业活动过程的内在规律及所涉及的关键问题，以及可能遇到的问题和风险，帮助其理性规划职业发展路径。创业教育无法保证创业成功，但可以帮助创业者降低创业失败的风险，这是创业教育的重要贡献。

为此，本书编者作为长期奋斗在创业教育、教学和实践一线的团队，遵循教育部发布的《"创业基础"教学大纲（试行）》的基本内容和教学要求，以及《国务院办公厅关于深化高等学校创新创业教育改革的实施意见》的主旨精神，编写了本书。本书围绕创新思维的培养、创新与创业的关系、创业团队组建、创业规划、创业实施等内容展开，特别突出应用性与实践性，在体系构建及整体设计上主要体现出以下特点：

（1）按照教书育人的要求，深度挖掘创新创业教育中的德育要素，将创新创业内容与社会主义核心价值观和中华优秀传统文化有机融合。

（2）理论知识体系化。通过体系化的知识学习，加强学生创新创业知识储备。例如，培养典型的创新思维，掌握经典的创意，提高创业者素养等。

（3）强调"做中学"的创新创业教育理念。本书融入丰富的大学生创业案例，力图使学习者体会创业的苦与乐，分享对创业实践问题的思考。通过对真实市场的创业分析，在对与错、得与失中拾遗补阙，提升学生的创新创业技能水平。无论是寻找身边的创业机会，还是运用创新思维提升工作能力，每一位学习者都将更有自信地谱写自己的梦想故事！

（4）强调培养学生勇于转变观念，突破思维定式，敢于挑战的自信心。有效提升学生的创新思维，增强挑战定式的勇气。

本书由栗继祖担任主编，温芝龙担任副主编。具体编写分工为：栗继祖编写第一章，温芝龙编写第二～五章，杨春艳编写第六～八章，马丁编写第九章。全书由栗继祖和温芝龙负责统稿。

由于时间仓促和编者自身理论水平及实践经验有限，书中难免存在疏漏或不足之处，敬请读者批评指正，以便今后对本书做进一步的修改、补充和完善。

编　者

目 录

第一章 | 创业型经济与创业

学习目的与要求

- 了解四次创业浪潮及"双创"内涵、产生背景
- 掌握创新与创业的内涵及相互关系
- 认识创业的要素、类型并熟悉创业活动的过程
- 掌握创业与创业精神之间的辩证关系
- 了解创业与职业生涯发展的关系,认识到创业对个人职业生涯发展的积极作用

学习重点与难点

重点: 创新;创业;创业精神;职业生涯的概念

难点: 创新与创业的关系;创业精神培育;创业与职业生涯的关系

引导案例

小米科技创始人雷军的创业小故事

雷军18岁考入武汉大学计算机系,他用两年时间修完了所有学分,并完成了毕业设计。大四那年,雷军和他的同学创办了三色公司,当时的产品是一种仿制汉卡,在武汉电子一条街小有名气。但是,随后出现了一家规模更大的公司生产类似产品,价格更低,出货量更大。很快,三色公司经营艰难。半年后,三色公司解散。

大学毕业后,雷军只身闯荡北京,1991年年底在中关村与求伯君结识,随后加盟金山公司。两年后,雷军出任北京金山软件公司总经理。1998年,29岁的雷军升任金山公司总经理。

但是雷军在这个台阶上一待就是近十年,直到2007年年底离开金山公司。这段时光也是雷军"推着石头往山上走"的日子。求伯君立志让金山成为一家可以挑战微软的民族软件企业,理想之路步履维艰,金山历经从办公软件到词霸、毒霸,再到向游戏和网络的多次转型,几经起落。雷军带领金山五次冲击公开上市(IPO),最终还是依靠网络

游戏的业绩，于 2007 年 10 月成功在中国香港上市。但金山当年的上市估值远不如同一年在中国香港上市的阿里巴巴，更不及早几年在美国上市的盛大、百度等互联网企业。

雷军担任金山公司总经理时，马化腾、丁磊等人刚从学校毕业到电信局工作，李彦宏还在美国念书，周鸿祎也才参加工作，马云筹办中国黄页在北京到处碰壁。

雷军的湖北老乡周鸿祎曾说，很长一段时间内，他对雷军都是仰视的状态，因为雷军出道早，江湖辈分高，是中关村里的"元老"。但是，短短几年后，这帮"小字辈"都成了赫赫有名的互联网"大佬"，丁磊、陈天桥、李彦宏更是先后成了"中国首富"。

风云变幻，时势使然。多年后，雷军回忆起这一段还颇为感慨："金山在 20 世纪 90 年代还很火，1999 年互联网大潮涌来的时候，我们却忙着做 WPS，忙着对抗微软，无暇顾及。到 2003 年，我们再环顾四周，发现我们远远落后了。那一瞬间，我压力非常大，作为首席执行官（CEO），后面两三年我每天都在想什么地方出问题了，是团队不够好，还是技术不行，还是自己不够努力？"

雷军说，成功仅仅靠勤奋是不够的，还需要找到最"肥"的市场，顺势而为。在雷军看来，大成和大势高度相关。就像他的两个快乐喜爱——围棋和滑雪，讲究的也都是"势"。

金山错过了第一波互联网浪潮，不过有一件事情却在日后至关重要。2000 年，雷军牵头了一个金山内部的创业项目——卓越网，四年多后，以 7500 万美元的价格卖给了亚马逊。这次出售让雷军实现了财务自由，也为其后来的天使投资奠定了资本。

2007 年年底，金山成功上市两个月后，雷军以健康原因辞去总裁与 CEO 职务，离开金山。"那一阵他身心俱疲，离开是最好的选择。"雷军的一个朋友说，这让雷军从习惯的枷锁中解脱出来。

事后证明，正是这一次的离开，成就了雷军的脱胎换骨。

离开金山的雷军，转身成了天使投资人，开始从大势出发，以更大的视角来观察和思考互联网。雷军是最早投身移动互联网的一拨人。2008 年，他在个人博客中写下："移动互联网是下一波创业的大机会。"同时，雷军在移动互联网、电商、社交等多个领域投资的项目有拉卡拉、UC 浏览器、凡客诚品、YY、乐淘、多玩、多看等。其中，凡客诚品风靡一时，YY 已在美国上市。

做投资让雷军更加深入了解互联网，也获得了异常丰厚的回报。但他投资的这些公司很难说是雷军自己的事业。

在内心深处，雷军仍想做一个真正属于自己的事业。很快，雷军找到了自己的"势"——智能手机和移动互联网的大爆发。2010 年 4 月，小米公司注册成立，第一个产品——移动操作系统 MIUI（米柚）在当年 8 月上线。2011 年 8 月 16 日，小米手机 1 正式发布。随后，在一片质疑或赞誉中，小米在 2012 年卖出 719 万部手机，2013 年卖出 1870 万部手机。在此过程中，小米完成四轮融资，估值迅速突破 100 亿美元。小米已成为业界的现象级品牌。

小米从此开始了快速增长期，2012 年市场估值为 40 亿美元，2013 年为 100 亿美元，2014 年为 450 亿美元，2015 年为 780 亿美元，2017 年为 1000 亿美元，2018 年为 1700 亿元……一次又一次刷新市场估值记录，成为同行业很多"大佬"学习的榜样。

在一次采访中，雷军很谦虚地说："小米只赚一点点钱，就像收小费一样！小米的宗旨是要有一颗玩者之心，把东西做到有趣好玩，和消费者交朋友。"当被问到好玩和有趣就能挣到钱吗？雷军表示，为用户提供有价值的东西是一定能挣到钱的，同时也要了解客户，要有创新，才能做出更多好玩的东西。如果一味追求利益化，不追求多元化，那么企业是走不长远的。

雷军说，创业者仅有创业的精神和努力是不够的，还需要看穿、看准顺势，真正的聪明是大智若愚，能为他人着想，同时保持初心，追随内心。要和用户交朋友，把产品做好、做便宜，让用户不用过多思考，买东西的时候不用担心价钱，要获取用户的信任。这样的销售营业额才能做到更高，这也就是商业界的最高境界了。把生意做到客户不用考虑、不用对比，这是用户对企业的信任，也是商业界最大的成功。

资料来源：https://new.qq.com/omn/20190406/20190406A0BY7G.html（经整理加工）。

思考：

1. 你认为雷军的创业成功取决于哪些因素。
2. 雷军的创业属于什么类型的创业？经历了哪些过程？
3. 雷军的哪些精神值得你学习？
4. 雷军的创业与传统的创业模式有哪些不同？

第一节　四次创业浪潮与中国创业环境

从计划经济到市场经济，从互联网到移动互联，时代的变迁，一波又一波的弄潮儿前赴后继，迸发出惊人的创造力。回顾自改革开放以来的历次创业浪潮，社会、经济、科技、政策环境并不相同。创业浪潮在很大程度上与政府的支持、社会资金的宽裕程度、投资人的态度、社会的包容度有关。

一、创业浪潮

（一）1979 年—1989 年草根创业：个体户爆发

中国第一次创业大潮是民间自发的，如果不创业就没有"活路"，这种理论被称为"生存创业"。"文革"结束后，知青返城，就业成为社会问题。为缓解就业压力，解决温饱问题，1979 年 2 月，中共中央、国务院批转了第一个有关发展个体经济的报告，允许"各地可根据市场需要，在取得有关业务主管部门同意后，批准一些有正式户口的闲散劳动力从事修理、服务和手工业者个体劳动"。

"个体户"应运而生。

1980 年，温州人章华妹成为第一个拿到个体工商户营业执照的人，她以卖纽扣为生。

个体户的出现，激活了一个封闭已久的经济体对物质的渴望，王石、柳传志、任正非、张瑞敏，中国第一代企业家也在这时"倒腾"出第一桶金，并借助时代机遇成就了各自非凡的事业。

（二）1992 年—1996 年精英创业：扔掉"铁饭碗"

自个体经济为人们打开新天地后，市场经济迅速席卷全国。20 世纪 80 年代末 90 年代初，全国掀起了一股全民经商潮，其中最为典型的是"国企员工下海"。

1992 年年初，邓小平在南方谈话中指出，计划和市场都是经济手段，明确提出"三个有利于"标准。"南方谈话"进一步打破了人们的思想禁锢，激发人们跳出体制，投身市场经济之海的热情。

据统计，1992 年，有 12 万名公职人员辞职下海，1000 多万名公职人员停薪留职。

"1988 年时我在昆明一家知名国企百货公司做售货员，每月工资 45 元；丈夫在大学做教师，每月挣 90 元，那时在昆明已算高薪。"某国企员工陈某花说。

与其性格不同的是，陈某花的哥哥陈某中激进冒险。"他原来是公职人员，但他不甘于乏味的工作，办理了停薪留职，靠三轮摩托车拉货赚钱。"

陈某中、陈某花兄妹俩在 20 世纪 80 年代都是国企工，然而在改革开放狂潮中做出了不同的选择，随后经历了不同的人生。

据了解，面对充满未知数的商海，公职人员更多以"停薪留职"或请长假的方式"下海"，为自己留后路。

这一代的创业者中诞生了俞敏洪、郭广昌、王传福等后来的业界知名人士，而他们所创办的企业也逐渐成长为数一数二的中国品牌。

（三）1997 年—2000 年互联网创业：浪潮之巅

经济体制的改变，让人们解决生存问题，而科技的发展，却改变生活方式。中国的互联网元年，在 1997 年开启。

1997 年 11 月，中国互联网络信息中心（CNNIC）发布第一次《中国互联网络发展状况统计报告》。该报告指出，截至 1997 年 10 月 31 日，全国共有上网计算机 29.9 万台，上网用户数 62 万人。此后，CNNIC 形成半年一次的报告发布机制。

1997 年 1 月，美国麻省理工学院的博士张朝阳创办了爱特信（ITC）网站。1998 年 2 月，他在中国"克隆"雅虎，推出中文网页目录搜索引擎——搜狐。

1997 年 6 月，26 岁的丁磊设想网民们应有自己的信箱，于是在广州创办网易公司，诞生了第一个中文个人主页服务系统和免费邮箱系统。

1998 年，马化腾成立了深圳市腾讯计算机系统有限公司，开发了 OICQ（QQ 的前身）即时通信软件。

1999 年，马云在经历两次创业失败后，确定要成立一家为中小企业服务的电子商务公司，域名就叫阿里巴巴。

尽管经历了 2000 年互联网泡沫的惨烈溃败，互联网时代的步伐并未减缓。百度、腾讯、阿里巴巴正是在这一时期迅速崛起，成为中国新兴经济的代表。而其所代表的互联网，将在未来以"颠覆一切"的形象，改变着整个中国的经济结构。

（四）2014 年至今大众创业：新时代的个体崛起

第四波新的创业浪潮是从中国实施"双创"开始的。2014 年 9 月，李克强总理在夏季达沃斯论坛上首次提出"大众创业、万众创新"，强调要借助改革创新的"东风"，在 960 万平方公里的土地上掀起"大众创业""草根创业"的浪潮，形成"万众创新""人人创新"的新态势。2018 年，我国全球创业指数为 41.1%，我国创新排名由 2017 年的第 22 位跃升至第 17 位，超过了新西兰、奥地利、挪威、加拿大、冰岛等发达国家，我国首次跻身世界最具创新性的前 20 个经济体，在参评的 34 个中高收入经济体中排名第 1 位。我国是 2018 年全球创业指数得分增幅较大的十个国家之一。我国已跻身全球创新领先者行列。受创业环境变化驱动，据国家统计局数据，2020 年我国新登记市场主体 2502 万户，日均新登记企业 2.2 万户，平均每分钟就会诞生 15 家公司。北京、深圳、上海、成都、武汉等各种要素聚集城市的"双创"成果正在呈现指数级增长。

二、"双创"

（一）"双创"的内涵

"双创"一般是指大众创业、万众创新。"大众创业、万众创新"出自 2014 年 9 月夏季达沃斯论坛上李克强总理的讲话，前文已介绍，此处不再赘述。

"双创"战略是我国经济转型必然抉择，我国正在以大众创业、万众创新带动新经济增长，缩小"创新鸿沟"，这是推动中国从经济大国迈向经济强国的重大历史抉择。这一战略的基本目标是推动中国经济转型，特别是通过初创企业的进入推动在位企业转型。推动大众创业、万众创新是充分激发亿万群众智慧和创造力的重大改革举措，是实现国家强盛、人民富裕的重要途径。让创业创新成为时代潮流，汇聚起经济社会发展的强大新动能。

（二）"双创"产生的背景

我国经过 40 多年的改革发展，形成了巨大的经济体量，成为全球经济大国和贸易大国，但经济规模大而不强、经济增长快而不优、关键领域核心技术受制于人的格局没有得到根本改变。在国际发展竞争日益激烈和我国发展动力转换的形势下，没有创新发展，我们就难以摆脱过多依靠要素投入推动经济增长的路径依赖，难以实现经济持续健康发展，难以成为经济强国、创新大国。

目前，我们比以往任何时候都需要强化创新这个引领发展的第一动力。从世界范围看，当今全球进入了大数据、云计算、物联网新时代，经济发展动力进入了以颠覆性技术创新为主导的历史阶段。正在出现的全球新一轮科技革命和产业变革，与我国加快转变经济发展方式的"新常态"形成历史性交汇。

随着人口红利减少、生产要素成本上升、资源配置效率和要素供给效率下降，我国比以往任何时候都需要通过创新来提升国家竞争力，摆脱陷入"中等收入陷阱"的隐患。与全球主要发达国家相比，我国创新竞争力水平依然有较大差距，创新创业在经济增长中的贡献仍较低，增长模式仍处于"要素驱动"和"投资驱动"并存阶段。

2008 年，全球金融危机使大多数国家比以往任何时候都需要通过创新来摆脱危机，实现重生，主要发达国家纷纷推出各自的创新增长战略，焦点不约而同地锁定在新一代互联网、生物技术、新能源、高端制造等战略性新兴产业上，构成新一轮增长竞赛，其战略推出的频率之快、密集程度之高前所未有。

美国于 2011 年发布的《美国创新战略：确保经济增长与繁荣》（即新版创新战略）的突出特点是"寓创新于创业"之中，提出要实施"创业美国计划"，核心内容包括夯实创新基础、培育市场环境和突破关键领域三大方面。2012 年，美国时任总统奥巴马签署了

《2012 年促进创业企业融资法》（JOBS 法案），旨在推动更多众筹平台的出现，为创新、创业和创意提供资金支持。2014 年，奥巴马宣布将每年的 6 月 18 日定为"国家创客日"。目前，美国是全球创客空间最多的国家，"创客运动"被视为美国重振制造业和经济创新的重大机会。

欧盟各国如德国于 2010 年发布的《德国 2020 高科技战略》提出，竭力塑造新的法规环境，为"发明"和"创新"提供足够的"自由空间"。此外，欧盟加大了公共创新研发的支持力度。

亚洲国家在此轮全球创新竞赛中也不甘示弱。日本于 2007 年出台《日本创新战略 2025》、2010 年出台《未来 10 年经济增长战略》之后，2011 年提出成立科技创新战略本部来代替综合科学技术会议，从而最大限度发挥"创新司令塔"的指挥作用。同时，为抢夺全球以及亚洲创新人才，日本提出"亚洲人才资金构想事业"项目，设立"外国人特别研究员计划"。

韩国政府积极推动新增长战略，在 2009 年 1 月发布《新增长动力规划及发展战略》的基础上，于 2013 年年初提出实施"创造经济"（Creative Economy）战略，主要包括创新管理政府部门结构，以塑造"创造经济"生态环境为方针，从国家科技研发、信息与通信技术（ICT）出发，构建创业的生态系统，发展并保护中小企业，使其成为"创造经济"的主力军等。

（三）中国"双创"战略路径选择

对于正在全力推动大众创业、万众创新的中国而言，当前在创新发展的过程中仍然存在许多深层次矛盾。创新创业体制机制与创新创业快速发展不相适应，单兵突进的现象依然严重，制度不配套，创新阻力依然很大。创新驱动不仅是要素动力转换问题，更是一个制度变革问题。因此，必须博采众长，树立全新经济发展观和新思维，持续完善国家创新创业体系，做好战略部署和顶层设计。

1. 持续强化创新创业战略的顶层设计和科学布局是各国突出特点

国家对创新创业发展应持一种长远的、战略性思考的眼光看待，借鉴发达国家的有益经验，避免"碎片化"倾向，必须明确创新创业中长期战略发展目标、整体布局、重点任务、专项规划，加强各项政策与规划间协调配合，健全和完善支持科技、产业、财融、教育、人才、知识产权等一揽子政策体系，实施"精准创新""精准创业"，打造创新创业的体制架构和生态环境。

2. "创新强国"建设必须把人才作为国家竞争力的最核心要素

创新驱动实质上是人才驱动，创新人才是主要国家竞相争夺的核心战略资源。无论美国、日本、德国等发达国家，还是巴西、印度等新兴经济体，都把人才战略上升为立国战略。相比之下，我国目前妨碍创新人才成长和流动的壁垒依然存在，必须打破束缚人的生产力的条条框框，让各类创新人才在企业、高校、科研机构流动起来，使创新资源从实验室流向市场，把更多科技成果转化为现实生产力。要择天下英才而用之，促进国际高端人才加速向中国流动和聚集，真正把创新人才红利释放出来，创造"二次人口红利"。

3. 完善国家创新基础设施是促进创新创业发展的重要基础

作为国家基础设施重要组成部分的创新基础设施，具有基础性、战略性、公共性、不可逆性、长期性等特点，发达国家普遍将创新基础设施建设作为强化本国自主创新能力和国际竞争力的重要举措。我国创新基础设施普遍落后，必须强化对国家创新基础设施建设的投入，形成对创新基础设施、大数据、云计算等基础平台以及国家创新实验室、创客空间等的可持续投入和发展机制，真正为创新和创业提供基础性支撑。

4. 前瞻谋划和布局面向未来全球科技竞争是大国战略博弈的关键

全球竞争格局演变的历史证明，如果没有为了"明天"的科技储备，则注定了"明天"的国家失落。美国白宫发布《美国创新新战略》力挺先进制造、精密医疗、大脑计划、太空探索等九大战略新兴领域和一批颠覆性技术。在全球创新空间和分工体系处于"大洗牌"的背景下，我国必须加强对未来科技竞争的战略储备。在面向国家重大需求方面，加强科技攻关和协同创新，实现关键核心技术重大突破；在关系国家核心利益、国防安全和长远发展的战略必争领域抢占制高点；在面向国民经济主战场方面，加强面向下一代关键核心技术的研发与集成，努力建设世界科技创新强国。

5. 完善全球创新协同网络和创新链合作是获得成功的关键

人类历史上迄今共发生过五个波次的创新资源跨国大转移，每次转移都会在新的区位造就新的科技中心。在创新全球化时代，创新要素将沿着高效率的轨道向能产生高效益的地区加速流动，我国要积极顺应世界科技创新和产业变革趋势，从过去接纳产业转移，递进到接纳创新要素转移，深度融入全球产业分工体系，充分利用全球创新创业资源实现开放式创新。以中英、中德、中韩等创新合作平台对接为契机，共同开拓第三方市场，共建全球开放、包容、共享的国际合作体系，推动经济强国战略全面升级。

第二节　创新与创业

一、创新

创新是人类特有的认知能力和实践能力，是人类主观能动性的高级表现形式，是推动民族进步和社会发展的不竭动力。一个民族要想走在时代前列，就一刻也不能没有理论思维，一刻也不能停止创新。

（一）创新的概念

20 世纪初，美籍奥地利经济学家熊彼特（J. A. Schumpter）首次将"创新"视为经济增长的内生变量，他在《经济发展理论》（1912 年）一书中提出了"创新理论"，以后又在其他著作里加以应用和发展。1942 年，熊彼特《资本主义、社会主义和民主主义》一书出版，标志着其"创新理论"体系的最后完成。熊彼特认为，"创新"就是建立一种新的生产要素组合的生产函数，新组合包括：①引入一种新产品或提供一种产品的新质量；②采用一种新的生产方式；③开辟一个新的市场；④获得一种原料或半成品的新的供给来源；⑤实行一种新的企业组织形式，例如建立一种垄断地位或打破垄断地位。熊彼特特别强调组织创新、管理创新、制度创新、社会创新和技术创新之间的联系。毫无疑问，被公认是"现代创新理论之父"的熊彼特，以及他的后继者新熊彼特主义经济学派，其理论构成了现代创新研究的基础，也是国家创新体系（NIS）的研究起点。

随着社会的不断发展变化，"创新"一词的意义也在不断扩展和深化。从字面上看，"创新"有"首次出现""初始""前所未有"之意。它既包括事物发展的过程又包括事物发展的结果，主要包括新的发现发明、新的思想和理念、新的学说与技术以及新的方法等一切新事物。

从熊彼特的创新理论不难发现，"新的或重新组合的或再次发现的知识被引入经济系统的过程"称为"创新"。

首先，"创新"的概念要比"创造"的概念更宽泛，它包容了"前所未有"，也包容了对原有的"重新组合"和"再次发现"。熊彼特给"创新"定义了三种不同层次的要素，"创造"当然是创新，但"再次发现"和"重新组合"也是创新。例如，知识经济的代表人物比尔·盖茨就多次被人讥讽为没有自己的原创产品，其起家的初学者通用符号指令代码（BASIC语言）并非自己发明，为他带来滚滚财源的当家产品磁盘操作系统（DOS）是从其他公司所购，Windows操作系统则借用了施乐公司和苹果公司的技术，IE浏览器源于网景公司的创意，Office办公系统的多数组件均出自微软收购的公司。微软公司虽然没有自己的创造，但它善于"再次发现"别人的创造，更重要的是"重新组合"为新的产品（如Office办公系统重新组合了Word、Excel、PowerPoint等软件），终于成为知识经济时代的创新典范。这一例证说明，"创新"并不同等于"创造"，"创新"的概念包含着"创造"而不是相反。人们通常所说的"创造"，属于最高层次的"创新"。

其次，对于"创新过程"，熊彼特提出必须把知识引入经济系统才算完成。他认为，发明家未必是创新者，只有企业家将发明引入经济系发统，发明者才成为创新者，因而社会生产的中心是创新，是扩大再生产。因此，我们可以用一个公式来概括"创新"与"创造"的关系：创新 = 创造 + 开发。微软公司如果不善于开发，不将重新组合的软件产品推向市场并获取高额利润，无论如何也不能实现技术创新。在被称为"我国第一部知识经济的权威译著"的《知识经济的创新战略：智慧的觉醒》一书中，作者戴布拉·艾米顿写道，本书将"知识创新"的概念定义为：为了企业的卓越、国家经济的繁荣昌盛，以及整个社会的进步，创造、发展、交流和应用新的想法，使之转化为市场适销的商品与服务的活动。她将"创新"界定为一个价值系统，其核心是"把思想推向市场"，其过程是"把理论推向实践"。"我们生活在这样一个世界，在这个世界里，新思想的应用可能是最主要的竞争优势""成功的关键因素不仅仅是新想法的数量，而更重要的是这些想法的实现"。

创新又是什么？创新意味着抛开或毁灭旧的，建立或创造新的。创新的范围和内容是极为丰富的，包括技术创新、产品创新、制度创新、组织创新、观念创新、机制创新、工具方法创新等，但所有的创新活动都必须具备强烈的创新精神才能完成。没有创新精神，创新活动就难以产生或坚持下去。有人把创新分为进化式创新与革命性创新。实际上，不管哪一种创新，都是在量的积累基础上的质的飞跃，即突破，只不过量的积累过程有时是明显的，有时则是或明或暗，不那么十分明显罢了。

国内学术界公认的"创新"概念来源于熊比特的创新理论，其国际社会认同的特指英文是"Innovation"，有别于"创造"（Creation）和"发明"（Invention）。当前国际社会对于"创新（这里还是理解为Innovation）"的定义比较权威的有两个：①2000年经合组织（OECD）在"学习型经济中的城市与区域发展"报告中提出的"创新的含义比发明创造更为深刻，它必须考虑在经济上的运用，实现其潜在的经济价值。只有当发明创造引入经济领域时，它才成为创新"；②2004 年美国国家竞争力委员会向政府提交的《创新美国》计划中提出的"创新是把感悟和技术转化为能够创造新的市值、驱动经济增长和提高生活标准的新的产品、新的过程与方法和新的服务"。这就确认了"创新"在社会经济发展中极其重要的地位和作用。鉴于此，当前我们的创新战略应当重点突出推进 Innovation。作为 Innovation 的创新，实际上是一个过程，是实现创造发明潜在的经济价值和社会价值的过程。

国内专家对于创新（Innovation）的理解一般有狭义和广义两个层次。狭义理解的创新概念是：立足于把技术和经济结合起来，即创新是一个从新思想的产生到产品设计、试制、生产、营销和市场化的一系列行动。

随着人们对现代社会科学、技术与经济发展、社会进步关系的深入研究，逐渐产生了对创新概念的广义理解。

广义理解的创新概念是：力求将科学、技术、教育等与经济融汇起来，即创新表现为不同参与者和机构（包括企业、政府、大学、科研机构等）之间交互作用的网络。在这个网络中，任何一个节点都可能成为创新行为实现的特定空间。因此，创新行为可以表现在技术、体制或知识等不同的侧面。

（二）创新的类型

创新是创业的源泉、本质和灵魂。创新能力是进行创业最重要的资本。创新的类型可以分为变革创新、市场创新、产品创新、运营创新四大类型。

1. 变革创新

变革创新会对社会与国家产生巨大影响，一般是划时代的标志。

蒸汽机的发明将手工作坊式生产推广到机械化的大规模生产，也就是工业 1.0 所开创的"蒸汽时代"（1760 年—1840 年），标志着农耕文明向工业文明的过渡，这是人类发展史上的一个伟大奇迹。

第二次工业革命进入了"电气时代"（1840 年—1950 年），使得电力、钢铁、铁路、化工、汽车等重工业兴起，石油成为新能源，并促使交通迅速发展，世界各国的交流更为频繁，并逐渐形成一个全球化的国际政治、经济体系。

第二次世界大战时，计算机的发明开始了第三次工业革命，更开创了"信息时代"（1950 年至今），全球信息和资源交流变得更为迅速，大多数国家和地区都被卷入全球化进程之中，世界政治经济格局进一步确立，人类文明的发达程度也达到空前的高度。第三次工业革命方兴未艾，在全球扩散和传播。

第四次工业革命（工业 4.0）的核心是信息物理系统（CPS），将人、机器、信息、数据相互连接，人人可以定制产品或服务，利用移动设备，不需要现场工作或者办公，就可以远程控制智能工厂、智能设备、智能交通、智能生活等。但是，变革创新的同时也会带来很大的风险，变革创新往往是相对于社会而言的。

2. 市场创新

市场创新就是随着社会的发展，企业为了开辟新的市场、扩大市场份额而产生的创新模式。例如，电子商务使得营销模式发生了巨大的变化。

特别是线上线下的互动（O2O）给企业带来了巨大的销售机会，开辟了新的营销市场。市场创新的风险要比变革创新低得多，市场创新一般是针对企业而言的。

3. 产品创新

产品创新是站在客户的角度发现客户的潜在需求，寻求新的产品；或者发现老产品的问题，研究客户的投诉和客户的真正痛点，从而进行产品创新。

产品创新的风险比变革创新、市场创新的风险都要小一些，产品创新是针对企业的产品技术研发活动而言的。

4. 运营创新

运营创新是针对企业内部的流程、规范、规章制度等进行变革。风险相对是最低的。

比如，医院由以部门为中心的流程发展为以患者为中心的流程。原来患者需要先挂号再就医，如果需要透视、化验，就需要先划价，再交费，然后才能进行透视、化验，等到透视、化验结果出来，再拿着相关单据找医生诊断。

现在的医院对流程进行了改进和完善，利用计算机、互联网、物联网技术，医生开完化验单，无须再进行划价，甚至连缴费都可以在医生旁边的自助缴费机上进行。这样就不需要患者来回移动，而医院内部的流程则由计算机完成。

二、创业

哈佛大学拉克教授讲过这样一段话："创业对大多数人而言是一件极具诱惑的事情，同时也是一件极具挑战的事情。不是人人都能成功，也并非想象中那么困难。但任何一个梦想成功的人，倘若他知道创业需要策划、技术及创意的观念，那么成功已离他不远了。"

（一）创业的定义、要素与功能

1. 创业的定义

创业，是一种广泛而久远存在的社会活动。创业，古为"开创基业"之意。"创业"一词源远流长，最早出现于《孟子·梁惠王下》："君子创业垂统，为可继也。"故《辞海》将创业解释为"开创基业"。张衡《西京赋》中"高祖创业，继体承基"，所创之业为帝王之业、霸主之业。《孟子·梁惠王下》中"君子创业垂统，为可继也"指的则是君子之业、立本之业。诸葛亮在《出师表》中痛心疾首地写下："先帝创业未半而中道崩殂。"

国外对创业的关注多是从商业视角出发的。有"创业教育之父"之称的杰弗里·蒂蒙斯（Timmons）认为"创业是一种思考、推理和行为方式，这种行为方式是机会驱动、注重方法和与领导相平衡"。谢恩和文卡塔拉曼（Shane and Venkataraman）则将这一概念细化，指出创业就是"机会的识别、开发和利用的过程"。

在中国传统文化中，"创业"一词多指的是广义的创业，即开创未来的事业，无论营利性的还是非营利性的，只要是对社会发展有一定积极影响的开创性活动，均可称为创业。

现今，我们把创业理解为不拘泥于当前资源，寻求机会，进行价值创造的行为过程。

作为一个行为过程，创业的概念可以从以下三方面进行理解：

（1）创业需要面对资源难题，设法突破资源束缚

无数创业案例表明，大多数创业者在创业初期甚至全过程都会经历资源约束的过程。这是因为创业通常是创业者在资源高度约束情况下所进行的从无到有、"从零到一"的财富创造过程。创业者往往不甘于现状，需要通过技术创新和商业模式创新等方式对资源进行更为有效的整合，实现创业目标。换言之，创业者只有努力创新资源整合手段和资源获取渠道，

才能真正摆脱资源约束的困境。正因如此，积极探求创造性整合资源的新方法、新模式和新机制，就成为创业的基本特性。

（2）创业需要善于寻求机会

创业通常离不开创业者努力识别机会、把握机会和实现机会的有效活动。创业者从创业起始就需要努力识别商业机会，只有发现了商业机会，才会进一步整合资源和创造价值。因此，一般认为寻求有效机会是产生创业活动的重要一环。

（3）创业者能够进行价值创造

创业属于人类的劳动形式之一，劳动需要产生劳动成果，创业也需要创造劳动价值。创业的本质在于创新，因此，与一般劳动相比，创业更强调创造出商业价值和社会价值。当今较为典型的创业大多追求创新带来的新价值，这些新价值通过技术、产品和服务等方式的变革更好地为消费者服务，促进社会的发展和进步。需要注意的是，创业通常需要比一般劳动付出更多的时间和努力，承担更多的风险。当然，创业的渐进和成功也会带来分享不尽的成就感。

2. 创业的要素

创业是一项艰苦的事业，也是一个复杂和复合的系统。创业需要很多前提、条件、资源和要素。迄今为止，人们对创业要素的认知和分析中，最为典型和公认的是蒂蒙斯在长期研究的基础上提出的创业要素模型——蒂蒙斯模型，如图 1-1 所示。

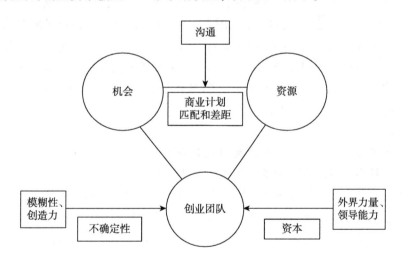

图 1-1 蒂蒙斯模型

蒂蒙斯模型在创业领域有着深远的影响。首先，该模型简洁明了，提炼出创业的关键要素：机会、创业者及其创业团队、资源。

机会是有利于创业的一组条件的形成情况，包括持续性需求、满足需求的创意、实施创意的能力和资源，以及开发创意所需的资金和团队。

创业团队就是由两个或者两个以上相互作用、相互依赖的个体，为了特定目标而按照一定规则结合在一起的组织。

资源是企业创立和成长过程中所需要的各种生产要素与支撑条件。对创业者及其创业团队而言，只要是对创业项目和初创企业发展有所帮助的要素，都可以归入创业资源的范畴。

这三个要素是任何创业活动都不可或缺的。没有机会，创业活动就成了盲目的行动，根本谈不上创造价值；机会普遍存在，没有创业者及其创业团队识别和开发机会，创业活动也不可能发生；合适的创业者要想把握住合适的机会，还需要有资源，没有资源，机会就无法被开发和利用。其中，创业者及其创业团队是创业的核心，是使机会识别利用与资源组合得以实现的驱动者。

其次，该模型突出了要素之间匹配的思想，这对创业来说十分重要。蒂蒙斯认为，在创业活动中，无论机会还是团队，抑或是资源，都没有好和差之分，重要的是匹配和平衡。这里说的"匹配"，既包括机会与创业者及其创业团队之间的匹配，也包括机会与资源之间的匹配。机会、创业者及其创业团队、资源之间的平衡和协调，是创业成功的基本保证。蒂蒙斯说的这些道理虽然很简单，但对创业活动而言非常重要，而且要真正做到也不是一件很容易的事情。

最后，该模型具有动态性的特征。创业的三要素很重要，但不是静止不变的。随着创业过程的展开，其重点也会相应地发生变化。创业过程实际上是创业的三个因素相互作用，由不平衡向平衡方向发展的过程。成功的创业活动，不仅要将机会、创业者及其创业团队、资源三者做出最适当的搭配，而且要使其在事业发展过程中始终处于动态的平衡状态。

3. 创业的功能

创业对一个国家和地区的经济发展具有巨大的推动作用。如今，创业正在世界范围内催生一种新型的经济形态，这种经济形态突出强调创新创业对于社会经济发展的重要作用，即通过创新和创业发现市场空白，丰富市场供需，引领人们消费，更好地满足多样性和深层次的需求，推动消费结构升级和市场繁荣发展。正是借助创业型经济的优势，许多发达国家取得了全球市场的先机。根据全球创业观察（GEM）报告，我国在全球创业活动中处于活跃状态，且我国的创业环境正在不断改善。

创业的功能主要体现为：

（1）**调节社会资源合理配置，促进资源优化分配**

创业有利于社会资源的合理配置。初创企业要能够生存并获得持续发展，必须具备比已存在企业更强的竞争力。从行业内的发展来看，初创企业的成功将会影响行业现有的经营格局，加剧行业经营的竞争，形成优胜劣汰的局面，维持市场的活力。竞争的加剧有利于资源向经营良好、效率更高的企业流动，从而促进市场的发展，促使社会资源合理配置，产生更好的社会效益。

（2）**促进科技进步和繁荣市场**

创业往往伴随着新技术、新产品、新工艺、新方法进入市场，以及大量科研成果转化型企业的诞生。因此，创业可以促进技术进步，推动经济结构升级。创办科研成果转化型的初创企业，可以较快促进我国整体科技水平的提高和综合国力的提升。

目前，我国技术创新水平总体不高，市场开发还不够充分，在国际分工中优势不大。要改变这种被动状态，就要发展创业型经济，而发展创业型经济的根本取决于拥有创新创业人才的状况。大学生是社会未来的精英，培养更多的大学生创业者，或者使更多的大学生拥有创新和创业的技能，是我国实现发展创业型经济的最重要途径，将为我国创业型经济发展提供根本性支撑。

（3）帮助创业者实现人生价值

创业为每个人创造了发展的机会和增加个人财富的可能性，对许许多多梦想着开创自己事业的人而言，创业不但是一种充分实现自我的机会，更是发挥个人潜能的舞台。

知识经济时代，智力已经成为比土地、资金、劳动更有意义的关键性生产要素，知识、技术和管理已成为重要的生产要素并参与增值和分配。创办企业越来越需要创业者具有较高知识水平和技术能力，因此，创业有利于知识、创新成果的产业化转化，资本借助知识又能发挥更强大的作用，从而推动整个社会生产力水平的提高。拥有专业知识和具有人力资本的大学生更有能力通过创业实现价值创造。大学生借助知识和创意去创建企业的梦想随时都有可能变为现实。

（4）缓解就业压力

作为世界第一人口大国，我国有着庞大的就业人群。在我国推进城镇化和经济结构转型升级的过程中，必然伴随着诸多就业矛盾的产生。近年来，我国的就业人数持续增加，就业总量压力不断增大，相当数量的农业富余劳动力需要转移就业。另外，就业的结构性矛盾更加突出：一方面，传统行业出现大批下岗失业人员，许多人再就业困难；另一方面，新兴产业、行业和技术性职业所需素质较高的人员又供不应求，不同地区、不同行业劳动力供求的不平衡性加剧，劳动力素质与岗位需求不能适应的矛盾变得更加突出。

特别需要关注的是，随着高等教育数量和规模的扩张，大学毕业生的就业问题也日渐突出。据教育部统计，我国应届高校毕业生人数多年持续增长，不断创历史新高，就业形势十分严峻。因此，培育大学生创业精神和创业技能，提倡和鼓励大学生自主创业，通过创业来解决大学生就业问题无疑是一种可行且有效的途径。实际结果表明，一个大学生的创业成功，往往可以带动几个甚至一批大学生或社会待业人员的就业。良好的创业氛围将会有利于缓解大学毕业生的就业压力，因此，加强大学生群体的创业教育和创业学习具有重要的社会功能。

（二）创业的类型

随着创业活动的日益广泛，创业活动的类型也呈现出多样化的趋势。了解创业类型，比较不同类型创业活动的特点，有助于我们更好地理解和开展创业活动。创业类型的划分方式有很多，本书从创业动机、创业方式和创业主体的性质三个方面，以全面的视角看待创业，对创业的类型进行划分。

1. 基于创业动机的分类

根据创业动机，创业可分为机会型创业和生存型创业。机会型创业是指创业的出发点并非谋生，而是为了抓住、利用市场机遇，获得更多利润、更大的发展空间或实现自身的社会价值而进行的主动性选择。它以市场机会为出发点，以创造新的需要或满足潜在需求为目标，因而会带动新产业发展。

生存型创业属于被动型创业，是指为了谋生而自觉或被迫地创业，主要解决创业者个人的就业问题。生存型创业大多偏于尾随和模仿，因而往往加剧市场竞争。

2. 基于创业方式的分类

根据创业方式对创业进行分类，是一种比较常见的分类形式。这种分类有助于创业者了解不同创业方式的优势、劣势及对创业者的要求，关注创业活动的效果及其可能面临的风险，进而提升创业活动的效益和成功率。在这方面，芬兰经济学家克里斯琴·格罗路斯（Christian Gronroos）教授的分类颇具代表性。格罗路斯等人依照创业对市场和个人的影响程度，将创业分为四种基本类型，即复制型创业、模仿型创业、安定型创业和冒险型创业。

复制型创业是在现有经营模式的基础上进行简单复制的过程。例如，某人原本在一家化工品制造企业担任生产部经理，后来离职创立了一家与原化工品制造企业相似的企业，且生产的产品和销售渠道与离职前的那家企业相似。在现实生活中，复制型初创企业的比例较高，且由于前期经验的累积，这种类型创业的成功率也很高。但是，在这种类型的创业活动中，创新的贡献比较低，对创业精神的要求也比较低，因此，在以往的创业研究中，对这种类型的创业关注得比较少。

模仿型创业是一种在借鉴现有成功企业经验基础上进行的重复性创业。这种创业虽然很少给顾客带来新创造的价值，创新的成分也很低，但对创业者自身命运的改变还是较大的。与复制型创业的不同之处在于，模仿型创业过程对于创业者而言，具有很大的冒险成分。例如，某软件工程师辞职后，模仿别人开办了一家饮食店。这种形式的创业具有较高的不确定性，学习过程长，犯错误的机会多，试错成本也较高。不过，创业者如果具备较高的素质，那么只要得到专门的系统培训，注意把握市场进入契机，创业成功的可能性也较大。

安定型创业是一种在比较熟悉的领域所进行的不确定因素较小的创业。这种创业虽然为市场创造了新的价值，但是对创业者而言，并没有太大的改变，其所从事的仍是比较熟悉的工作。这种创业类型强调的是创业精神的实现，也就是创新的活动，而不是新组织的创造。企业内部创业即属于这一类型。例如，企业内的研发团队在开发完成一项新产品之后，继续在该企业内开发另一款新的产品。这种创业形式强调的是个人创业精神的最大限度地实现，而不是对原有组织结构进行设计和调整。

冒险型创业是一种在不熟悉的领域进行的不确定性较大的创业。这种创业除了对创业者具有较大的挑战，并会给其带来很大的改变外，其个人前途的不确定性也很高。通常情况下，那些以创新的方式为人们提供具有自主知识产权的新产品、新服务的创业活动，便属于这种类型的创业。冒险型创业是一种难度很高的创业类型，有较高的失败率。尽管如此，因为这种创业预期的回报较高，所以对那些充满创业精神的人来说，它仍极具诱惑力。这里需要提醒大家的是，创业者只有在具备超强的个人能力，拥有非常有竞争力的产品，恰逢适宜的创业时机，且制定了合理的创业方案，并能进行科学的创业管理的条件下，才有可能获得创业的成功。

3. 基于创业主体的分类

根据创业主体，创业可分为自主创业和公司创业。

自主创业主要是指不依附于某一特定组织而开展的创业活动。自主创业可能缘于各种动机，如希望利用自己的专长创立一个企业；自己有了发明创造成果并发现了它的商业价值；喜欢挑战，独立性强，不喜欢为他人工作；受家庭或朋友的影响等。自主创业是一个能影响人一生的决策，将带来现行生活方式的改变。与就业相比，自主创业给了创业者实现自己的想法、发挥创造力、独立主动地控制工作环境和进行决策的机会以及获得无限收益的潜力，但也使得创业者面临工作不定时、收益不稳定、责任更加重大、需时刻学习以解决新问题等挑战。如果创业一旦失败，创业者还要承受来自经济、心理、情感、家庭和社会等方面的压力。因此，个体创业对创业者来说，是一个充满挑战和刺激的选择。

公司创业是指已有组织通过创新、更新及风险投资等活动追逐创新发展机会，实现企业获利能力和竞争地位提升或组织更新的过程。公司创业主要是在已有组织内部发起的创业活动，这种创业活动可以由组织自上而下发动，也可以由员工自下而上推动，但无论推动者是谁，公司内的员工都有机会通过主观努力参与其中，并在这种创业中获得报酬和得到锻炼。

从创业本质来看，个体创业与公司创业有许多共同点，但是由于创业主体在资源、禀赋、组织形态和战略目标等方面各不相同，因此两者在创业的风险承担、成果收获、创业环境、创业成长等方面存在较大的差异。

（三）创业的过程

创业过程包括创业者从产生创业想法，到创办新企业或开创新事业并获取回报的整个过程。对于大多数创业者来说，从发现机会到创建企业的时间很短，也许只有几个月甚至不足一个月的时间，但在短时间内，他们却需要开展许多工作，如寻找创业机会、组建创业团队、筹集创业资金、制订创业计划等。由于创业过程中包含的活动和行为较多，从阶段性活动来看，可以进一步细分为六个阶段。

1. 产生创业动机

创业动机是创业机会识别的前提，是创业的原动力，它推动创业者去发现和识别市场机会。创业活动的主体是创业者，创业活动首先取决于个人是否希望成为创业者。当然，不少人是在看到了创业机会，由于潜在收益的诱惑，才产生了创业动机，进而成为一名创业者或创业团队人员。

一个人能否成为创业者，受以下三方面因素的影响：

（1）个人特质

每个人都可能具有创业精神，但其创业精神的强度不同，主要受环境的影响。比如温州人的创业意愿相对强烈，其中环境起到了很大的作用。

（2）创业机会

创业机会的增多会形成巨大的利益驱动，促使更多的人尝试创业。社会经济转型、技术进步等多方面的因素在使创业机会增多的同时，也会降低创业门槛，进而促成更大的创业热潮。

（3）创业的机会成本

创业者一方面可以自由地谈话、读书、思考、旅行、做事；另一方面可能付出的代价主要有收入不稳定、压力大、风险高等。人们若能从其他工作获得高收入和满足需求，创业意愿就低。比如，科学家独立创业的少，是因为科学家已经谋得了一份收入相对丰厚而且稳定的工作，其就较少愿意去冒险创业。

2. 识别创业机会

识别创业机会是创业过程的核心环节，也是创业管理的关键环节。识别创业机会包括发现机会来源和评价机会价值。一般应澄清四个基本问题：①机会何来？这就是说，创业者应该找到创业机会的来源在哪里。②受何影响？这就是说，创业者应该找到影响创业机会的相关因素。③有何价值？这就是说，创业者应该找到创业机会所具有的并能被评价的价值。④如何实现？这就是说，创业者应该明了能通过什么形式或途径使机会变成实际价值。

对于市场灵敏的嗅觉和对机会的把握则是创业的先决条件。许多企业创业失败，并不是因为创业者没有努力，而是因为没有真正地去识别创业机会。识别创业机会要注重市场需求的挖掘、创业背景经验的积累，甚至信息收集和概念创造以及创业机会的评估与决策。

3. 整合有效资源

整合有效资源是创业者开发机会的重要手段。之所以强调资源整合，是因为创业者可以直接控制的资源往往很少，创业几乎都会经历白手起家、从无到有的过程。对创业者来说，整合有效资源往往意味着需要借船出海，要善于尝试依靠盘活别人掌握的资源来帮助和实现自己的创业起步。人、财、物都是开展创业活动所必需的基本生产要素。创业者所需要整合的创业精神，首先是能组建团队、凝聚志同道合的人；其次是能进行有效的创业融资；最后要是要有创业的基础设施，包括创业活动的场地和平台。创业是在创业者面对资源约束的情况下开展的具有创造性的工作，一定会面临很大的不确定性，所以，创业者在创业初期乃至新企业成长的很长一段时间里，都要把主要精力放在资源的获取上，以解决公司和企业的生存问题。此外，创业者还需要围绕创业机会设计出清晰的有吸引力的商业模式，有时还需要制订详细的创业计划，以此向潜在的资源提供者陈述或者展示，以获取更多的资源支持。

4. 创建企业

企业的创建是创业者的创业行为最直接的标志，有人甚至将是否创建了企业作为个人是不是创业者的衡量标准。创建企业不仅包括公司制度设计、企业注册、经营地址的选择、确定进入市场的途径，还包括是选择完全新建企业还是采取加入或收购现有企业等。值得注意的是，许多创业者在创业初期迫于生存的压力，以及对未来缺乏准确预期，往往容易忽视这部分工作，结果给以后的发展留下了隐患。

5. 提供市场价值

创业者识别机会、整合资源、创建企业等的目的是实现自己的创业目标。但真正能促成创业目标最终实现的是创业者提供的市场价值。这是创业过程中的重要环节，关系到初创企业的生存与成长。因此，创业者必须面对挑战，采取有效措施，使创业的市场价值得到充分涌流和实现，不断地让客户收益，从而获得企业的长期利润，逐步把企业做活、做好、做大、做强。

6. 收获创业回报

对创业者来说，创业是获取回报的手段和途径，不是目的，而是一种载体。收获回报是有助于促进创业者的事业发展。回报可能是多种多样的，对回报的满意程度在很大程度上取决于创业者的创业动机。调查发现，创业者的创业动机不同，对收获创业回报的态度和想法也有所不同。对于创业动机是当老板大于获取财富的创业者来说，当老板的感受就是回报；对于以追求财富为目的的创业者来说，把自己创建的企业在短期内培养成为一家快速成长并成功上市的企业可能是理想的获取回报的途径。

（四）创业精神

1. 创业精神的重要性

过去，美国高校的创业课程只对商学院学生开放。20世纪90年代，这种情况开始发生变化，人们认识到科学、工程和其他专业的学生要在一个迅速变化的世界中获得成功同样必须具备创业精神。美国大学创业教育历经近70年，各大学已形成了自己的创业教育课程体系。自1947年哈佛商学院率先为工商管理硕士（MBA）学生开设"初创企业管理"课程以来，美国高校已开设了超过 5000 门创业课程，在学生中越来越受到欢迎。卡尔·施拉姆是美国最大的研究美国企业、培育企业精神的基金会——考夫曼基金会的总裁和 CEO，他在《创业的必要性》一书中提出，真正推动美国经济发展的动力是美国企业家的创业精神。在企业管理领域，著名的创业学家拉里·法拉尔曾经在《创业时代》一书中指出，无数企业的兴衰告诉我们，现行的管理经验并非是企业早年得以增长的要素，而恰恰是导致它们衰败的原因，企业成功的真正基础正是所谓的创业精神。由此可见学习和培育创业精神的重要性。

2. 创业精神的内涵

"创业精神"这个概念出现于 18 世纪。多年来，其含义在不断变化着。综合已有的创业精神的定义，我们这样界定创业精神：创业精神（Entrepreneurship）是指创业者在创业过程中具有的开创性的思想、观念、个性、意志、作风和品质等重要行为特征的高度凝练。从理论上说，创业精神有三个层面的内涵：①哲学层次的创业思想和创业观念，是人们对于创业的理性认识；②心理学层次的创业个性和创业意志，是人们创业的心理基础；③行为学层次的创业作风和创业品质，是人们创业的行为模式。创业精神的本质是创新意识和主动精神。对此，不同的人有不同的诠释。熊彼特认为创业精神包括建立私人"王国"、对胜利的热情、创造的喜悦和坚强的意志。这种精神是成就优秀企业家的动力源泉，也是实现经济发展中创造性突破的智力基础。熊彼特将创业精神看作一股"创造性的破坏"力量。创业者采用的"新组合"使旧产业遭到淘汰。原有的经营方式被新的、更好的方式摧毁。王健林认为，企业家精神是多方面的，最核心的是三个词——"创造力""坚持"和"责任"。他说："如果企业家努力做好这三个词，尤其是你的创造力，也许你就会成功，成为在这条路上千万个奋斗者中成功的一员。"

3. 创业精神的来源

创业精神并非天生，而是在一定的社会、经济、政治、文化、产业等环境中形成的。

换句话说，创业精神形成因素主要有文化环境、产业环境、生存环境等。

（1）文化环境

创业者离不开现实文化环境。创业本身是一种学习。作为学习者，其所生活区域的文化就是学习的重要内容之一。因此，在一个商业文化氛围浓厚的地方，潜在的创业行动者容易培养创业精神。

（2）产业环境

不同的产业环境会对创业精神产生影响。对于垄断行业而言，企业缺少竞争，就容易抑制创业精神的产生。在一个完全竞争的市场结构中，由于企业间优胜劣汰，竞争激烈，更有可能形成创业精神，如互联网行业。

（3）生存环境

常言道："穷则思变。"从生存环境来看，资源贫瘠、条件恶劣的区域往往能激发人的斗志。从创业视角分析，在资源贫瘠的地方，人们为了改善生存状况而寻求发展机会，整合外界资源，进而催生创业念头，激发创业精神。

4. 创业精神的作用

创业是一个国家经济活力的象征，一个国家的经济越繁荣，它的创业活动越频繁。西方发达国家的经济繁荣发展史，伴随着一轮又一轮的创业史。因此，创业被认为是一个国家经济发展和社会发展的推动力，创业精神被誉为人类最宝贵的财富。

创业精神的作用主要体现在以下三个领域：

1）个人成就的取得。这主要是指个人如何做好目前的工作，成功地创建自己的企业。

2）大企业的成长。这主要是指如何使整个组织重新焕发创业精神，以具有更强的竞争力并创造高成长。

3）国家的经济发展。国家的经济发展能够帮助人民变得富强。

创业精神的力量能够帮助个人、企业乃至整个国家或地区，在面对 21 世纪的竞争时走向成功和繁荣。当前，世界产业结构正经历着彻底转变，而创业精神将在我国发挥更大的作用。它有利于加快转变经济发展的方式，促使经济社会又好又快发展。

5. 创业精神的培育

（1）培育创业人格

个性特征对个体创业来说是极其重要的，尤其是"独立性""敢为性""坚持性"等特征。所以，人格的教育与创业精神的培养是相辅相成的。引导大学生树立心理健康意识，强化心理素质，增强心理调节能力和对于社会的适应能力，自觉培养坚韧不拔的意志品质和艰苦奋斗的内在精神，提高承受挫折和解决问题的能力。此外，还可以采用创业案例，剖析创业者的人格特征，进行心理训练等，让学生了解形成良好心理素质与优秀人格特征的途径。

（2）培养创新能力

创新能力是创业精神的核心。大学生要通过保持个性发展和好奇心、求知欲、勇于突破，有针对性地突破前人、突破书本、突破难题。自觉培养学生的科学精神，训练创新思维，提高创新能力。

（3）强化创业实践

"纸上得来终觉浅，绝知此事要躬行。"鼓励学生在课余时间参加一些创业模拟和社会实践活动，增强学生对企业的了解以及对社会的适应能力，通过在校内外开展创业竞赛活动，与外部企业联合开展大学生实习等。让学生在实践中磨炼自己，形成正确的创业认知，孕育创业精神。

三、创新与创业的关系

随着全球经济一体化进程的加快与知识时代的到来，尤其 2014 年 9 月，李克强总理在夏季达沃斯论坛上首次公开提出"大众创业、万众创新"，借助世界科技浪潮，兴起了创业推动的大潮，使得创新与创业成为当今时代的主旋律，成为一个国家推动经济转型和快速发展的重要途径，并日益得到世界的关注。创新与创业虽是两个不同的概念，但两者之间又内在相关、密不可分，如果说创业的本质是创新，那么创新则是创业的核心。

（一）创新与创业本质的一致性

创新与创业两个范畴之间有着本质上的契合，内涵上相互包容，实践过程中互动发展。创新活动的本质内涵，体现着其与创业活动性质上的一致性和关联性。创新与创业均具有"开创"的性质。创新主要是指理论、思维方面的创造活动，是整个创造活动的初期阶段；创业是实际活动中的创造，是创新思维、理论和技巧方法的应用与现实体现，属于创造活动的后期阶段，也是创新的根本目的。

总体上说，科学技术及思想观念的创新，形成了新的生产和生活方式，创造了新的消费需求，这是创业活动源源不断的根本动因。另外，创业在本质上是一种创新性实践活动，是主体的一种高度的自主行为。在创业实践的过程中，主体的主观能动性得以充分发挥，最终体现了创业的创新特征。

（二）创新与创业的相互作用

1. 创新是创业的灵魂

创业者只有保持持续不断的创新思维和创新意识，才可能在创业的过程中产生新的有创意的想法和方案，寻求新的模式、新的思路，最终获得创业的成功。

2. 创新的价值在于创业

创新的价值在于将潜在的知识、技术和市场机会转变为现实生产力，实现社会财富增长，造福人类社会，而实现这种转化的根本途径就是创业。创业者不一定是创新者，但必须具有能发现潜在商机的能力和敢于冒险的精神；创新者也不一定是创业者，但创新的成果一定是经由创业者推向市场的，使其价值市场化，创新成果才能转化为现实生产力。

3. 创业推动并深化创新

创业可以推动新发明、新产品或新服务的不断涌现，创造出新的市场需求，从而进一步推动和深化各方面的创新，因而也就提高了企业或整个社会的创新能力，推动了经济的增长。

创新和创业相互促进又相互制约，是密不可分的辩证统一体。创新是创业的灵魂，而创业是创新的载体。创业者只有通过创新，才能使所开拓的事业生存、发展并保持持久的生命力。

作为大学生创业，更需要有创新意识、创新思维、创新技能、创新品质，但仅仅具备创新精神是远远不够的，创新只是为创业成功提供了可能性和必要准备。但如果脱离了创业实践，缺乏一定的创业能力，创新精神也就成了无源之水、无本之木。

第三节　创业与职业生涯发展

一、职业生涯

（一）职业生涯的含义

职业生涯（Career）是指个人所从事的工作创造出的一个有目的、延续一定时间的生活模式。这个定义由美国职业发展协会（National Career Development Association）提出，是职业生涯领域中被广泛使用的一个定义。职业生涯的这个定义中包含了一些重要的概念，它们对所有进行职业生涯规划的人都有着重要的意义。下面按照定义中的顺序分别进行介绍。

"个人所从事的"强调了职业生涯对个人而言是独特的。现实中，基于个人特定的成长经历、不同的兴趣爱好，没有两个人有完全相同的"职业生涯"。即使人们有相似的兴趣或技能，从事相同的职业，为相同的机构工作，但他们的职业生涯仍然可能不同。

"工作"对于职业生涯专家而言是一种可以为自己或他人创造价值的活动。但在日常生活中，我们每个人对它的含义都有一定的不同认识。所以，"工作"这个概念可能是职业生涯领域最易被误解的词语之一。

"创造出"在这里是指职业生涯是一个人的愿望和可能性之间、理想和现实之间妥协和权衡的产物。职业生涯发展是一系列选择连续进行的结果。人们在做出选择时，需要权衡这些选择的收益以及代价和风险。对一个人来说，没有"十全十美"的职业生涯道路，但也许会有最适宜的职业生涯道路。

"有目的"表明职业生涯对个人来说是有意义和有价值的。职业生涯凝结了个人的价值观和信念，反映了个人的动机、抱负和目标，不是偶然发生或应运出现的，而是需要规划、思考、制定和执行的。

"延续一定时间"说明职业生涯不是作为一个事件或选择的结果而发生的事情，不是局限于或束缚于某一特定的工作或职责的时间段。它本质上是持续一生的过程，会受到个人内在和外在力量的影响。该领域的一些专家甚至使用"生命/生涯"（Life/Career）这个词作为联结生命过程和生涯观念的桥梁。

"生活模式"还包括个体的生活角色（如家长、配偶、持家者、学生等角色）以及人们整合与安排这些角色的方式。

（二）职业生涯的特点

（1）职业生涯是个体的行为经历，而非群体或组织的行为经历。职业生涯是指一个人一生之中的工作任职经历或历程。

（2）职业生涯是一个时间概念，始于工作之前的专门的职业学习和训练，止于完全结束或退出职业工作。不同个人的职业生涯有长有短，是不完全一样的。

（3）职业生涯是一个包含着具体职业内容的发展的、动态的概念。职业生涯纵向表示职业工作时间的长短，横向表示职业发展、变更的经历和过程，包括从事何种职业工作、职业发展的阶段、由一种职业向另一种职业的转换等具体内容，是纵横交错的。

（三）职业生涯的分类

职业生涯可以分为外职业生涯和内职业生涯。

外职业生涯是指从事职业时的工作单位、工作地点、工作内容、工作职务、工作环境、工资待遇等因素的组合及其变化过程。例如，职务目标——总经理、教授；经济目标——年薪30万元。外职业生涯的构成因素通常是由别人给予的，也容易被别人收回。外职业生涯因素的取得往往与自己的付出不符，尤其是职业生涯初期。有的人一生疲于追求外职业生涯的成功，但内心极为痛苦，因为他们往往不了解，外职业生涯发展是以内职业生涯发展为基础的。

内职业生涯是指从事一项职业时所具备的知识、观念、心理素质、能力、内心感受等因素的组合及其变化过程。例如，工作成果目标——销售经理的工作业绩；心理素质目标——经受得住挫折，能做到临危不惧、宠辱不惊。内职业生涯各项因素的取得，可以通过别人的帮助而实现，但主要还是由自己努力追求而得以实现。与外职业生涯构成因素不同，内职业生涯的各构成因素内容一旦取得，别人便不能收回或剥夺。

二、职业生涯规划

（一）职业生涯规划的概念

职业生涯规划是指把个人发展与组织发展相结合，对决定个人职业生涯的个人因素、组织因素和社会因素等进行分析，制定个人一生中在事业发展上的战略设想与计划安排。

具体来说，职业生涯规划就是指个体客观认知自己的兴趣、能力、性格和价值观，发展适合自己的完整的职业自我观念，将个人发展与组织发展相结合，在对个人和外部环境因素进行分析的基础上，深入了解各种职业的需求趋势以及能够取得这个职业的关键因素，确定自己的事业发展目标，并具体地选择实现这一事业目标的职业或岗位，编制相应的工作、教育和培训行动计划，制定基本措施，高效行动，灵活调整，有效提升职业发展所需的执行、决策和应变技能，使自己的事业得到顺利发展，并获取最大限度的事业成功。

简而言之，职业生涯规划是指一个人对其一生中所承担职务相继历程的预期和计划。对大学生而言，职业生涯规划就是指根据自己的特点，结合社会要求，为自己设计最适合的职业和职业发展的道路。

（二）职业生涯规划的重要性

在现代社会，尽早做好职业生涯规划对于一个人的发展至关重要。只有这样，才能认清自我，不断探索开发自身潜能的有效途径或方式，才能准确地把握人生方向，塑造成功的人生。职业生涯规划的重要性在个人层面上主要表现为：有助于使个人认清自己发展的进程和事业目标，作为选择职业与承担任务的依据，把相关的工作经验积累起来，准确地充分利用有关的机会与资源，指引自我不断进步与完善。实践证明，在职业生涯中能够有所成就的人，往往是那些有着一种清晰的职业生涯规划的人。

对于一个立志创业的人来说，职业生涯规划与其创业规划在一定程度上是同一件事情。要制定一份好的规划，从原则上说，应该把握三个主要内容：自己能够做什么，社会需要什么，自己拥有什么资源。因此，就有必要进行自我分析、环境分析和关键成就因素分析。

首先，自己能够做什么。作为一个创业者来说，只是知道自己想干什么还不够，更重要的是，应该知道自己能够做什么、做得到什么。当然，这也是相对而言的，因为一个人的潜能发挥是一个逐渐展现的过程。但是，一个人对自己的兴趣、潜能有一个基本的认识，仍然是一项具有前提性的工作。

其次，社会需要什么。一个人在明确自己想做什么、能做什么的同时，还应考虑"社会需要什么"这一重要因素。如果一个人所选择的创业领域既符合自己的兴趣又与自己的能力相一致，但却不符合社会的需要，那么，这种创业的前景无疑会变得暗淡。由于分析社会需要及其发展态势并非一件易事，因此，在选择创业目标时，应该进行多方面的探索，以得出客观而正确的判断。

最后，自己拥有什么资源。要创业，就必然依赖各种各样的资源。创业者应该清楚地审视自己所拥有或能够使用的一切资源的情况，是否足以支持创业的启动和创业成功之后可持续地进行。这里所说的"资源"，不仅是指经济上的资金，还包括社会关系，即通过自己既有人际关系以及既有人际关系的进一步扩展所可能带来的各种具有支持性的东西。

总之，一份创业规划也必须将个人理想与社会实际有机地结合，创业规划同样能够帮助一个人真正了解自己，并且进一步评估内外环境的优势、限制，从而设计出既合理又可行的职业事业发展方向。只有使自身因素和社会条件达到最大限度的契合，才能在现实中发挥优势、避开劣势，使创业规划更具有可操作性。

一份创业规划能够在多大程度上取得实际成功，取决于它在多大程度上对以上三个原则进行了准确把握，并进行了完美结合。

三、创业对大学生职业生涯规划发展的意义和作用

创业既是一种理念也是一种精神，不仅是一种不满足于现状、敢于创新并承担风险的精神，更是一种在考虑资源约束的情况下把握机会创造价值的认识。从广义的角度来看，创业可以理解为一个人根据自己的性格、兴趣、所学专业、能力等选择适合自己的事业，并把握机会，为这个事业的成功整合有效资源、付出努力，最终实现自己人生目标的过程。因此，创业能力中所包括的捕捉机会、整合有效资源的意识，以及领导、沟通等能力，具有普遍性与适应性。无论创业者从事什么样的行业或职业，创业能力都将在职业生涯中发挥重要的作用。

创业是职业生涯发展的重要组成，不做职业生涯规划就选择创业是很危险的。没有个人的职业生涯发展的目标，就会让创业者迷失在公司的烦琐事务中，没有时间注意考虑长远规划和培养创业成功所必备的素质。这就会造成企业成长没有后劲。所以，创业者要做职业生涯规划，其中接受创业教育、培养创业者素质是必需的。

创业需要树立正确的创业观。创业者不仅要努力实现个人价值，更要考虑社会价值的实现。要处理好创业与职业生涯发展的关系，把专业知识和职业技能创造性地运用到经济社会发展中去。创业教育要注重培养学生的社会责任感，比如创造价值、服务国家、服务人民等；培养学生自尊、自爱、自强、自信的精神，培养迎难而上、坚持不懈、勇于创新的意志品质，以及遵纪守法、诚实守信、善于合作的职业操守，奠定创业的正确方向。

对于多数刚毕业的大学生来说，先就业再创业的职业发展路径是比较常见的选择。因为相比较而言，创业对人才的要求要高于就业。资源、人脉、能力等要素需要积累，而大学生毕业后在工作岗位中逐渐成长成熟、积累资源并最终实现自主创业，这种做法往往更容易带来创业成功。人们常说创业是职业生涯发展的飞跃，前期的职业积累是一种沉淀，真正的创业才是完全把握一个完整的过程，它是前期沉淀的一种释放和收获，只有前期量的积累才会带来后期质的飞跃。

本 章 小 结

本章阐述了"双创"的内涵及产生背景。创业者应掌握并理解创新与创业的概念、特征，对创业活动有一定的认知；认识创业的要素与过程，知晓创业的类型。这对指导创业者未来开展创业活动有着重要的作用。创业精神是创业者在创业过程中重要行为特征的高度凝练，是创业者各种素质的综合体现。创业者应充分认识创业精神在当今时代背景下的意义与价值；了解创业对大学生职业生涯规划发展的意义和作用，认识创业对个人职业生涯发展的积极作用，能够正确认识并理性对待创业。

复习思考题

1. 为什么要研究和学习创业？创业和创新之间的关系是什么？
2. 创业有哪些类型？你喜欢哪种或哪些类型的创业？为什么？
3. 创业的一般过程有哪些？
4. 创业过程包括不少具体的活动，但创业者从识别创业机会到创建企业的时间一般都很短，这是为什么？
5. 为什么创业精神对于创业成功与否起着至关重要的作用？

案例分析　李彦宏的创业历程

李彦宏于1991年毕业于北京大学信息管理专业，随后前往美国布法罗纽约州立大学完成计算机科学硕士学位。他先后担任道·琼斯公司高级顾问、《华尔街日报》网络版实时金融信息系统设计者，以及国际知名互联网企业——Infoseek公司资深工程师。

1. 创业想法

李彦宏在海外的八年时间里，中国互联网界正发生着翻天覆地的变化。从1995年起，李彦宏每年都要回国进行考察。1999年10月，中国政府邀请了一批海外留学生回国参加"国庆典礼"，李彦宏有幸在受邀之列。从"国庆典礼"返回美国的李彦宏已经无心再在Infoseek继续工作下去，从根本上坚定了他回国创业的决心。他想起了好朋友徐勇。徐勇是李彦宏刚刚从东部闯荡到硅谷的时候认识的，当时徐勇在一家制药公司做销售。11月的某一天，徐勇邀请李彦宏到斯坦福大学参加《走进硅谷》的首映式，李彦宏便约好第二天与徐勇谈回国创业的大事。第二天下午，徐勇应约来到李彦宏的家里谈大事。李彦宏拿出一份"保密协议"，徐勇有些惊讶，但马上转为镇定——李彦宏在硅谷两年半，早已习惯了美国人的谈话作风。徐勇在"保密协议"上签了字。李彦宏说："我们回国做一家互联网公司吧。"徐勇也是北大的高才生。两人一边吃饭，一边商量着各自在未来公司里的股份比例、职责分工、发展规划等。对于这两个身处硅谷的"梦想家"来说，创业的躁动，对前景的向往，就像突然喷发的火山，一时之间让他们激动不已。经过一夜畅谈，两人美丽的新公司计划已然"万事俱备，只欠投资"。

2. 创业初期

他们的融资目标是100万美元。硅谷有很多投资家，据说一片树叶落下，总会砸住三个VC（风险投资商）。然而这一次风向变了，VC的口味不再是门户，而是电子商务，其中企业对企业的交易方式（B2B）最受青睐。然而，没想到在这种情况下，竟然有三家VC愿意给他们这家技术公司投资。这些VC看重他们新公司的三个概念：中国、技术、团队。徐勇找理由把一家不太中意的VC婉拒了，另外两家——半岛基金（Peninsula Capital）和Integrity Partners，徐勇和李彦宏觉得还是两家一起投资更好。

2000年3月，百度公司正式开张。除了财务、出纳、行政人员以外，全是技术人员。李彦宏和徐勇兼做销售（Sales），专职的技术人员有五人，其他都是来做兼职的北大、清华的学生。不是不想多招几个技术人员，只是当时国内真正懂搜索引擎技术的人才太少，只好一边干，一边培养。

　　创业之初，李彦宏从没考虑过要租豪华写字楼，来自山西的他似乎从骨子里渗透了晋商那种精打细算的沉稳与冷静。他为新公司选址在北大资源楼。这个地方紧邻北大，和中关村隔四环相望，非常适合技术创业。他这套选址的技术是从硅谷学来的，硅谷的很多信息技术（IT）创业公司环绕斯坦福大学办公，老师和学生兼职起来方便。在百度成立的九个月之后，风险投资商德丰杰（DFJ）联合IDG向百度投资了1000万美元。

3. 创业发展期

　　2001年，李彦宏在百度董事会上提出百度转型做独立的搜索引擎网站，开展竞价排名计划。然而，他的这个提议遭到股东们的一致反对：此时，百度的收入全部来自给门户网站提供搜索技术服务支持，如果百度转型做独立的搜索引擎网站，则那些门户网站不再与百度合作，百度眼前的收入就没有了；而竞价排名模式又不能马上赚钱，百度就只有"死路"一条。

　　在充分陈述了自己的计划和观点后，仍旧得不到首肯的李彦宏平生第一次发了大火。尽管李彦宏的一贯自信这次受到了极大的挑战，然而只要他认准了的东西，几乎没有人能改变，尤其是在关乎百度未来发展的大方向、大问题上，他丝毫不会退让。最终，投资人同意李彦宏将百度转型为面向终端用户的搜索引擎公司，他们告诉李彦宏："是你的态度而不是你的论据打动了我们。"2001年10月，李彦宏和徐勇正式推出百度搜索。

4. 百度上市

　　北京时间2005年8月5日晚11时40分，百度正式在美国纳斯达克股票交易市场挂牌上市，发行价27美元，开盘价是66美元，然后一路狂飙，到首日交易收盘时，百度股价定格为122.54美元，市值达到39.58亿美元，股价涨幅达到了疯狂的353.85%！百度在一夜之间惊人地变成中国最大的互联网公司，市值一度超过新浪、网易和搜狐的总和，在继中华网、新浪网、盛大三个资本里程碑之后，又是百度的时代了，成为第二个在纳斯达克上市当日股价超过100美元的公司，那一刻，李彦宏迎来了他事业上的又一个巅峰。

　　李彦宏从担任谷歌高管，到现在自己创业，只是因为在工作中找到了自己的方向，有梦想就去追求，有想法就去实践。他的创业精神值得学习，他的创业理念值得大家借鉴。他认为，创业的最高境界是能引导社会的发展趋势。

　　资料来源：http://www.qncye.com/gushi/renwu/081919649.html（经整理加工）。

【问题】

　　1. 你认为，在互联网经济时代，创业呈现出哪些新变化？

　　2. 结合案例，谈谈创业精神对创业的意义。

第二章 | 创业者与创业团队

引导案例

腾讯创始人马化腾五兄弟：难得的兄弟创业故事

1998 年 11 月 11 日，马化腾与他的同学张志东"合资"注册了深圳腾讯计算机系统有限公司，之后又吸纳了三位股东：曾李青、许晨晔、陈一丹。为避免彼此争夺权力，马化腾在创立腾讯之初就和四个伙伴约定清楚：各展所长、各管一摊。马化腾是 CEO（首席执行官），张志东是 CTO（首席技术官），曾李青是 COO（首席运营官），许晨晔是 CIO（首席信息官），陈一丹是 CAO（首席行政官）。

之所以将腾讯的创业五兄弟称为"难得的兄弟"，是因为直到 2005 年，这五个人的创始团队还基本上保持这样的合作阵形，不离不弃。直到腾讯做到如今的局面，其中四个还在公司一线，只有 COO 曾李青挂着终身顾问的"虚职"而退休。都说"一山不容二虎"，尤其是在企业迅速壮大的过程中，要保持创始人团队的稳定合作尤其不容易。在这个背后，工程师出身的马化腾从一开始对于合作框架的理性设计功不可没。从股份构成上来看，五个人一共凑了 50 万元，其中马化腾出了 23.75 万元，占 47.5% 的股份；

张志东出了 10 万元，占 20% 的股份；曾李青出了 6.25 万元，占 12.5% 的股份；其他两人各出 5 万元，各占 10% 的股份。虽然主要资金由马化腾所出，但他自愿把所占的股份降到 50% 以下，即 47.5%。"要他们的总和比我多一点点，不要形成一种垄断、独裁的局面。"而同时，他自己又一定要出主要的资金，占大股。"如果没有一个主心骨，股份大家平分，到时候也肯定会出问题。"保持稳定的另一个关键因素在于搭档之间的"合理组合"。据《中国互联网史》的作者林军回忆："马化腾非常聪明，但非常固执，注重用户体验，愿意从普通用户的角度去看产品。张志东是脑袋非常活跃、对技术很沉迷的一个人。马化腾技术上也非常好，但是他的长处是能够把很多事情简单化，而张志东更多是把一个事情做得完美化。"许晨晔和马化腾、张志东同为深圳大学计算机系的同学，他是一个非常随和而有自己观点但不轻易表达的人，是有名的"好好先生"。而陈一丹是马化腾在深圳中学时的同学，后来也就读深圳大学，他十分严谨，同时又是一个非常张扬的人，他能在不同的状态下激起大家的激情。如果说其他几位合作者都只是"搭档级人物"的话，那么只有曾李青是腾讯五个创始人中最好玩、最开放、最具激情和感召力的一个，与温和的马化腾、爱好技术的张志东相比，他是另一个类型。他大开大合的性格也比马化腾更具备攻击性，更像拿主意的人。不过或许正是这一点，导致他最早脱离了团队，单独创业。后来，马化腾在接受多家媒体的联合采访时承认，他最开始也考虑过和张志东、曾李青三个人均分股份的方法，但最后还是采取了五人创业团队，根据分工占据不同的股份结构的策略。即便是后来有人想加钱、占更大的股份，马化腾说不行，"根据我对你能力的判断，你不适合拿更多的股份"。因为在马化腾看来，未来的潜力要和应有的股份匹配，不匹配就要出问题。如果拿大股的不干事，干事的股份又少，矛盾就会发生。当然，经过几次稀释，最后他们上市所持有的股份比例只有当初的 1/3。但即便是这样，他们每个人的身价都还是达到了数十亿元人民币，这是一个皆大欢喜的结局。

资料来源：https://www.sohu.com/a/133528826_649437（经整理加工）。

思考：

1. 马化腾具有哪些创业素质？
2. 马化腾的创业素质和能力是如何培养出来的？
3. 马化腾为什么能成功创业？
4. 案例中的创业团队是如何组成的？
5. 案例中的创业团队有什么特点？

第一节　创业者

一、创业者的概念

12 世纪初，"创业者"（Entrepreneur）一词在法国作为学术术语出现。1755 年，法国经济学家坎蒂隆首次将"创业者"的概念引入经济学中。1880 年，法国经济学家萨伊首次对将创业者进行了定义：创业者是可预见特定产品需求及生产方式，能够发现顾客，克服困难，整合一切生产要素的经济行为者。著名的管理大师彼得·德鲁克认为，创业者是赋予资源以生产财富的人。在欧美的经济学研究中，将创业者定义为一个组织、管理生意或企业并愿意承担风险的人。

（一）狭义的创业者

狭义上，创业者指的是企业的创办者，即组织、管理一个公司或企业并承担风险的人。创业者对应的英文单词是"Entrepreneur"，这个词有两种含义：①企业家，即在一个成熟的企业中负责经营和决策的领导人；②企业创始人，即将创办企业或者刚刚创办企业的领导者。

这里有两点需要注意：①创业者不等同于企业家，大多数创业者在创业初期并不具备企业家的眼界、格局和特质，而伴随着企业的成长，创业者所扮演的角色也会逐渐发生转变，从创业者逐渐成长为企业家，需要一个逐渐成长和完善过程；②创业者指的是参与创业活动的核心人员，而不限于企业的法人代表或领导者、组织者。当前的创业活动，特别是高新技术领域、合伙制企业等都是以团队的形式存在，各个团队人员各有所长，每一个团队成员都应该被视为创业者。

（二）广义的创业者

广义上的创业者，目前有两种界定方法：一种是从人们在工作中扮演的角色的角度，将创业者定义为创业活动的全部人员，包括创业活动的发起者、领导者与创业活动的跟随者；另一种是从人们所从事的工作性质角度，将创业者定义为主动寻求变化，对变化做出反应，并将变化视为机会的人，包括企业创办者、企业内创业者、个体劳动者、自由职业者、项目合作者等从事具有创新性活动的人。

在实际生活中，创业者与一般人的观念不同，不仅仅是创办一个企业，而且是在企业的整个发展过程中，能够做出正确决策，及时解决面临的问题，修正企业的发展方向，使企业长期保持活力，不断发展壮大。同时，界定一个创业者，还应该从社会发展的角度考虑。那些建立了新的商业模式并获得了好的发展的企业，并且为其他企业的发展提供样板，为社会提供就业，不断带来财富的企业的创立者通常也被称为创业者。

随着创业活动的不断活跃，创业的外延不断扩大，因此通常所说的创业者是广义上的创业者，即包括参与创业活动的全部人员。这一概念充分表明，人人都有可能成为创业者，高校大学生也不例外。

二、创业者的类型

创业是一种复杂的社会活动和职业行为，创业者的共同特征是都会将创业作为自己的人生愿景。愿景是指希望永远为之奋斗并达到的前景。它是一种意愿的表达，表明未来的目标、使命及核心价值，是人生最核心的内容，是最终希望实现的图景。创业者的类型可以从不同的角度进行划分。这里着重介绍根据创业动机划分的创业者类型。根据创业者创业动机的不同，可以把创业者分为生存型创业者和事业型创业者两种类型。

1. 生存型创业者

生存型创业者往往是因为迫于生活压力或为了使自己的生活条件有所改善才决定创业。

在劳动就业竞争十分激烈的情况下，许多人为了谋生不得不自己创业。创业者中的城镇下岗工人、失去土地的农民、毕业后找不到工作的大学生，多属于这种类型。另外，人们对物质追求的程度是有很大差异的，许多人在满足了基本的生存需要后，还会有很强的物质追求，甚至是对奢侈生活的追求。在物质追求型创业中有相当一部分属于这种情况。

2. 事业型创业者

在马斯洛看来，开创一番事业，实现人生价值，是人类最高层次的需要。任何社会有一些具有崇高理想和远大抱负的人，这种人以事业追求、改造社会、造福人类为己任，把对社会的贡献作为实现自我人生价值的目标。这种人当自己的生存有了基本保障之后就会谋求满足自我实现的需要。改革开放以来，在事业单位或国有企业中，既有较好的工作也有不菲收入的人，有一些毅然选择辞职创业；一些科研人员、研究生、大学生放弃安稳的职业，带着自己的专利和梦想创业。他们之所以选择自主创业，是因为希望通过这一途径来证明自己的能力，实现自我价值，得到社会的认可。他们属于事业型创业者。

三、创业者的素质与能力

（一）创业者的素质

素质是能力发展的基础，是在创业行动中创业者所具备的各种特殊要素的总和。开创事业，对于创业者而言，除了需要具备一般人的基本素质外，还应具备一些特殊素质。创业者身上具有以下特殊素质：

1）资源（Resource）。创业者要具备一定的经验、教育背景、资金积累、时间、精神和毅力。

2）想法（Idea）。创业者要能够提出可行的创意。一个优秀的创业者应具有高度的敏感，能够从众多概念中找出商机，选择可行的创业模式。

3）技能（Skill）。创业者要具有基本技能，包括行业性技能和管理技能。这些技能一定是实用的。

4）知识（Knowledge）。知识对成功起着举足轻重的作用。广博的见识、开阔的眼界，会使创业者少走弯路，更容易地走向成功。开阔的眼界意味着创业者不但在创业伊始可以有一个比别人更好的起步，而且在关键时刻可以挽救创业者及所创事业的命运。这要求创业者具备比较全面的知识，如法律知识、专业知识、商业知识、行业知识、财务知识等。

5）才智（Intelligence）。创业者需要有分析问题和解决问题的独特思维，需要培养良好的商业嗅觉。创业者要具有机会敏感性，善于识别和把握机会，做出正确的决策。

6）关系网络（Network）。每一个创业者都有构建其人际网络或社会关系网络的能力。一个创业者如果不能在最短的时间内建立自己最广泛的人际网络，则创业会非常艰难。创业者的人际资源包括：①同学、战友和同乡方面的人脉。成功的创业者身后往往都可以看到同学的身影，有少年时代的同学，有大学时代的同学，更有进修班、研修班的同学。②职业方面的人脉。对创业者来说，效用最明显的首推职业资源，即创业者在创业之前为他人工作时所建立的各种资源，主要包括项目资源和人力资源，从这方面入手创业，成为许多人创业成功的捷径和法宝。③朋友资源。朋友是资本，对创业者来说多多益善，"在家靠父母，出门靠朋友""多一个朋友多条路"等都是至理名言。一个创业者如果不会交朋友，没有几个朋友的创业者的创业之路会很艰难。因此，善于建立关系网络是创业者最基本的素质之一。

7）目标（Goal）。创业者要将个人目标和参与创业目标统一起来，能够做出清晰、具体的描述，同时能够制定不同阶段切实可行的目标。

将上述七个英文单词的首字母组合在一起，恰好是"RISKING"，即"冒险"一词，这也反映出创业活动的特殊性。

总之，创业需要的素质是综合的，每一项都很重要，完全具备以上素质是很困难的，创业者也不可能完全具备这些素质后才去创业，但创业者应该自觉地不断学习和实践，注重提高自身的综合素质。各行各业杰出人才的基本素质都是相同的。上述素质对大学生来说，即使将来不创业，也应该具备。

（二）创业者的能力

创业是一项具有挑战性的社会活动，是对创业者综合能力的一种全方位考验。创业能力是实施创业和决定创业能否成功的关键。在现代社会，竞争日趋激烈，一个人能否在竞争中占据优势、成功创业，主要取决于他所拥有的或者能够运用的各种能力。

在创业过程中，创业者需要做的事及具备的能力如下：

（1）创新能力

创新能力是创业者应该具备的能力。创新能力是白手起家创业者的生命源泉。创新不仅仅是从无到有地创造某种产品和服务，更多的情况是在以往的基础上对原有产品和方式方法进行改进。创业者的创新能力往往体现在技术、管理和营销上的创新。从某种意义上讲，创业本身就是一项创新活动，创业就是开创一项事业，没有一种可以复制的模式让我们能够一劳永逸。一个新的管理理念或新开发的产品，往往会给创业者带来惊人的回报。

（2）商机识别能力

创新能力是事业获得发展的动力源泉，发现他人未曾意识到的创业机会是开始创业活动的第一步。创业者要考虑创业的整个过程，从过程的纵向路径中找到创新点，也可以进行横向分析，从产品、市场、客户需求、公司管理及运营等角度来考虑创新。

创业者在进行创意构思时，需要一个复杂的分析过程。在这个过程中，可以选择在互联网上查找相关方案或者进行头脑风暴想出很多好的创意执行方案，然后对不同的资料进行整理，找到一个可行的解决方案。

（3）商机评估能力

应该清楚，并不是每一个创意都能转变为商机。对创意的评估，是指分析、评价创意是否能转变为商机，是否能为创业者带来利润。如果没有利润，则再好的创意也不能被实施。创业者需要考虑以下问题：这个创意过分、夸张吗？实践起来容易吗？有没有实践成果？是否有其他人早已考虑过了？如果这些问题都得到了圆满回答，那么说明创意是基本可行的。按照美国经济学家的调查分析，在美国从商机分析到开展业务一般要经过 6～12 个月的时间。当然，创业者的个人因素会在很大程度上影响这一过程的时间。这一过程中，创业者面临的巨大挑战是鉴别、评估哪种创意真正具有商业潜力。大学生创业者可以按照下面的思路进行：考虑创意变成商机之后能为公司带来多大利润，创意是否需要改进以提高收益，罗列所有的技术与管理项目，明确增加或删减的方向。

（4）创意执行能力

面对商业机遇，将创意真正变成商机是指创业者在通过对市场深刻、科学地分析后，经过确立产品与服务的方式、市场研究、制订合理的创业计划、确定启动资金、构建公司管理模式等一系列工作，启动并开始公司运营等过程，做出正确的创业决定。这一过程复杂而艰巨，有很多环节涉及商业知识和经验。

大学生创业者尤其要坚定决心，因为这一阶段不仅要面对大量细致、琐碎的工作，而且也会面对未曾经历过的困难。要将商机转变成财富，仅仅依靠知识技能是不够的，因此，在此期间可以寻求专业人士的帮助。

（5）筹资能力

启动资金是指企业在创建的前期需要的资金投入。创业者需要对前期的成本投入有明确的认识，虽然创业者可以找专业人士来帮助自己，但是自己也应做到心中有数。公司的生存与发展，产品和技术是至关重要的，解决了产品的技术性与服务性问题，就需要关注销售，只有销售之后，才会有利润产生。公司的前期运行需要有足够的资金支持，因此创业者在执行计划的过程中必须谨慎考虑财务因素。公司开办之初常常会出现亏损，这需要有足够的资金支持。创业者既要有可行的资金计划，也要有良好的心理素质。

四、创业者素质与能力的培养

（一）创业者素质与能力的关系

创业者素质是一种本能，是天生的，是没有目标的，但是素质分几种，有的是政治天赋，有的是音乐天赋，有的是艺术天赋等。创业者素质通常处于潜在状态，只有在机会成熟的情况下，才能把这种能力显露出来，如果没有机会，这种能力可能就发挥不了作用，所以把创业能力写成一个公式：创业能力＝创业者素质＋机会。

（二）创业者素质的培养

要成为一名成功的创业者并不是一件容易的事情，需要具备很多优秀素质。确实有些人天生就拥有很多创业者特质，并且因为这些特质取得了成功。但要成为一名成功的创业者，更多的是通过后天有意识地培养、训练获得的。创业者素质的培养对于他们以后是否有意愿走上创业道路，是否有坚定的信念在这条道路上走下去，是否有能力在创业中取得成就和获得财富起着极为关键的作用。随着慢慢地积累，最后由量变引起质变，从一个青涩的创业者慢慢成长为一个准备充足的创业者。

1. 团队意识

创业不同于其他的社会活动，只要努力、用功就可以获得比较好的成绩。成功的创业一定不是个人的成功，必须要依靠团队的智慧和力量。团队中有各种不同类型、不同本领的人士，每个人都有自己的特质与性格。团队意识其实也可以理解为一种包容力、凝聚力，它可以使团队的力量最大限度地集中并且放大。

2. 学习意识

人生是一个不断遇见新事物、不断分析、不断学习的过程。没有知识、没有才华并不可怕，不愿意学习新知识、故步自封、夜郎自大才真正可怕。日常生活中，一定要注意不断学习。学生除了要学习书本知识外，还要了解更为广泛的知识，已经参加工作的人在经常总结工作经验、生活经验之余还要多读书，从书本中获得理论知识，并在实践中进行验证。

3. 实践意识

创业者高举"实践"的大旗，通过各种与专业紧密相关的实习与实训，培养自身的实践意识，另外要主动投身于社会实践。在课堂学习中，要灵活掌握专业理论知识。在课堂外，通过参观、访问、社会调查以及志愿者活动等形式，对课内所学的知识会有更直观的把握，发现专业领域内一些日新月异的变化。同时，还要经常到生产、管理、服务的第一线去，多层面了解行业、了解社会，在无形中建立自己开放的判断体系。通过一系列实际行动，学会养成一种主动接受实践检验的学习习惯，遇到问题会自觉地认真思考，并寻求解决问题的途径，这样实践意识就在不知不觉中形成了。

4. 张扬个性

独特的个性是创业者的基本素质。古往今来，创业成功各有各的原因，但都离不开创业者独特的个性，即他们不同于其他人的品质。独立而健朗的个体人格是非常有价值的。在培养创业者素质的同时，要唤醒他们的自我意识，鼓励张扬个性，鼓励独立思考与独立探索，注重个性的保护，使得每个人既是独立的个体，又是社会发展中坚实的力量来源。

5. 自信心

自信心能赋予人积极主动的人生态度和进取精神。要成为一名成功的创业者，必须坚持信仰如一，拥有使命感和责任感，顽强拼搏。信念是生命的力量，是创立事业之本，也是创业的原动力。自信的人相信自己可以掌握命运。对待挑战，他们不会唯唯诺诺，而是勇敢面对并且接受。培养创业者的自信心，可使他们拥有饱满的活力和热情以面对创业。

6. 学会理财

创业过程中，资金是非常重要的。没有资金，企业运行就会停滞。学会理财，首先要学会开源节流。开源就是瞄准商机，进入市场，获得资金回报。节流就是节省不必要的开支，该花的钱一分不省，不该花的钱一分不花。另外，要学会记账，每一笔资金的来源和开支都要进行记录，这样月末、年末查账时就可以知道企业资金的流向，这就为未来的资金规划提供了详细的数据支持。掌握基本的理财手段，获得卓越的理财能力，对于一个创业者来说是非常重要的。

（三）创业者能力的培养

创业是一项具有挑战性的社会活动，是对创业者综合能力的一种全方位考验。创业能力是实施创业和决定创业能否成功的关键。在现代社会，竞争日趋激烈，一个人能否在竞争中占据优势、成功创业，主要取决于他所拥有的或者能够运用的各种能力。

蒂蒙斯教授提出通过训练强化对创业者能力的培养，这主要体现在以下几方面：

1. 责任感与决策力

承担责任和决策力是创业者具备的第一要素。有了责任承诺和决策力，创业者可以克服难以想象的障碍，并且可以弥补其他缺点。责任感与决策力通常意味着个人牺牲。衡量创业者的责任承诺有以下三个方面：①是否把自己净资产的一大部分投资于企业；②是否愿意接受较少的薪水；③在生活方式和家庭上是否做出较大牺牲。

2. 领导力

成功的创业者不需要凭借正式权力（多为组织授予的权力）就能向别人施加影响，这就是领导力。他们善于化解冲突，懂得什么时候以理服人，什么时候以情感人，什么时候该做出妥协，什么时候寸步不让。成功经营企业，创业者必须学会与许多角色（如客户、供应商、资金援助者、债权人、合伙人以及内部员工等）相处。由于不同的角色在目标上常会有冲突，创业者要成为一个调停者、磋商者而非独裁者。

3. 执着于创业机会

成功的创业者都会为创业机会而殚精竭虑。他们的目标是寻求并抓住商机，并将其变成有价值的东西。他们受到的困扰往往是陷在商机里不能自拔，他们总能发现机会。这就要求创业者区分各种创意和机会的价值，抓住重点。

4. 对风险、模糊和不确定性的容忍度

创业总是伴随着高风险、模糊和不确定性，成功的创业者需要容忍风险、模糊和不确定性。他们能乐观而清晰地看到公司的未来，从而保持了勇气。通过仔细确定目标、战略，以及控制和监督他们的行动方式，并按照他们预见的未来加以调整，减少了创业风险。成功的创业者把压力化为好的结果，将绩效最大化，并把负面影响、精疲力竭和沮丧情绪最小化。

5. 创造、自我依赖和适应能力

成功的创业者不满足也不会停留于现状，是持续的革新者。真正的创业者会积极寻找主动权并采取主动。他们喜欢主动解决问题，通过创新和创造实现生存和发展。成功的创业者有很强的适应力和恢复力，从错误和挫折中学习经验，能在将来避免类似的问题发生。创业者总是优秀的听众和快速的学习者。

6. 超越别人的动机

成功的创业者受到内心强烈愿望的驱动，希望和自己定下的标准竞争，追寻并达到富有挑战性的目标。初创企业的创业者对地位和权力需求很低，他们从创建企业的挑战和兴奋中产生个人动机。他们受获取成就的渴望驱动，而不是地位和权力的驱动。如何提升创业者（包括潜在创业者）的创业能力，是创业教育需要回答的问题。伴随着工业社会向信息社会的转型，创业教育受到前所未有的重视并迅速普及。

创业教育的重点，首先是培养学生对机会的识别、评估和捕捉能力。能够看到或者想到做事情的新方法是创业精神的根本所在，对机会的评估是一种重要的技能。其次是培养学生掌握和运用管理知识和技能创建并管理新企业、新事业，使机会转化为商业利润和社会价值。

第二节　创业团队

21世纪以来，世界科技迅猛发展，创业者企业面临的竞争环境更加复杂多变，越来越多的创业者采用团队创业的模式。"一个篱笆三个桩，一个好汉三个帮。"团队是个人实现最大价值的前提和保障，对创业者而言，创业团队也是实现创业目标的基本条件。如何创建优秀的团队将会是未来创业者面临的最大挑战。

创业过程理论中最重要的三个要素是创业机会、创业资源和创业团队，分析这三个重要因素，创业团队的能动性是最强的。构成创业团队的核心是人，确切地说，是由怀揣不同创业动机而有着共同目标的创业者组成的创业团队。

一、创业团队概述

（一）创业团队的含义

一般来说，创业者将创意转变成真正意义上的产品，并且使其进入市场并获得盈利，要从人、财、物等角度考虑公司的建设。人才的支持对于创业者来说不仅仅是创业资源，而且是创业成功的助推器。创业者在创业之初，就需要建设一支有凝聚力、有工作效率的团队来为自己的初创企业服务。在创业过程中，团队创业的成功率会更高一些。

对创业团队概念的理解，不同学者从不同角度界定了团队的含义。我们这里采用斯蒂芬·P.罗宾斯（Stephen P. Robbins）在《组织行为学》一书中定义的概念来解释，"团队就是由两个或者两个以上的，相互作用、相互依赖的个体，为了特定目标而按照一定规则结合在一起的组织"。路易斯（Lewis，1993）认为，团队是由一群认同并致力于达成共同目标的人所组成的，这一群人相处愉快并乐于工作在一起，共同为达成高品质的结果而努力。在这个定义中，路易斯强调了三个重点：共同目标、工作相处愉快和高品质的结果。盖兹贝克和史密斯（Katezenbach and Smith，1993）认为，一个团队是由少数具有"技能互补"的人所组成的，他们认同于一个共同目标和一个能使他们彼此担负责任的程序。盖兹贝克和史密斯也提到了共同目标，并提到了成员"技能互补"和分担责任的观点，同时还指出团队是一个少数人的集合，保证相互交流的障碍较少，比较容易达成一致，也比较容易形成凝聚力、忠诚感和相互信赖感。但是，团队必定是以达到一个既定结果为最终目标，共同目标是团队区别于群体的重要特征。

综合上述定义，本书对创业团队定义如下：创业团队就是由少数具有技能互补、贡献互补的创业者组成的特殊群体，该群体在一个共同认同的、能使彼此担负的程序规范下，为达成高品质的创业目标而共同努力，团结合作，共同担当。

（二）创业团队的 5P 关键要素

创业团队的组成要素是完成创业任务、实现创业价值的关键，每一个关键要素都有其不可替代的作用，同时各个要素之间又是相互补充、相互依存的。成熟的创业团队都具备目标（Purpose）、成员（People）、定位（Place）、权限（Power）、计划（Plan）五个关键要素，这些关键要素对应的英文单词首字母均为 P。

1. 目标

团队应该有一个共同的既定目标，为团队成员导航，知道要向何处去，没有目标，这个团队就没有存在的价值。作为创业团队，应将目标分为长期目标与短期目标，长期目标即公司的愿景，短期目标则是长期目标的分解。目标的完成过程，应当是所有团队成员共同努力的过程，而不能成为创业者自己奋斗的辛酸史。

2. 成员

成员是构成团队最核心的力量，两个（包含两个）以上的人就可以构成团队。目标是通过成员具体实现的，所以人员的选择是团队中非常重要的一部分。一般来说，创业者都愿意选择那些技能最优、经验丰富的人员作为创业团队成员。当这些人员进入团队时，如何留住他们就成为摆在创业者面前的一个难题，如果处理不当，就会造成人才的流失，这是创业过程中的普遍现象之一。

3. 定位

定位通常包含两个层次：①团队在企业中的定位，是指团队在企业中所扮演的角色以及团队内部的决策力和执行力；②成员在团队中的定位，是指团队成员在团队中扮演的角色及团队内部决策的制定和执行。

4. 权限

权限是指初创企业中职、责、权的划分与管理。一般来说，团队的权限与企业的大小、正规程度相关。在初创企业的团队中，核心领导者的权力很大，随着团队的成熟，核心领导者的权限会降低，这是一个团队成熟的表现。

5. 计划

计划有两层含义：①为保证目标的实现而制订的具体实施方案；②计划在实施中又会分解出细节性的计划，需要团队共同努力完成。

以上是团队构成的要素，但是创业之初，创业者往往会面临很多困难，团队的建设并不像想象中的那样简单，这需要创业者有心理准备。有时创业过程会与团队组建一起完成，由于创业活动的特殊性，创业团队不必具备每一个因素。随着企业发展逐步成熟，团队建设也应该逐步完善，创业者应当时刻记住一句俗语"三个臭皮匠，顶个诸葛亮"，这正说明创业团队在创业过程中的重要性。

创业团队通常是在创业初期通过不断寻找组成的，团队成员共同参与从初创企业的创建到发展的整个过程并做出贡献。作为创业团队成员，共同参与创业过程，他们的思路会影响创业者的战略决策，在经济上占有一定的股权，因此也承担一定的风险。虽然每个创业者的创业过程各不相同且具有不可复制性，但是我们在研究了中外众多的创业活动后仍然可以得出以下结论：一个人单打独斗的创业要比团队创业的成功率低得多。

（三）团队成员的角色划分

团队组建时，需根据团队类型及结构物色成员，实行分工协作。团队的人数可以不多，但必要的分工不可缺少。团队成员各司其职，优势互补，才能充分发挥高效的协作优势。一般来说，创业团队需要的角色有以下八种类型：

1. 主导者

主导者性格坚毅果断，能耐心听取别人的意见，但在反驳别人的意见时会表现出足够的强硬态度；能很好地授权于他人，是一个好的咨询者，一旦做出了决定便不会轻易变更。

2. 策划者

策划者知识面广，思维活跃并且发散，喜欢打破传统，是一个"点子型的人才"。

3. 协调者

协调者成熟、自信，办事客观，不带个人偏见；能够引导一群不同技能和个性的人向着共同的目标努力；除权威之外，更有一种个性的感召力；在团队中能很快发现各成员的优势，并在实现目标的过程中妥善安排。

4. 信息者

信息者外向、热情，强项是与人交往，在交往的过程中获取信息；对外界环境十分敏感。

5. 创新者

创新者富有高度的创造力，思路开阔，观念新颖，富有想象力，有挑战精神，会推动变革。

6. 实施者

实施者计划性强，有很好的自控力和纪律性；会将主意变为实际行动；非常现实、传统；崇尚努力，对团队忠诚度高，能为团队整体利益着想而较少考虑个人利益。

7. 推广者

推广者说干就干，行动能力强，办事高效，自发性强，目标明确，有高度的工作热情和成就感；遇到困难时，总能找到解决办法，而且一心想取胜，具有竞争意识。

8. 监督者

监督者冷静，思维逻辑性很强，对工作方案的实施等实行监督；喜欢重复推敲一件事情，决策时能把范围很广的因素都考虑进去。

我们以唐僧师徒取经为例，来看一看如何运作创业团队。观音看起来虽然没有在行动上参与唐僧团队的具体任务，但观音是整个唐僧团队的设计者和塑造者；每次在唐僧团队山穷水尽的时候为他们指明方向，激发其斗志。而唐僧作为西天取经项目的执行者，负责团队的全面工作，整顿团队纪律，有坚强的意志，是团队成员最信赖的人；孙悟空身兼多职，他是资源调查者又是创新者，善于发现资源、整合资源，解决遇到的困难，不墨守成规，善于用创新思维解决问题；猪八戒既是团队的人际关系协调者，又是完成任务的协作者，偶尔还扮演着不成熟的监督评估的角色；沙僧很明显是团队的协作者、协调者，在自身能够完成任务的同时，帮助其他成员解决问题。

唐僧团队的人员配备少而精，并建立了有效的制约机制。唐僧直接管理孙悟空，但只有在孙悟空突破底线时才动用紧箍咒，平时则让其充分发挥能动作用；孙悟空对猪八戒在具体工作上有管理权力，但他也限制不了猪八戒的言论自由，他自己的行为反而受到猪八戒的监督；猪八戒虽然有"散伙回家"的思想，但因为有孙悟空的金箍棒，思想不能转化为行动；沙僧作为"办公室主任"，管理行李和白龙马，对一线事务从不插嘴。

在实际工作中，一个团队不一定要全部具备以上八种类型的角色，要根据实际情况来确定。

（四）创业团队的类型

从不同的角度、层次和结构，创业团队可以划分为不同的类型，目前较为普遍的创业团队划分方法是依据创业团队的组建者来划分，据此可将创业团队划分为星状创业团队、网状创业团队和虚拟星状创业团队。

1. 星状创业团队

这种创业团队中存在一个核心人物充当领袖式的角色。这种团队形式往往是核心领导者掌握了较强的技术或较好的创意后，产生创业想法，并据此选择相应成员加入该创业团队，这些团队成员在团队中大多是实施者的角色。这种创业团队有以下几个明显特点：

1）核心人物话语权较大，权力集中，决策失败的概率增大。

2）决策速度快，团队执行力强。

3）核心领导者和其他团队成员意见不一致时，其他成员较为被动，可能影响整体积极性的发挥。

2. 网状创业团队

这种创业团队没有一个明确的领导。它是由一群基于经验、友谊和共同兴趣而有相同目标的人经过共同协商组成的团队。在初创企业中，每一位成员都要找准自己在团队中的定位，并尽到协作的职责。这种创业团队有以下几个明显特点：

1）团队成员的话语权平等，容易形成多头领导。

2）做决策时要经过大家讨论，决策失败概率小，决策效率低。

3）团队成员意见不一致时，倾向于采用平等协商的态度消除。但一旦冲突升级，容易导致团队涣散。

3. 虚拟星状创业团队

这种团队类型是前两种创业团队的中间形态。这种创业团队存在一个核心领导人物，但该成员地位的确立是团队成员协商的结果，因此，在某种意义上来说，核心领导者只是整个团队的代言人，他并没有领袖的绝对权威，但具有一定威信，能够主导整个团队运行，做决策时需要充分考虑其他成员的意见。这种创业团队有以下几个明显特点：

1）核心领导者大多是由团队成员投票决定的，有着令人信服的领导地位。

2）因为有核心领导者的存在，所以决策速度较快，团队执行力强。

3）核心领导者做决策时要考虑大家的意见，决策失败概率小。

二、创业团队的作用

创业的项目、资金和团队，是创业成功的三个重要因素，"一个好汉三个帮"，好的团队是创业成功的基石，拥有一支优秀队伍对初创创企业的发展有着举足轻重的作用。当今创业，由于外部环境复杂多变、竞争程度加剧，已经不再是单打独斗的时代，而是群狼作战、团队创业的时代了。越来越多的创业活动是以团队形式开展的。这是因为团队创业具有整合资源能力强、抵抗风险能力强和发展后劲大等优势，能在创业过程中发挥关键作用。这具体表现在以下几方面：

1. 借助团队力量，放大资源

一个企业刚诞生的时候，往往面临众多的资源约束，处于"无资金、无人脉、无客户"的"三无"境地，破除这些资源约束是初创企业必须解决的问题。由于一个人的能力、资金、关系网络是有限的，因此解决这一问题的过程往往漫长而艰辛。相比个体创业来说，团队创业由于创业团队成员融智、融资、融技和关系网络，其整合和放大资源的能力会成倍增加，这无疑有助于初创企业突破创业过程中的资源限制，实现快速成长。

2. 有助于提升初创企业的决策质量

创业活动面临高度的不确定性，据不完全统计，初创企业的失败率高达70%以上，而大学生创业成功率只有2%~3%，远低于一般企业的创业成功率。而在导致创业失败的诸多因素中，决策失误高居榜首。创业团队由于其成员具有不同的教育背景、知识经验和个性特征，能更为全面准确地比较不同方案，降低决策失误的概率，而且有助于用创新的方式解决问题，从而提高初创企业的决策质量，降低初创企业的失败概率。

3. 提高绩效

建立合理的团队结构，通过合理分工来提高效率。在现有条件下优化团队结构，提高工作效率，通过有效的分工合作和扩展资源来提高绩效。

一个好的创业团队对于初创企业的成功起着举足轻重的作用，在新型风险企业的发展潜力与企业管理团队之间有着十分密切的联系。优秀的创业团队可以创造出一个具有重要价值并有收益选择权的公司。当然，没有团队的初创企业不一定失败，但要建立一个没有团队而仍然具有高成长潜力的企业极其困难。

三、创业团队的组建

（一）组建原则

创业团队的组建没有统一的模式。实际上，有多少支创业团队就有多少种团队建立方式，没有一支创业团队的建设是可以复制的。创业者走到一起，多是机缘巧合，兴趣相同、技术相同甚至是有相同想法的人都可以合伙创业。关于创业团队的成员，马云曾经说过"创业要找最合适的人，不要找最好的人"。

组建创业计划团队，首先需要考虑并弄清创业计划中所需人员应具备的素质和能力，之后按照实际需要选择和组织能够担当各种职务的成员。团队组建是否得当、科学，是一个创业团队能否成功的关键。一般而言，组建创业团队应遵循以下原则：

1. 目标统一、利益兼顾

目标是凝聚团队的核心因素，在团队组建过程中具有特殊价值。首先，目标是一种有效激励因素。它既能帮助团队成员坚定未来的发展目标，又能激励团队成员勇于克服困难，取得胜利。其次，目标也是有效协调因素。团队中各种角色的个性、能力有所不同，但是"步调一致才能取得胜利"，即只有目标一致、齐心协力的创业团队才会取得胜利。合伙创业腾讯"五虎"马化腾、张志东、曾李青、陈一丹和许晨晔，在这样的团队中，成员有共同的理想、技能、兴趣和爱好，合伙人之间相互了解，共同奋斗，往往是团队第一、个人第二。对于大学生创业而言，虽然每个成员都容易接受团队的共同意愿，但彼此加入的目标却不尽相同，需要团队负责人实时调整和统一个人目标与团队目标的关系，使大家能够时刻充满干劲和希望。

2. 长板互补

在组建创业团队时，应该强调补缺性。这种补缺性是指在性格、能力、资源、知识甚至技术上的互补。创业者之所以选择团队合作，主要是因为弥补创业目标与自身资源和能力的差距。技术性创业者需要一个管理人才来帮助自己建立公司的组织结构并进行日常的绩效监督，财务管理也需要专业的人员，当创业者自己不能做这些工作时，可以由团队成员共同提出解决方案。这种平衡和补充的作用可以保证新创企业的健康发展。

此外，在创业初期，每个成员都应注意个人其他潜力的培养和挖掘，不仅能够做到人尽其才，而且要人尽其用、一人多用，让每个人都具有独立担当几方面工作的能力。例如，以技术研发为主的专业成员，应该具有相应的产品推广能力；负责市场推广的营销人员，应该全面掌握产品的研发过程和独特功能，从而更好地宣传和推广产品。

3. 精简高效

创业初始阶段的团队成员不要求数量很多，因为业务量还没有提升，有些财务、法律等方面的问题可以通过外包解决。尤其是在刚开始创业的时候，会遇到很多意料之外的问题：人少了，团队的群体效应发挥不出来；人多了，思想不统一，遇到困难容易引起争执甚至散伙。一般初建的创业团队以 3~5 人为宜，这样便于责任分工，能够保证团队各项工作完成的速度和质量，对市场能够迅速反应，提高效率，占据有利的市场地位。

4. 责任心强

一个没有责任心的人，无论多强大，永远都不会成功。一个创业团队有时缺少的不是资金，而是投资人对团队的信任，团队成员要做到有责任心，而不是相互推诿、相互拆台。每个人都要担起自己的责任，为团队目标共同努力。

（二）组建程序

一个好的创业团队对创业成功具有重要的意义，所以组建一支优秀的创业团队非常重要。创业团队的组建是一个复杂的过程，不同类型的创业团队组建步骤不尽相同，但也有共同的规律可循。

1. 明确创业目标

拥有一个明确、强有力的创业愿景，意味着将大家凝聚在一起。这就需要团队成员同甘共苦，完成具有挑战的事业，并长久地坚持下去。真正的团队能够激活每个人的斗志，使全体成员紧紧地连在一起，能淡化人与人之间的利益冲突，形成一股强大的向心力，推动整个团队前行。

确定创业目标需要先明确创业阶段的目标，即创业阶段的技术、市场、组织、管理等各项工作，实现企业从无到有的突破。在确定了总目标之后，为了更好地推动目标的实现，我们需要对总目标进行细化，设定一系列的若干可行的、阶段性的子目标。

2. 制订创业计划

在确定了一个个创业阶段子目标及总目标后，接下来就是研究如何实现目标，这就需要制订周密的创业计划。创业计划是一份全面说明创业构想以及怎样实施创业构想的文件，是在对创业目标进行分解的基础上以创业团队为整体来考虑的计划，确定了在创业阶段不同时期需要完成的任务，并通过逐步实现阶段性目标最终实现创业总目标。

3. 招募团队成员

招募团队成员是创业团队组建中关键的一步。对于创业团队成员的招募，应主要考虑两个方面的因素：①优势互补性，考虑能否与其他成员在能力或技术上形成互补。这种互补性的形成既有助于强化团队成员之间彼此的合作，又能保证整个团队的战斗力，更好地发挥团队的作用。一般而言，创业团队至少需要管理、技术和营销三个方面的人才。缺少任何一方面的人才，团队都无法高速而有效地运转。②团队规模。适度的团队规模是保证团队运转流畅的重要条件。团队成员太少会无法实现团队的功能和优势，而团队成员过多则可能会产生交流的障碍，团队可能会分裂成许多小团队，削弱团队的凝聚力。一般认为，团队成员规模需要控制在 2~12 人，以四五个人为最佳。

4. 明确权责划分

为了保证创业团队各项工作的顺利开展，必须在创业团队内部进行职权划分。创业团队职权划分是根据执行创业计划的需要，具体确定每个团队成员所担负的职责和相应权限。团队成员之间职权的划分必须明确，既要避免重叠和交叉，也要避免遗漏。此外，由于团队处于创业阶段，面临的创业环境动态复杂，会不断地出现新问题，团队成员也会出现更换，因此创业团队成员的权责也应根据需要不断进行调整。

5. 构建制度体系

创业团队制度体系体现了创业团队对成员的控制和激励能力，主要包括团队的各种约束制度和激励制度。创业团队要想健康发展、稳步提高，必须建立一个公平、公开、公正的环境。一方面，创业团队通过各种约束制度（主要包括纪律、组织、财务、保密等条例）指导成员避免做出不利于团队发展的行为，从而实现对团队成员的约束，保证团队秩序的稳定；另一方面，创业团队要实现高效运作，就需要有效的激励机制（主要包括利益分配方案、奖惩制度、考核标准、激励措施等），使团队成员看到团队成功后自身利益得到保障，达到调动成员工作积极性的目的。要实现有效激励，首先要把各成员的收益模式讲清楚，尤其是关于股权、奖惩、加入与退出等与团队成员利益密切相关的事宜。必须注意的是，创业团队的制度体系应该以规范化的书面协议确定下来，以免带来不必要的混乱。

6. 团队调整融合

创业团队并非一开始就能运行流畅。随着创业团队的运作，团队在各方面都会进行相应调整，对不适合的对象进行剔除或完善，把适合的创意纳入进来，慢慢形成一个完美的创业团队。随着团队工作的开展，团队在人员匹配、制度设计、权责划分等方面的不合理之处逐渐暴露出来，这时创业团队就需要调整融合。由于不合理之处的显现需要一个过程，因此，创业团队调整融合是一个动态持续的过程。创业团队的调整融合工作是针对团队在工作过程中出现的问题不断进行调整直至满足实践需要的工作过程。需要注意的是，在进行创业团队调整融合时，应保证创业团队成员之间及时有效的沟通。

四、创业团队的管理

一个创业团队的成功组建，离不开团队成员共同的理想与激情的支撑，正是共同的理想与激情使得创业之初团队成员之间能够同甘共苦，相互扶持。但随着时间的流逝，创业之初的热情与激情逐渐消退，取而代之的是彼此之间在企业管理、权力分配、理念分歧等方面问题的出现，团队冲突也会随之产生。因此，要确保创业团队的稳定和健康发展，仅依赖团队成员之间的亲情、友情是远远不够的，必须在团队创建之初就考虑如何对创业团队进科学管理，保障创业团队的长期良性发展。

创业团队管理的重点是在维持团队稳定的前提下发挥团队多样性优势。有效的团队管理能使原来分散的个体和具有不同能力、不同个性的人组成一个有共同目标、相互协调的整体。团队管理就是要使团队具有不断改善、不断革新的精神，使每个人的才能不只停留在原有水平上，而是不断地发展和增强，从而达到 "$1+1>2$" 的效果。

（一）以团队理念为核心

团队理念是各个成员的精神支柱，是创业成功的基石。一个好的团队理念和团队文化能充分调动整个小组成员的团队意识。创业团队建设，需要重视团队理念、形成团队理念和塑造团队文化。

1. 重视团队理念

具备 "团队理念" 的团队，会形成一种无形的向心力、凝聚力和塑造力。即便思想理念暂时偏于落后，企业资金状况偏于紧缺，技术含量偏于过低，但只要团队成员齐心协力，就可以靠团队的力量克服困难，这样的团队才可能战无不胜，才会显示出无穷的魅力。相反，缺乏团队精神的团队或者企业，一切美好的想法和愿望都将成为 "零"；没有团队意识的成员，无论学识多高、技术多精、学历多深，对企业来讲都是 "零"。

2. 形成团队理念

形成团队理念，需要做到以下几点：

（1）培养成员的敬业理念

敬业是积极向上的人生态度，而兢兢业业地做好本职工作是敬业理念最基本的一条。要做到敬业，就要求创业者具有"三心"：耐心、恒心和决心。任何事情都不是一蹴而就的，不可只凭一时的热情、三分钟的热度来工作，也不能在情绪低落时就马马虎虎、应付了事。特别是在创业初期，团队成员要勇敢地面对并解决困难，而不是一遇到困难就退缩。

（2）建设学习型团队

在美国排名前25位的企业中，有八成企业是按照"学习型组织"模式进行改造的。国内一些企业也通过创办"学习型企业"给企业带来了勃勃生机。对团队创业而言，每个成员的学习、每次团队的讨论，都是团队成员思想不断交流、智慧火花不断碰撞的过程。英国作家萧伯纳（Bernard Shaw）有一句名言："两个人各自拿着一个苹果，互相交换，每人仍然只有一个苹果；两个人各自拥有一个思想，互相交换，每个人就拥有两个思想。"如果团队中每个成员都能把自己掌握的新知识、新技术、新思想拿出来和其他团队成员分享，集体的智慧势必大增，团队的学习力就会大于个人的学习力，团队智商就会大大高于每个成员的智商，整体大于部分之和。

（3）建立竞争型团队

人类社会发展遵循着优胜劣汰的法则，在当前激烈的市场竞争条件下，必须把竞争意识渗透到团队建设中，建立一个竞争型团队。从外部来讲，这支团队必须具有竞争意识，敢于正视自己，敢于面对强手；从内部来讲，团队的成员也要有竞争意识。提倡竞争型团队有两个目的：一个是自身提高水平和技能的需要；另一个是完成团队目标的需要。

3. 塑造团队文化

所谓团队文化，就是指团队共同认同和遵循的一些理念与原则，具体包括基本纪律、愿景使命、核心价值观、方法论、管理原则等。创业团队文化是团队的软实力，是一支队伍战斗力的源泉。因此，在创业团队成立之初就应该建立自己的团队文化。好的文化可以让外界倾心接纳，也可以将团队成员凝聚在一起，为了共同的使命和价值观努力奋斗。

高效的团队非常注重建设勇气、学习、忠诚等文化，尤其是共同价值观的培养。因此，塑造团队文化的关键就是在团队形成与发展的过程中提炼团队的价值观、团队使命和团队愿景，并以此为基础逐渐形成相对固定的团队文化氛围。

（二）设置创业团队的组织结构

创业团队在设置组织结构时，必须以自己的战略任务和经营目标为依据，并为贯彻实施和最终实现企业的战略任务和经营目标服务。在设置组织结构时要注意以下几点：

1. 权责分明

团队的任何一项工作都离不开其他人的配合，只有协作配合得好，才能顺利地完成管理工作。虽然新创团队人员的分工一般比较粗放，很多事情不分彼此、一起决策、一块实施，但是，一定要注意落实责任、权责分明，以免出错或者失误后互相推诿，造成团队成员之间的矛盾甚至分裂。

2. 合理分工

有分工，才有协作；有协作，才会有高效。创业团队分工，要以团队目标实现为根本出发点，充分考虑团队成员的能力与个性特点，落实责任，明确权利，优势互补、扩大优势，提高创业团队的竞争力。"用人所长，则天下无不可用之人；用人所短，则天下无可用之人。"因此，团队负责人一定要统观全局、合理安排、恰当分工，出现问题时能够在最短的时间内调解矛盾、避免内耗。

（三）优化创业团队的运作机制

1. 做好决策权限分配

创业团队内部需要妥善处理各种权力和利益关系，要确定谁适合从事何种关键任务和谁对关键任务承担哪些责任，使能力和责任的重复最小化。

创业团队一定要建立起团队治理和管理规则，解决好指挥管理权问题。在治理层面，主要解决剩余索取权和剩余控制权问题。在管理层面，最基本的有三条：①平等原则，制度面前人人平等，不能有例外；②服从原则，下级服从上级，行动要听指挥；③等级原则，不能随意越级指挥，也不能随意越级请示。这三条原则是秩序的源泉，而秩序是效率的源泉。

2. 建立有效的激励机制

新创团队需要妥善处理创业团队内部的利益关系，一个初创企业的报酬体系不仅包括诸如股权、工资、奖金等金钱报酬，而且包括个人成长机会和提高相关技能等方面的因素。对团队的管理者而言，要根据创业团队的实际情况建立合适的激励机制，认真研究和设计整个团队生命周期的报酬体系，以使之具有吸引力。

3. 建立合理的股权分配机制

在创业团队组建之后，建立合理的股权分配机制，是创业团队必须解决的关键问题。合理的企业股权分配机制，能增强创业团队的凝聚力，激励创业团队成员更好地为实现企业目标而奋斗，有利于企业的长远发展。在进行股权分配时，应遵循以下三个重要原则：

（1）重视契约精神

在创业之初，应重视契约精神，及早把确定的所有权分配方案以公司章程的形式写入法律文件，以契约形式明确创业团队成员之间的利益分配机制，这样有助于创业团队的长期稳定，避免创业后续的争端和纠纷。

（2）按照贡献分配股权

所有权应按照团队成员对企业的长期贡献来分配。现实中，按照出资额的多少来分配是常见的做法，但不应该忽略没有出资但有关键技术的成员对企业的贡献，应该在分配中予以考虑。

（3）控制权与决策权统一

初创时期，控制权与决策权的统一至关重要。股份多的成员在不拥有公司控制权的条件下，其内心可能更看重初创企业的发展，更容易去挑战其他成员的决策错误，甚至决策者的权威，从而引起团队冲突和矛盾。

第三节　创业伦理与社会责任

创业与伦理的关系可以用"功过参半"来形容。一方面，创业者作为创新实践者，通过改进产品、完善服务和为大众提供就业机会，在很大程度上推动了社会的进步，受到人们的广泛赞誉；另一方面，一些创业者又被指责为片面地追求商业利益和成功，有时甚至违背法律规定、社会责任和道德规范，成为千夫所指的对象。因此，创业者在追求利润最大化的过程中要遵守创业伦理道德，使自己和企业始终不偏离正确的方向，使创业成功并可持续发展。

一、创业伦理

（一）创业伦理的概念

创业者的任务首先是创造财富；其次是承担相应的社会责任；最后是遵循创业伦理，这是对创业者更高层次的素质要求。创业伦理是指创业者在创业活动中处理各方相互关系的行为规范和准则，或者说商务活动中所有人都应遵循的行为标准。"君子爱财，取之有道。"创业者在创业过程中一定要遵循伦理道德，这是创业能够成功的根基和生命线，没有好的创业伦理，企业是难以为继的，即便企业应势发展，生命力也不会长久，只能昙花一现。很多传承数百年的知名企业，不仅仅是因为其产品和服务符合社会需求，更是因为其始终恪守商业伦理，才能在激烈的市场竞争中始终屹立不倒。创业者从一开始就要把创业伦理摆在突出的位置，严守伦理要求，才能为企业初创、成长以及长远发展打下坚实的基础。

（二）创业伦理的重要性

创业者的创业伦理不仅直接影响其个人及其创业组织的健康成长，更关系到经济社会的稳定发展与创新型国家的战略转型。

在科技、资本、教育等多方面因素的影响下，我国创业活动迎来了热潮，创业型经济繁荣发展，初创企业在推动经济发展与产品创新方面起着重要的作用。然而，伴随着创业实践的发展，创业的许多问题也日益凸显，在利己主义、个人主义等价值倾向的影响下，各种商业丑闻、社会问题层出不穷，当前比较突出的就是商业伦理问题。一些创业者的不道德行为扰乱了市场秩序，主要表现在对消费者的欺瞒、欺诈，对合作者不诚实、不守信，对环境肆意破坏，以及拖欠工资等，甚至还有假冒伪劣、过度投机、行贿受贿、偷税漏税、使用盗版等。

倘若一家创业型企业的商业交易从根本上违背了基本道德原则或规范，无论其经济收益多丰厚，也无法长期生存发展，必定会被市场淘汰，甚至接受法律的制裁。这种违背伦理的创业型企业的出现必然会破坏局部创业生态的健康和平衡。随着问题的积聚，创业生态整体终将面临崩塌的危险，国家创新驱动战略的成功实施和创新型国家的建设更无从谈起。

（三）创业伦理的培育

创业伦理作为一种规范员工行为及处理人际关系的软约束，能使企业员工懂得什么是正确的、什么是错误的，什么是好的、什么是坏的，什么是美的、什么是丑的，进而形成员工的是非判断标准，使员工具有明确的是非观、善恶观、道德观。伦理道德以其规范力量，有助于企业树立整体价值观，有助于企业合理、合法、合规经营，提高企业的效率和业绩。没有伦理道德素质的构建和加强，企业的发展将遇到"短板效应"的瓶颈，甚至企业的发展都有可能误入歧途。所以，在企业制度建设中，必须加强企业员工的伦理建设，使企业伦理道德体现在管理者和普通员工的一言一行中。

企业可以从以下几个方面入手，推动企业伦理的建立：

1. 制定企业伦理守则

企业成立时应制定一套伦理道德的行为准则，这样企业首先会从内部得到约束，当企业内部有良好的约束和秩序时，员工就不会轻易做出违反各种法律和社会道德准则的行为。

在制定企业伦理守则时，要联系企业所处的行业和经营特点，针对企业发展过程中可能出现的问题制定守则，对重点环节和突出问题要细化规定，做到有的放矢。企业还要经常组织员工学习，让他们熟悉和掌握守则的内容，使其成为员工的行为准则，而不仅仅是停留在书面上。

2. 突出企业文化建设

企业文化是企业发展历史、企业性格、企业气质、企业行为标准等人格化的抽象凝缩。企业文化是企业全体成员认同的价值理念，在潜移默化中指导和影响着全体成员的思想与行动，企业文化还会对企业在做出市场选择时发挥重要作用。好的企业文化能够使企业的员工和企业本身按照正确的原则行事，自觉地"懂规矩、守规矩"。

因此，要把企业文化建设摆在企业发展的突出位置，使之与企业的发展相辅相成。创业团队既要有核心的观点和立场，也要与时俱进，把握时代发展的脉搏，使企业文化强有力地促进企业的发展。

3. 加强员工伦理教育

在信息时代和文化多元化的背景下，人们的思想常常受到各种形式的冲击，为了能让企业制定的伦理准则始终得到员工的认同，然后一以贯之地遵守和执行，针对员工的伦理教育，要经常性、有计划地开展。在对员工进行伦理教育时，要采用员工喜闻乐见的形式开展，结合发生在员工身边的事，注重通过具体的案例来教育员工，而不要一味地寄希望于空洞乏味的说教来解决问题。要多与员工谈心，真正走进员工的内心世界，掌握他们的所思所想，耐心地解决他们思想上的不解和困惑。

创业伦理的构建不仅要从企业的微观层面入手，也要从全行业、全社会的角度着眼。

在一个诚信缺失的社会，任何一个好的企业都是无法生存和发展的，进而会让更多的企业放弃道德坚守，使社会陷于恶性循环的泥沼之中。因此，政府等相关部门应健全创业伦理的治理体制。

二、创业者伦理的核心要素

创业者伦理是创业者的基本素质，其作为精神支柱的道德伦理文化对于当下的企业家来说更是至关重要。在中国经济进入"新常态"的情况下，越来越多的有志青年投身于"大众创业、万众创新"的时代大潮中。在这样的背景下，创业者伦理的核心要素作为基本的创业伦理道德，值得每一个创业者、每一个企业家去学习、去领悟。只有这样，在面对市场全球化和经济全球化的今天，创业者才能在改革的浪潮中不至于迷失自我，才能真正实现创业者社会价值和自我价值的结合与双赢。

三、创业团队的社会责任

创业团队在创造利润和对团队成员及股东承担法律责任的同时，还要承担对员工、消费者、社区和环境的责任。创业团队的社会责任要求必须超越把利润作为目标的理念，强调在生产和销售过程中对人的价值的关注，强调对消费者、对环境和对社会的贡献。

创业团队的社会责任主要包括以下三个方面：

（一）承担并履行好经济责任

创办和经营好企业，做到盈利，尽可能扩大销售，降低成本，正确决策，保证利益相关者的合法权益。丰富人们的物质文化生活，为国民经济的快速稳定发展和促进国家经济转型发挥应有的作用。

（二）承担并履行好法律责任

创业团队的所有行动都要遵守法律法规，诸如环境保护法、消费者权益保护法和劳动法等。带头诚信经营，合法经营，承兑保修允诺，完成所有的合同义务。带动企业的雇员、企业所在的社区等共同遵纪守法，共建法治社会。

（三）承担并履行好公益责任

创业团队应努力使自己企业的运营活动、产品及服务对社会产生积极影响和作用，应致力于加速产业技术升级和产业结构的优化，大力发展绿色产业，增大企业吸纳就业的能力，为环境保护和社会安定尽职尽责。另外，随着政府职能不断调整，小政府大社会将是未来趋势。一些地方在发展社会事业上往往投资不足，这就是需要调动一切可以调动的资源。企业应充分发挥资源优势，积极支持社区服务、健康教育、人文关怀、文化艺术、城市建设等项目的发展，帮助改善公共环境，为发展社会事业做出贡献。

本 章 小 结

本章阐述了创业者的概念、创业者应具备的素质与能力，分析了创业者应具备的素质特点和成功创业者的素质要求。了解成功创业者的素质与能力要求，对创业者结合自身实际选择创业有重要作用。创业团队由一定的创业者组成，为达成高品质的结果而共同努力。为了达到创业目的，创业者应创建一个优势互补的团队，最重要的是考虑成员之间能力或技术上的互补性。一个团队中需要各种角色，而且各种角色有不同的配合关系。创业团队应该彼此之间知己知彼，要有胜任的带头人，并分享正确的理念，建立严格的规章制度。通过本章的学习，创业者应学会如何培养自己的创业素质，制订自我能力培养及素质提升计划，在创业过程中扬长避短，同时学会创建优秀的创业团队和掌握管理策略。

复习思考题

1. 如何理解创业者？创业者是天生的吗？创业者素质是可以通过学习和教育获得的吗？
2. 作为创业者，你认为自己应具备的必备能力有哪些？结合自身情况，分析自己欠缺哪些能力。
3. 通过本章的学习，你认为大学生创业需要培养哪些技能？
4. 分析自身的素质特征，运用短板理论和长板理论阐释如何在创业过程中扬长避短。
5. 创业团队的关键要素有哪些？
6. 如果你要创业，你将组建怎样的创业团队？
7. 如何成功地管理创业团队？

案例分析 唐僧团队的成功秘诀

唐僧师徒四人性格迥异，却历经百险，团结一致，坚定地朝目标前进，终于求取真经，可以说唐僧团队是经典的团队组合。

由不同风格成员组成的企业团队，尽管会发生矛盾，但他们之间优势互补却又目标一致，更容易取得成功。简而言之，唐僧团队主要包含四种角色：德者、能者、智者、劳者。他们分工明确，如网友所说："德者领导团队，能者攻克难关，智者出谋划策，劳者执行有力。"

1. 优势互补的角色

（1）德者居上

唐僧无疑就是团队里面的领导人和核心，他目标明确、品德高尚，负责传达上级命令，督促下属工作，对下属的表现做出评判和考核。然而，在整个团队里，他并不是能力最出色的，决策能力也不见得很强，但对于要完成的任务坚持到底。

他能力一般，为什么却能掌控整个团队的管理呢？首先，凭借明确的目标和坚定的意志，他能够尽他所能，贯彻上级命令和指示，不让团队方向有所偏离。这同样适用于企业领导，制定目标和贯彻落实是最开始也是最重要的一步。其次，以权制人，权威无私。在取经路上，唐僧一直都以取经为最终目的，毫无私心、以身作则，并且在孙悟空不听使唤时，及时使用紧箍咒制服他。同样，企业领导要一切以团队利益为准，树立权威，必要时使用权力制衡员工的反抗。除了强硬的约束措施，唐僧最重要的本领还是他的高尚品德，凭借其人格魅力感化徒弟，让徒弟们心服口服。作为企业领导，利用规章制度、金钱诱来约束和管理员工是短期低效的，只有以其人格魅力、企业文化来感染员工，增强员工归属感和忠诚度，才能从根本上让员工心甘情愿地为企业和团队服务。

（2）能者居前

孙悟空能力无边、个性率直、想法多端、行动灵活，可谓团队内的优秀人才。然而，孙悟空却欠缺自我约束力、团队合作精神和全局决策能力。可以说，孙悟空是能力超强的执行者，却不能成为运筹帷幄的管理者。也只有这样才形成了一个优秀的团队，因为如果团队里同时存在两个优秀管理者，必定会造成矛盾冲突。因此，对于孙悟空这种能力超强的人才，重点是要懂得管理以及提升他的忠诚度，这里就涉及团队里的规章制度的硬性约束，以及日积月累下企业文化和领导才能的带领和管理。

（3）智者在侧

关于猪八戒的评价褒贬不一，但他在团队中确实是不可或缺的角色，网友总结得好："虽然好吃懒做，但是干起活儿来也保质保量；虽然自私自利，但会坚持大立场；虽然喜欢打小报告，但也不会无中生有；虽然奉迎领导，但也愿意与群众为伍。还有猪八戒的协调能力是孙悟空、沙僧二人所不具备的：时而劝服孙悟空继续西行；时而替孙悟空跟师傅说情，从这些点我们看到，团队里是不能缺少猪八戒式的员工的。"且不说猪八戒不俗的战斗力，他在团队中最重要的作用就是协调各方，为整个团队的工作氛围带来活力。这种类型的员工虽然没有宏大的目标、过人的能力，但也能按时保质地完成工作任务，并且给团队增添活力和欢乐，所以在团队里也是重要角色。

(4) 劳者居其下

最后就是沙僧了，也许有人觉得沙僧作用不大，但是试想没有了沙僧，唐僧团队完整吗？正如网友所说："唐僧只知发号施令，无法推行；孙悟空只知降妖伏魔、不做小事；猪八戒只知打打下手、粗心大意；那担子谁挑、马谁喂、后勤谁管？"沙僧能力一般，但忠心耿耿、工作踏实、任劳任怨、心思缜密，并且有良好的团队合作精神。这种角色虽然不会有大作为，但是团队运行也离不开他。

2. 有利有弊的组合

由此看来，唐僧团队之所以被奉为经典，是因为他们四个角色里的优势互补。网友将其总结为："性格型互补：大智若愚、信念坚定的唐僧；敢作敢为、刚直不阿的孙悟空；油头滑脑、自私自利的猪八戒；实实在在、立场坚定的沙僧。优势型互补：方向明确、掌控孙悟空的掌门唐僧；本领高强、降妖伏魔的先锋孙悟空；抖假机灵、遗缺补漏的副手猪八戒；踏实肯干、任劳任怨的员工沙僧。技术型互补：有权威、会念咒的唐僧；会打架、透视眼的孙悟空；会算计、耍聪明的猪八戒；肯吃苦、有力量的沙僧。"除了互补性强之外，目标一致、团结融洽也是他们成功的关键。

然而，有人认为，唐僧团队仅在故事中看似成功，在现实企业环境中却有很大局限性。故事中很多时候团队都受到"神力"帮助，过于理想化。在现实生活中，能力一般的领导未必能稳坐位置；面对其他团队的竞争，三个徒弟也未必能坚定不移，不各怀私心；团队每个成员也不能像唐僧团队一样仅靠精神力量作为支柱。

虽然，唐僧团队利弊参半，但从这样的团队组合来看，我们应该认识到成功的团队必须要求每个成员有一致的目标，在性格、能力上形成优势互补，在领导有效的带领下明确分工，形成团结一致的工作动力，坚定向目标前进。

资料来源：http://www.ceconline.com/leadership/ma/8800067194/01（经整理加工）。

【问题】

1. 为什么唐僧能成为团队的领导者？

2. 结合案例，谈谈你对"创业最重要的不是点子，而是对时机的把握和拥有良好的团队"这一观点的看法。

3. 结合案例，谈谈你对创业成功与创业团队关系的看法。

4. 结合案例，谈谈组建团队有哪些应注意的问题。

第三章 创业机会识别与评价

引导案例

星网测通，以测量助力新基建，以匠心守护航天梦

随着人类的活动范围从陆、海、空扩展到外层空间，太空已经成为国家战略的高边疆。而由数千颗通信卫星组成的卫星互联网承担着"战时应战、急时应急、平时服务"的信息传输任务，是极其重要的太空基础设施。自2014年起，美国、日本、欧洲等国家和地区都陆续发布了自己的卫星互联网计划。2020年4月20日，国家发改委也正式将卫星互联网纳入"新基建"范围。

为了抢夺频率和轨道资源，科技战已然打响，国际竞争时不我待！测量是卫星研制的基础和运行的基石，是卫星互联网产业链的关键一环——没有测量，卫星出不了厂、上不了天、发挥不了作用。

工信部调研显示：2019年，全球卫星产业规模为2860亿美元，其中测量市场占比约5%。据此可知，通信卫星测量市场规模可达千亿元人民币。然而，作为一个高度专业的细分领域，卫星测量没有得到应有的重视，测量仪"精度不足""效率低下""功能单一""价格高昂"。

北京星网测通科技有限公司于2020年8月6日成立，入驻北理工孵化器大学生科技

创业实习见习基地，是一家以 B2B 模式为商业航天用户提供一体化解决方案的公司。公司创始人宋哲是北京理工大学信息与电子学院 2019 级博士研究生，曾于 2019 年荣获国家技术发明奖。

星网测通项目针对现有产品"测不准""测不快""测不了""测不起"的痛点，历时多年，发明系列测量仪，解决了制约我国通信卫星发展的关键问题。

项目团队揭示机理、提出模型、自研芯片、大胆创新，在卫星互联网测量领域取得了一系列原创性成果：①研制了我国首套卫星通信阵列并行测量仪，在确保精度的同时，效率得到大幅提高；②发明卫星通信链路柔性测量仪，一台仪器就能测试数百种场景；③发明多模信号解析方法，可以为用户节省 90% 的成本；④自研多模信号处理芯片和超宽带数模转换芯片；⑤截至 2020 年 10 月，申请国家发明专利 21 项（授权 11 项），获得软件著作权 4 项，发表 SCI 论文 12 篇，实现了核心技术的自主可控；⑥产品支持了北斗、天通、中星等多颗卫星的研制工作。

资料来源：http://news.sina.com.cn/c/2020-09-09/doc-iivhvpwy5678293.shtml（经整理加工）。

思考：

1. 星网测通的创意来自何处？
2. 星网测通是一个好的创业机会吗？你是如何判断的？
3. 结合案例，分析宋哲团队是如何识别创业机会的。

第一节　创业机会概述

创业者要想找到切实可行的创业项目，就要知道怎样去发现创业机会。要发现创业机会，首先要知道什么是创业机会，把握创业机会的特征；其次要了解创业机会的类型和来源。

一、创业机会的内涵与特征

（一）创业机会的内涵

发现、把握、利用创业机会是创业过程的真正开始，是创业过程中的一个重要阶段，也是成功创办和管理企业的基础。美国著名经济学家熊彼特认为，创业机会就是把资源创造性地结合起来，达到满足市场需要的预期效果，它是创造价值的一种可能性。而美国纽约大学教授柯兹纳认为，创业机会是一系列的市场不完善。在这两种对创业机会的不同界定中，熊彼特强调企业家整合各种资源对于价值创造的重要性，柯兹纳强调市场的不完善所带来的创业机会。

什么是创业机会？通俗来讲，创业机会是能够产生价值的清晰的目的；具体来说，创业机会是指有吸引力的、较为持久的和及时的一种商务活动空间，能够为消费者或客户创造价值或增加价值的产品或服务，并同时使创业者获益的商业想法或主张。

（二）创业机会的特征

"创业教育之父"杰弗里·蒂蒙斯认为，创业机会不仅具有吸引力、适时性和持久性的特征，还能够为使用者或购买者创造或增加使用价值的产品或服务。一般而言，有效的创业机会通常具有以下 4 个本质特征：

1. 稀缺性

机会往往随环境的变化而变化，受市场的不协调或混乱、信息滞后、领先或缺口，以及市场中其他因素的影响而产生。由此可见，创业机会是在特定条件下产生的，是客观存在的。这就决定了能获得的创业机会很少。创业机会需要识别，率先识别人就是机会信息的拥有者，其他人要获得这种机会要么靠自己的发展，要么靠付出成本购买。对于稍纵即逝的创业机会，创业企业会更倾向于自己去发现和快速捕捉。

2. 时效性

"机不可失，失不再来。"好的创业机会必须在机会存在的时候被实施。机会存在的时间是指商业创意从产生到推广所需要花费的时间，如果竞争者已经产生了相同的思想，并已经把产品推向了市场，那么机会也就错过了。

3. 持久性

持久性指的是必须处在一个持续放大的机会窗口下，使创业者对创业机会进行开发。创业过程是动态和不连续的，它始于创业者的思想创意，虽然其最终结果会受到很多内外部条件的制约，但创业机会具有持久性。

4. 获利性

创业者发现创业机会后，如果把机会与其他要素相结合，即创业机会得到有效利用，就可以为创业者带来丰厚的利润。创业机会的获利性也成为创业者的创业驱动因素之一。

二、创业机会的类型

《创业学：21 世纪的创业精神》的作者杰弗里·蒂蒙斯教授提出，好的创业机会有以下四个特征：①它很能吸引客户；②它能在商业环境中行得通；③它必须在"机会之窗"敞开期间被实施（机会之窗是指创意推广到市场上去所花费的时间，若竞争者有了同样的思想，并已把产品推向市场，那么机会之窗也就关闭了）；④有资源（人、财、物、信息、时间）和技能。

创业者发现与把握的机会不同，创业活动也随之不同，创业结果也存在差异。按照市场需求是否被识别、资源和能力是否被确定两个维度，创业机会可以分为梦想型、问题解决型、技术转移型、企业形成型四种，如图 3-1 所示。

图 3-1　创业机会的类型

市场需求可能是可识别的（已知的）或未能识别的（未知的）；资源和能力可能是确定的或未确定的。确定的资源和能力包括对一般知识、人力资源、金融资源等情况时了解或对自然资源（如产品/服务的技术条件）情况的了解。在这个矩阵中，市场需求表示存在的问题，资源和能力表示解决问题的方法。

1. 梦想型

市场需求未能识别且资源和能力不确定（问题及其解决方法都未知）。它表现的是艺术家、梦想家、一些设计师和发明家的创造性。他们感兴趣的是将知识的发展推向一个新方向，使技术突破现有限制。

例如，有梦想者想让车辆在技术上升级为飞行器，解决城市车辆拥堵问题，但市场几乎无此需求，更重要的是目前尚无成熟的技术，且成本效益转换毫无经济价值，因此只能是一种梦想型机会。但是，有些梦想随着时代的进步会变成现实。嫦娥奔月是古代人类登月的传说，经过几千年的努力，1969 年的"阿波罗"工程终于使人类登月的梦想成为现实。当市场与创业者所拥有的资源和具有的能力"握手"时，"梦想"就会变成现实。

2. 问题解决型

市场需求已识别但资源和能力不确定（问题已知但其解决方法仍未知），它描述了有条理地收集信息并解决问题的情况。在这种情况下，机会开发的目标往往是设计一个具体的产品/服务以适应市场需求。创业者清楚地知道市场需要什么，但苦于没有资源和能力，无法生产或提供市场所需的这种产品或服务。

例如，某农民承包了几十亩地种植苹果树，近几年苹果连年丰收，但价格连年下降。他看着堆满了苹果的库房，既不想贱卖，也不想眼睁睁看着苹果烂掉。他想要对苹果进行深加工，例如酿成苹果酒、制成膨化食品等来增加其附加价值。

但是一想到要投资建厂，并要掌握加工技术，还要有销路，他就犯难了。针对这种创业机会，解决问题的办法是尽快寻找所需的资源，尽快培养所需的能力。此时，机会开发的目标往往是设计一个具体的产品或一种服务以适应市场需求。问题解决型创业机会转化成创业项目的成本要比梦想型创业机会低，所花的时间也要少，关键是看争取资源与掌握技术的速度。

3. 技术转移型

市场需求未能识别但资源和能力确定（问题未知但可获得解决方法），包括我们常说的"技术转移"的挑战，如寻找应用领域和闲置的生产能力。这里的机会开发更多强调的是寻找应用的领域，而不是产品/服务的开发。

创业者手里已经具备了生产某项产品或服务的能力，也就是说完全能生产某个产品或提供某项服务，但是他所生产的产品或提供的服务没有市场需求，也就是说没有人需要他的产品或服务。

4. 企业形成型

市场需求已识别且资源和能力已确定（问题及其解决方法都已知）。这里的机会开发就是将市场需求与现有的资源匹配起来，形成可以创造并传递价值的新企业。

理论上说，企业形成型创业机会的成功概率要比前面三种类型都要高，梦想型创业机会的成功概率比后面三种类型都要低。

按照市场需求是否被识别、资源和能力是否被确定两个维度，创业机会分为梦想型、问题解决型、技术转移型、企业形成型四种类型，从另一个角度看，它们依次排列又可看作创业机会发展的一般过程。要识别创业机会属于哪种类型，是否既没有市场，又没有资源和能力；能否通过确定的资源和能力，开发产品或服务来满足明确的市场需求；如果现有资源和能力不能满足当前市场需求，能否携带现有资源和能力去寻找新的市场；最好的情况是现有资源和能力正好与目前的市场需求相匹配，就可以形成企业创造价值。

三、创业机会的来源

创业机会来源于社会生活的方方面面。在众多学术观点的基础上，我们认为美国凯斯西储大学谢恩教授的观点比较有代表性。谢恩教授提出了产生创业机会的四种变革，分别是技术机会、政治和制度机会、社会和人口结构机会以及产业结构机会。

（一）技术机会

企业的生产过程、市场及对资源的组织方式会由于新技术与知识的出现而发生变化，从而为市场带来创业机会。例如，随着互联网技术的普及，移动互联网的技术发展支撑起了移动短视频应用创业项目的出现。

技术变革也会带来创业机会。通常，技术上的任何变化和组合都会给创业者带来一定的创业机会。因为技术上的变革可以让人们做到以前不可能做到的事情，完成以前不可能完成的任务，或者可以更有效率地做事情。新技术的出现在很大程度上改变了企业之间的竞争方式，使创办企业的机会大大增加，创办企业也越来越容易。这具体表现在以下三个方面：

1）新技术替代旧技术。当某一领域出现了新的技术，并且它们足以替代旧技术时，创业的机会就出现了。

2）新技术实现新功能。实现新功能、创造新产品的新技术的出现，无疑也会给创业者带来新的商机。

3）新技术带来新问题。多数技术的出现，都是既有利又有弊。这会使人们为了消除新技术的弊端而去开发新技术并使其商业化，从而带来新的创业机会。

（二）政治和制度机会

随着经济的发展和科技的进步，政府必须进行政治和制度变革，而政府政策的变化可能给创业者带来新机会。事实上，从政策中寻找商机并不仅仅表现在政策条文所规定的层面，随着社会不断细化和专业化，政策变化所提供的商机还可以延伸，创业者可以通过产业链分析，在商机催生的产品或服务的上下游延伸中寻找商机。例如，环境保护和治理政策的出台，将那些产生大量污染并且严重破坏生态环境的企业的资源转移到保护自然生态环境的创业机会上来。自2011年5月1日起，醉酒驾车已上升为违反《中华人民共和国刑法》的行为，由此过去"叫好不叫座"的酒后代驾服务开始走俏。中国的酒文化源远流长，亲朋好友聚会，应酬接待，驾驶人常常很难推却喝酒的邀约。随着"醉驾入刑"，"酒后代驾"服务很好地解决了饮酒助兴与驾车安全之间的矛盾，赢得了有车一族的青睐。所以，良好准确的政策分析可以有效地帮助创业者发现机会。

（三）社会和人口结构机会

不同时期的社会和人口因素变化，会产生不同的需求。而社会和人口变革，就是通过改变人们的偏好和创造以前并不存在的需求来创造机会。随着现代社会发展的加快，这种变化中的需求更加明显。例如：三孩政策使得婴幼儿产品市场高速发展；单身人士数量增加，促进了小户型商品房的热销；人口寿命延长创造了老龄用品市场。由此可见，当社会和人口因素的变化改变了人们对产品和服务的需求时，就会产生新的创业机会。

（四）产业结构机会

产业结构的变化无疑会使企业成长。产业结构变革是指由于其他企业或者为主体客户提供产品或服务的企业消亡，或者企业吞并或互相合并，致使改变行业中的竞争状态。产业结构变革影响创业机会。

不难看出，变化是创业机会的重要来源，没有变化，就没有创业机会。在现实中，许多人都充满了创业主意，富有创业幻想，但能否在众多的创业想法中发现真正的需求，挖掘创业机会，并有能力抓住它，最终成为一个成功的创业者，却受到许多如创业者的长期观察与生活体验等因素的影响。

第二节 创业机会识别

把握创业机会对于创业能否成功具有非常重要的意义。创业机会是创业活动的逻辑起点，是创业初始最关键的活动之一。创业机会识别是创业成功与否的决定性因素。对机会的识别会影响创业者在市场上的存活时间及成功率。

一、创业机会识别的重要性

把握创业机会对创业能否成功非常关键。很多创业者在实际运作中空有创业的激情，却无法把握创业管理的内涵，以至于不清楚为什么自己的公司不能赚钱而别人的公司却能赚很多钱。其中一个重要的原因就是对创业机会的把握不够。识别创业机会的重要性主要体现在以下三个方面：

（一）创业机会识别是创业成功的基石和方向

整个创业过程是通过创业机会来展开的，没有创业机会的发现和识别，创业就无从展开，没有把握创业机会的创业，失败是不可避免的。所以创业者一定要先对市场机会进行调查、研究，对机会进行把握和识别，有机会才去创业。如果根本没有发现创业机会，只是随创业潮流去创业，或者只是听别人说哪个行业能赚钱就去做哪个行业，缺乏对机会的识别，这样是很难创业成功的。

（二）创业机会识别可以大大降低创业成本

创业成功者往往是在创业之前进行机会识别的，最开始可以根据对机会的认知进行深入的调查研究和策略规划。通过深入研究，可以在创业之初避免很多错误行为，从而大大降低创业成本，提高企业存活率。

（三）创业机会识别是成功大小的决定因素

创业者对创业机会的识别和把握决定了创业者创业能否成功。如果创业者原来认为大机会，到最后却只获取了很小的利益，那么创业者就可能只是在一个极小的市场上取得成功。而这个小市场则很可能使创业者在激烈的市场竞争中失败。所以，创业机会识别会影响创业者在市场上能存活多久，获得多大的成功。

全球的经济与科技在不断发展，创新精神起着越来越重要的作用，作为两者的集中体现，创业活动越发成为世界经济发展的强劲推动力。创业者常说："好的创意是成功的一半。"准确地说，创意并不等于创业机会，因为一个创意可以由多种方法产生，可以不注重实现的可能性，但创业机会一定是实实在在的，可以用来作为初创企业的基石的，这是一个非常关键的区别。因此，进行创业机会的研究与识别对创业者来说相当重要。所以，识别创业机会是创业成功的第一步，而好的创业机会是创业成功的一半。

二、创业机会的识别过程

张玉利认为，创业机会识别是创业者与外部环境（机会来源）互动的过程，在这个过程中，创业者利用各种渠道和各种方式掌握并获取到有关环境变化的信息，从而发现在现实世界中产品、服务、原材料和组织方式等方面存在的差距或缺陷，找出改进或创造目的—手段关系的可能性，最终识别出可能带来新产品、新服务、新原料和新组织方式的创业机会（见图 3-2）。

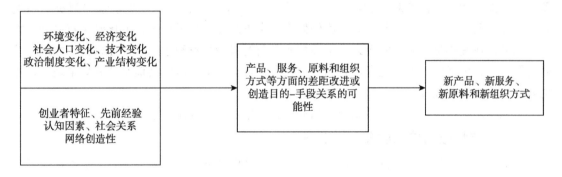

图 3-2　创业机会的识别过程

根据图 3-2，创业机会的识别是一个思考和探索互动反复，并将创意进行转变的多阶段的复杂过程。我们可将创业机会的识别具体分为准备阶段、孵化阶段、洞察阶段、评价阶段、阐述阶段五个阶段。

1. 准备阶段

创业者储备机会识别过程中所需的背景、经验和知识即为准备阶段，这一过程可以看成从以往的工作经验中发现机会。深思熟虑与无意识两种状态构成了准备，也就是说，无意识地关注机会和有意识地期待机会都可以看作准备。此处的"准备"是指创业者的背景及创业经历。创业者需要有足够的经验来识别创业机会，有高达 50% ~ 90% 的初创企业的创意来自个人的前期经验。

2. 孵化阶段

孵化阶段是创业者对创业的深思熟虑时期，是创业者的创新构思阶段。在此期间，创业者要仔细思考创意与创业问题。这一活动可能是构思一个商业设想或者一个具体现实的问题。"思想徘徊在意识的门边"，描述的就是这种时而有意识、时而无意识行为的特点。

3. 洞察阶段

洞察是发现问题的解决办法或者产生创意的一个闪现识别。洞察集中表现为发现体验、问题得到解决、思考分享等，因此被称为"灵感"体验。在商务环境中，洞察是创业者识别机会的时刻。先前的工作经验有时推动过程向前发展，有时促使人返回到准备阶段。洞察使创业者认识到机会的潜力，从而进一步学习更多的知识，考虑更多的问题。

4. 评价阶段

评价阶段是经常被创业者错误跳过的一个阶段。但实际上，它是仔细审查创意并分析其可行性必不可少的阶段。这一过程的困难之处在于创意实行之前就去设法评价它。评价阶段是创业过程中特别具有挑战性的阶段。

5. 阐述阶段

阐述阶段是指创意变为最终形式的过程，即创业者将详细的构思完全呈现出来。一个创业计划成功是因为有正确的表达从而高效地推动创意转化为机会，这是再创意的过程，也是创意商业化的起点。这一创业机会的再发现标志着可以着手编撰商业计划书了。

三、创业机会的识别方法

对于创业机会的识别来讲，首先要着眼于问题来识别创业机会，要创业就得善于发现问题，积极提出问题，仔细观察生活中的各种细节。有了问题，才能产生创意去解决这些问题。同时，利用变化识别创业机会，我们处于一个不断变化的世界中，变化带来新的创业机会。另外，在提倡科技兴国的今天，跟踪技术创新的脚步也有利于识别创业机会。如果你的社交圈很广，你能比其他创业者接触的信息更多，那么你就可以比其他创业者更早地识别出创业机会或发现更优良的创业机会。

可以使用多种技术和方法帮助识别创业机会，本书主要介绍比较常用的四种识别方法。

（一）市场数据信息收集与研究法

大数据时代，当我们进行数据搜寻时，往往能从中发现很多隐藏的信息，很多创业机会往往都是从大量数据中探索出来的。比如去哪儿网收集了大量旅客的订票信息，掌握了其来去的动向，从而开发出了热门的旅游攻略和景点打折优惠。使创意变为现实的创业机会的基础工作是创业机会信息的收集。①根据创意明确研究的目的或目标；②通过已有数据或第二手资料来获得信息；③以第一手资料为依据来收集信息，数据收集的过程就是收集第一手资料内容的过程，如上网、观察、讯问、集中小组试验以及访谈等。

（二）环境趋势分析法

前面我们提到创业机会来源于环境变化，因此，对环境的分析有利于我们快速识别创业机会。人们的需求会随着经济、政治、科技、文化的变化而变化，有了新的需求就有了新的创业机会。当经济增长时，人们收入提高，对生活质量的要求也相应提高，就会产生新的需求，形成新的创业机会。政治方面，政策变更和制度改革都会带来新的创业机会。创业者关注国家创业政策变化，不仅能避免创业中出现的错误，维护企业权益，还能享受到相应的优惠政策。比如国家提出保护环境，减少污染，提倡使用新能源，一些汽车企业就开始研发电动汽车，不仅能享受到国家补贴，还能带来新的经济收益。科技变化为创业活动提供持续不断的源泉。技术本身往往不是识别商业机会的关键，认识到如何利用技术来帮助满足人们的基本需求和变化需求才是关键所在。

比如新型智能手机代替传统手机，科技进步使智能手机的功能更加方便人们的生活起居，而传统手机只能接打电话和收发短信。各国文化的相互渗透也带来了新的创业机会，在中国有了咖啡厅，在美国有了茶馆，这些都是文化交融带来的创业机会。

（三）问题分析和顾客建议法

在日常生活中，我们会发现，只要是问题，无论需求方还是供给方，总需要人们想办法找方案去解决问题。无论生活中的问题，还是没有被充分解决的问题，都可以成为创业者的机会。问题分析从一开始就要找出个人或组织的需求和他们面临的问题。这些需求和问题可能很明确，也可能很含蓄。创业者可能识别它们，也可能忽略它们。问题分析可以首先问"什么是最好的"。一个有效并有回报的解决方法对创业者来说是识别机会的基础。这个分析需要全面了解顾客的需求，以及可能用来满足这些需求的手段。

一个新的机会可能会由顾客识别出来。顾客建议多种多样，他们会提出一些诸如"如果那样的话不是很棒吗"这样的非正式建议。一些组织在将他们的需求"反向推销"给潜在供应商的过程中会非常积极。无论使用什么样的手段，讲求实效的创业者总是希望从顾客那里征求想法。

（四）创意法

这种方法在新技术行业中最常见，它可能始终满足市场的需求。创业机会的识别与个人创意有很大的关系。在创意产生后才会有创业。机会识别类似于一个创造的过程。也许一个新的发明就会产生一个新的创业机会，识别创业机会需要创业者自己敢想敢做，有时候风险越高的创业，回报也越高。比如九阳股份有限公司就是由豆浆机的发明而建立的。

第三节 创业机会评价

一个好的创业机会在落地实施前需要科学系统评价和市场测试。评价是看创业机会能否成为一个有价值的商业机会。评价是创造过程中特别具有挑战性的阶段，因为它要求创业者从多维度对创意的可行性进行判断。创意需要符合一定的标准，才是真正的创业机会，而且创业机会只有符合创业者的能力和目标才是有价值的。

一、有价值的创业机会的基本特征

蒂蒙斯认为，一个有价值的创业机会应该具有以下四项基本特征：

（一）价值性

好的创业机会是指能够带来商业价值的机会，它为顾客创造价值，能使创业企业产生盈利，这是创业机会区别于其他机会的本质特征，也是创业机会受到创业者与投资者追寻与青睐的根本原因。当然，这里的价值性并不是说创业机会本身一定要具有直接价值，可以在市场进行交换，而是说它是可以带来价值增值的创业活动的极好的切入点，在这样的条件下创业，获得价值增值的可能性大，有利因素多。

（二）可实现性

将机会变为现实是创业的关键一步，有价值的创业机会一定是现实可行、具有可操作性的。创业机会的可行性是指创业机会在技术、管理、财务资源以及市场竞争等方面有现实基础，能为创业者带来经济效益和社会效益，并预期有好的发展前景的商业化产品或服务。假如创业者打算创办一个以视频监控产品生产为主的新企业，其技术可行包括：①推出的产品适销对路，能够满足市场需要；②工艺技术过关，具备满足生产需要的设备、技术人员和操作工人；③各种原料、材料、燃料、动力可获得；④不存在环境保护及其他社会问题等。经济可行包括生产的产品预计年销售量、成本费用在可以承受的合理范围内，资金利润率有吸引力，投资回收期短等。

（三）时效性

创业机会产生于市场变化，存在于一定的市场环境之中。虽然从总体上看市场变化是持久的，但每一次变化以及变化所带来的创业机会却是有时效性的。换言之，创业机会产生于一定条件下，随着环境的变化及消费者需求的转移，创业机会也会改变。因此，创业者必须及时捕捉机会和适时利用机会，否则创业机会窗口就会关闭。

（四）关键资源性

创业资源是支持商机转变为发展潜力的一切东西。拥有一定的创业资源，是创业活动的基本前提。创业资源是创业的基础，影响创业的类型和路径的选择，也影响企业以后的成长。

二、创业者与创业机会的匹配

有些机会只能看见，但却不能为自己所把握。即使创业机会的价值潜力再大，但创业者缺乏相应的必备条件和因素，盲目行动会带来无法挽回的损失。那么，如何才能判断创业机会是否适合创业者？这至少需要从个人经验、社会关系网络、经济状况三个方面来评价。

在个人经验方面，应该问："这个机会适合我吗？"这就要考虑以前的工作和生活经验是否为后续开发创业机会储备了必需的知识和技能。如果上述条件不具备，即使创业机会再好，也要考虑放弃创业活动，或进一步酝酿新的创业机会。

在社会关系网络方面，要考虑自己身边认识、熟悉的人能否提供后续开发机会所必需的资源。有研究证实，社会关系网络在创业活动中起着非常重要的作用。社会关系网络越广，创业者越容易发现创业机会，也更容易把握创业机会实施创业活动。在创业过程中，社会关系网络不仅为创业者提供了信息、知识和资源，而且为创业者提供了必要的情感和心理支持，创业绝非易事，这些情感和心理支持是支撑创业者走向成功的关键因素。创业者需要对社会关系网络做出自我评价：有没有亲朋好友愿意资助或借贷资金，可能性有多大；有没有亲朋好友能带来生意，可能性有多大；有没有亲朋好友朋友能提供情感和心理支持等。

在经济状况方面，要重点考虑的是能否承受从事创业活动而带来的机会成本。在创业之初，大部分创业者并没有充足的自有资金用于创业，但都有报酬丰厚的工作机会。也就是说，需要考虑创业机会的价值潜力能否在长期内弥补放弃工作所带来的损失。研究发现，创业前的收入水平越高的人，越不倾向于放弃当前工作机会去创业；相应的，创业前收入水平较高的人一旦选择了创业，创业活动的价值和利润创造潜力也较那些创业前机会成本较低的人更高。

当然，上述三个因素是打算创业的创业者在评价创业机会时需要考虑的，但由于创业本身是一项具有高度风险的活动，没有一个创业机会是完美的，也没有任何创业者是在完全适合自己的条件下开展创业活动的，因此，在评价创业机会之后是否决定投入创业，仍然是一项比较主观的决策。

创业活动是创业者与创业机会的高度结合，其核心内涵是：一方面创业者识别并开发创业机会；另一方面创业机会也在选择创业者。只有创业者和创业机会之间存在着恰当的匹配关系时，创业活动才最可能发生，也更可能取得成功。

三、创业机会评价的常用方法

从不同的分析角度来看，对创业机会的评价方法非常多，但是系统的、适合大多数创业者的评价方法只有两种：SWOT 分析法和蒂蒙斯创业机会评价体系。

（一）SWOT 分析法

1. SWOT 分析法的定义

SWOT 分析法是对企业内外环境各种因素的综合分析，进行系统评价，找出创业者自身的优势（Strengths）、劣势（Weaknesses），以及所面临的外部环境的机会（Opportunities）、威胁（Threats），分析环境变化对创业项目的影响。SWOT 分析法是创业机会可行性分析的常用方法。

在进行 SWOT 分析时，要全面考虑创业项目所具有的上述四个因素。优势与劣势是分析创业机会的内部因素，是可以通过努力改变的；机会和威胁是分析创业机会的外部因素，是由环境决定的，一般难以改变。SWOT 分析模型如图 3-3 所示。

机　会	优　势
威　胁	劣　势

图 3-3　SWOT 分析模型

进行 SWOT 分析有以下几个步骤：

1）进行企业外部环境分析，列出对企业来说外部环境中存在的机会和威胁。

2）进行企业内部环境分析，列出企业目前所具有的优势和劣势。

3）把识别出的企业优势分为两组，原则是：一组与行业中存在的机会有关，另一组与存在的威胁有关。以同样原则将企业的劣势按与机会和威胁分为两组。

4）创建一个表格，每格占 1/4。把公司的优势、劣势与机会、威胁配对，它们是优势—机会、优势—威胁、劣势—机会、劣势—威胁，分别放在每个格子里。

SWOT 分析法是企业战略管理中经常用到的一种方法。这种方法通俗易懂、易学，对刚开始创业的创业者来说，是一个不错的选择。

2. SWOT 分析策略

1）劣势—威胁（WT）组合。认为毫无意义，完全放弃该创业机会，另起炉灶。

2）劣势—机会（WO）组合。外部环境为这个创业机会提供了条件，但同时创业者本身又存在着限制利用这些机会的短板。在这种情况下，创业者应遵循的策略是通过外在的资源等弥补自身弱点，以最大限度地利用外部环境中的机会。

3）优势—威胁（ST）组合。在这种情况下，创业者应巧妙地利用自身的长处来应对外部环境的威胁，其目的是发挥优势而减小威胁。但这并非意味着创业者必须以自身的实力来正面回击外部环境的威胁，最佳的方案是慎重而有限度地利用自身的优势。

4）优势—机会（SO）组合。这是最理想化的一种组合，任何创业者都希望借助自身的优势和资源，最大限度地利用外部环境创造多种创业机会。

3. SWOT 分析的注意事项

使用 SWOT 分析法时，必须要清楚地区分内外部因素，不可将内部因素和外部因素混在一起。企业的优势与劣势是企业内部可改变的两种因素。优势与劣势可以相互转化。优势如果不保持，可以转化为劣势；而劣势通过努力改善可转化为优势。企业机会和环境威胁是创业者所创办企业的外部条件，是创业者无法施加影响的因素。

对创业机会采用 SWOT 分析看似简单，其实并不简单；看似完美，也并非一定具有竞争力和盈利能力。创业者必须对创业项目做更加全面深入的、客观公正的评价分析，确定核心竞争优势，以便制定正确的发展战略，使创业项目立于不败之地。

（二）蒂蒙斯创业机会评价体系

1. 蒂蒙斯创业机会评价体系概述

蒂蒙斯在 *New Venture Creation*：*Entrepreneurship for the 21th Century* 中提出了一个比较完善的创业机会评价体系。蒂蒙斯创业机会评价体系涉及 8 个方面的 55 项指标，8 个方面是行业和市场、经济因素、收获条件、竞争优势、管理团队、致命缺陷、个人标准、理想与现实的战略差异（见表 3-1）。

表 3-1　蒂蒙斯创业机会评价体系

方　面	指　标
行业和市场	1. 市场容易认可和识别，能带来持续的收入 2. 顾客愿意接受产品或服务，并乐意为此付费 3. 产品所具有的附加价值高 4. 产品对市场的影响力较大 5. 将要开发的产品生命长久，拥有竞争力 6. 项目所在的行业是新兴行业，竞争不完善，有缺漏 7. 市场规模庞大，销售潜力在 1000 万 ~ 10 亿元人民币 8. 市场成长率为 30% ~ 50%，甚至更高 9. 已有厂商的生产力几乎处于完全饱和状态 10. 能够在五年内占据市场的主要领导地位，争取达到 20% 以上 11. 拥有的供货商成本低，具有成本优势
经济因素	1. 达到盈亏平衡点需要用 2 ~ 8 年的时间 2. 盈亏平衡点不会逐渐提高 3. 投资回报率达到 25% 以上 4. 项目对资金的要求不是很高，能够获得融资 5. 销售额的年增长率高于 15% 6. 现金流能达到销售额的 20% 以上 7. 能够获得持久的毛利，要求毛利率在 40% 以上 8. 能获得持久的税后利润及不同的创业机会，要求税后利润率超过 10% 9. 较低的资产集中程度 10. 较少的运营资金，逐渐增加的需求量 11. 研究开发工作对资金的要求较低

（续）

方　面	指　标
收获条件	1. 项目带来的附加价值具有较高的战略意义 2. 存在现有或可预料的退出方式 3. 资本市场环境有利，能够实现资本的流动
竞争优势	1. 固定成本和可变成本较低 2. 对成本、价格及销售的控制强 3. 可以获得对专利所有权的保护，最好是已经获得 4. 竞争对手尚未觉醒，而且竞争能力较弱 5. 拥有专利或具有某种市场独占性 6. 拥有和发展良好的网络关系，并且容易获取合同 7. 拥有杰出的关键人员及优秀的管理团队
管理团队	1. 创业者团队是一支拥有优秀管理者的团队 2. 行业和技术经验已经达到或者超越了本行业内的最高水平 3. 管理团队拥有正直、廉洁、高贵的品质 4. 管理团队明确知道自己缺乏哪方面的知识
致命缺陷	1. 创业者个人目标与创业活动目标紧密结合 2. 创业者能够在有限的风险下实现成功 3. 创业者能够接受薪水减少等损失
个人标准	1. 创业者个人目标与创业活动目标紧密结合 2. 创业者能够在有限的风险下实现成功 3. 创业者能够接受薪水减少等损失 4. 创业者进行创业是因为渴望这种生活方式，而不只是想赚取大量钱财 5. 创业者有承受适当风险的能力 6. 创业者能在压力下依然保持良好的心态
理想与现实 的战略差异	1. 理想与现实情况相契合 2. 管理团队是最优秀的 3. 能为客户服务管理提供好的服务理念 4. 所创办的事业能够紧跟时代的潮流 5. 所采取的技术应具有突破性，不能存在较多的替代品或竞争对手 6. 具备灵活和较强的适应能力，懂得取舍 7. 始终在寻找新的机会并且保持警惕意识 8. 定价与市场领先者几乎持平，保持稳态 9. 能够获得更多的销售渠道，或已经拥有成熟的网络 10. 能够允许失败，但是必须吸取教训，总结经验

　　在国内外的创业研究中，涉及创业机会评价时，所参考和引用的主要是蒂蒙斯创业机会评价体系。尽管蒂蒙斯认为，现实中有成千上万适合创业者的特定机会，未必能与这个评价体系相契合。该体系是目前包含评价指标比较完整的一个体系。

　　创业者评价一个创业项目或初创企业，首先利用定性或者定量的方式，然后通过蒂蒙斯创业机会评价体系对行业和市场、竞争优势、经济因素、管理团队和致命缺陷等做出判断，明确这些要素加起来是否可以形成有足够吸引力的商机，最终评价一个创业项目或初创企业的投资价值和机会。

　　对蒂蒙斯创业机会评价体系的说明：

　　1）主要用于经验丰富的投资人或资深创业者对初创企业做出整体评价。

　　2）必须在运用创业机会评价定性、定量方法的基础上得出创业机会的可行性以及不同创业机会之间的优劣排序。

　　3）因为该评价体系所涉及项目较多，所以在实际运用过程中为提高使用效能，可作为参考选项库，结合使用对象、创业机会所属行业特征和机会自身属性等进行重新分类及梳理简化。

　　4）因为该评价体系所涉及项目内容比较专业，所以要求创业专家在运用时不但要多了解创业行业、企业管理和资源团队等方面的经验信息，而且要掌握这50多项指标内容的具体含义及评估技术。

2. 蒂蒙斯创业机会评价体系的局限性

　　1）该评价体系对评价主体的要求较高。蒂蒙斯创业机会评价体系主要是基于风险投资商的风险投资标准建立的，所以它是目前较全面的评价体系，但是与创业者的标准还是存在一定的差异。另外，该评价体系经常被风险投资者使用，创业者可以通过关注这些问题而受益多多。想要运用该评价体系，就要求使用者具备敏锐的创业嗅觉、清晰的商业认知、丰富的管理经验及系统的行业信息。总体来说，该评价体系对评价主体的要求较高。虽然创业专家自己使用，一般不会存在太大的问题，但是如果直接给初次创业者来做创业机会自评，则存在一定的难度，效果不会太好。尽管如此，这也不会影响该评价体系作为创业者项目选择与评价的参考标准。

　　2）该评价体系维度有交叉重叠现象。该评价体系因为各维度划分不尽合理，所以存在交叉重叠现象。比如维度划分标准不够统一，因为在竞争优势、管理团队、创业者的个人标准和理想与现实的战略性差异这四个维度中，都存在"管理团队"的评价项目。又如，竞争优势维度中的第一项目"固定成本和可变成本较低"，行业和市场维度中的第11项"拥有的供货商成本低，具有成本优势"，也存在包含关系与重叠问题。这不仅会直接影响使用者的评价难度与考量权重，而且在一定程度上也会影响机会评价指标的有效性。

　　3）该评价体系缺乏主次，定性、定量混合，影响效度。该评价体系主次不够清晰，而且指标内容既有定性评价项目，又有定量评价项目，并且这些项目中存在交叉现象，这是该评价体系一个较为明显的缺点。一方面，评价指标太多导致使用不够便捷；另一方面，在运用体系时实践结果往往不够理想。这是因为对创业机会进行评价时，难以做到对每个方面的指标都进行准确量化并设置科学的权重。

　　在现实创业活动中，创业者可能不会严格按照蒂蒙斯创业机会评价体系对创业机会进行评价，而只会选择他认为与自身情况比较吻合和容易理解的若干要素进行评价，从而使评价结果较为主观。

本章小结

本章重点阐述了怎样寻找创业机会；介绍了创业机会的内涵，即创业机会是指有吸引力的、较为持久的和及时的一种商务活动空间，能够为消费者或客户创造价值或增加价值的产品或服务，并同时使创业者获益的商业想法或主张；有效的创业机会一般具有市场需求是否被识别、资源和能力是否被确定两个维度，创业机会分为梦想型、问题解决型、技术转移型、企业形成型四种；阐述了创业机会的识别过程，具体分为准备阶段、孵化阶段、洞察阶段、评价阶段、阐述阶段五个阶段；并介绍了创业机会的识别方法；还介绍了创业机会评价的两种常用方法——SWOT分析法和蒂蒙斯创业机会评价体系。SWOT评价分析工具用以分析创业项目的可行性，提供了一个分析创业机会外部机会与威胁、内部优势与劣势的框架；蒂蒙斯创业机会评价体系对行业和市场、竞争优势、经济因素、管理团队和致命缺陷等做出判断，明确这些因素加起来是否可以形成一个有足够吸引力的商机，最终来评价一个创业项目或创业企业的投资价值和机会。通过本章的学习，创业者应当理解什么是创业机会，能识别并找到创业机会，能对现有的创业机会进行分类，进行可行性评价。

复习思考题

1. 简述创业机会的来源与特征。
2. 你觉得识别创业机会是一个过程吗？为什么？
3. 当某类创业机会的市场需求已经识别，但资源和能力还不具备时，你要如何促成这类创业机会形成创业项目？
4. 创业机会的识别方法有哪些？
5. 如何科学合理地评价创业机会？

案例分析 世界首架交叉双旋翼复合推力尾桨无人直升机

创业四年，五位出自同一实验组、同学飞行器制造、同样拥有"飞机梦"的清华博士，书写了一串亮眼的成绩单：他们创立清航装备公司，研制出世界首架交叉双旋翼复合推力尾桨无人直升机，打破国外垄断；先后融资近1.2亿元人民币，获得专利69项，量产和重点规划出四款无人机。

2019年10月中旬，在第五届中国大学生"互联网+"创新创业大赛总决赛上，凭借硬核技术和漂亮的"肌肉秀"，他们成为"明星团队"，并以交叉双旋翼复合推力尾桨无人直升机项目，从全球457万名大学生、109万个项目中突出重围，一举夺得总冠军。

爱飞机、学飞机、造飞机，清华求学九年，从本科到博士，"85后"工科男李京阳在飞机之梦上一路向前。说来也是奇遇，他创业融资的起点，也始于一次飞机旅途。那是2014年，"双创"浪潮开始兴起，出差路上，他正在修改飞机设计PPT，邻座恰好是一位投资人，细聊之后，投资人认为有发展前景，萌生了投资意向。李京阳的公司还没注册好，投资款已经打过来了。

2015年，李京阳拉上实验室里一起摸爬滚打的铁哥们儿王贤宇、印明威、包长春、海日汗，成立清航装备公司，开始了制造无人机之旅。

经过周密调研，他们得知，原来我国尖端无人直升机研制落后于美国近半个世纪，军用无人直升机更是空白，需求极为迫切，于是瞄准这一领域研制军用产品。

传统的直升机设计中，主旋翼不能耦合，既提供推力又提供升力，通过查阅国内外相关文献，他们决定突破常规，采用功能解耦，以交叉旋翼提供升力，并增加新式尾桨，保证推力，即所谓的交叉双旋翼复合推力尾桨无人直升机。

五个人从一开始就分工明确，动力系统、飞行控制系统、机械系统、测试系统和总体设计，每人负责一部分。

清华航院老楼的实验室，成了他们最初的根据地，因为飞机测试噪声太大，为了避免干扰他人，他们干脆搬到实验室外一处废弃的停车场做测试。每天从傍晚吃完饭，一直忙活到凌晨三四点钟，车、镗、铣、磨，搬砖、搅拌水泥、电焊，样样都要上手，印明威开玩笑说："半年熬下来，发际线都后移了。"

制造无人机，危险也时刻相伴。一次，在刚性旋翼试验中，因试验台发生故障，剧烈震动之下，飞机脱离试验台，一支旋翼飞出来打在地上，腾起的桨叶将护栏砸出一个大窟窿，要是没有护栏，李京阳差点就没命了，"我们只能乘着夜色灰溜溜地拖走残骸，在实验室分析归零。"从那以后，每次试验，他们都要在方舱外加上防弹玻璃。

首款交叉双旋翼复合推力尾桨无人直升机，李京阳命名为JZ-300，JZ意为建设中华。按照计划，他们要攻克交叉双旋翼的构型设计、刚性旋翼和高性能电传飞控系统三大技术难关。

与传统的旋翼由一颗螺丝锁住的设计不同，清航装备的无人直升机采用了刚性旋翼，它是固定的、结构部件一体化，可减少局部无效率的晃动，从而保持飞机整体升力方向的一致性。

要让两个桨交叉且不相撞，须保证两者之间的相位相隔90°，这需要超级强大的飞行控制系统来实现。

为此，印明威构建了一套完整的动力学模型，测算出两个旋翼之间的干扰率，通过半物理仿真、全物理仿真，设计了一套可靠的控制律，之后再利用系列试验完善参数和模型。

为了给无人机安上这套"最强大脑"，边读博边创业的印明威也是"拼"了。2015年冬天，意外骨折的他，打着石膏来到昌平接受无人机培训，两个月后以全国第一个理论与实操均满分的成绩，取得了无人直升机机长证。随着无人机驾驶技术的精进，他对无人机飞行有了更多感性认识，对设计控制率的理解也更加深入。在那之后，他带头突破了飞行控制系统的控制律。做完骨折手术才两天，他就和团队伙伴们一起去学校做试验了。

在无人机试验之余，印明威只能利用深夜和别人休息的时间来撰写博士论文。为了挤时间，2018年除夕，他没回家，大年三十还在实验室写论文。

随着项目推进，无人机需要更加开阔的试验场地，学校的停车场已不能满足需求，他们开始了频繁的"迁徙"，在昌平、顺义的厂房辗转了一年多。在一次无人机气流把地毯全部掀起后，他们一致决定继续"搬家"。2018年1月2日，五个人开车从顺义去太原，最终在太原找到一处通航机场，可用于试飞，也是在那里，他们的首款飞机JZ-300完成悬停试验，首飞成功。

在石家庄，科研进展迅速，JZ-300完成了四边航线的飞行、高度飞行、带载荷飞行，研发的两款60kg级的新产品也完成首飞，进入中试阶段，JZ-500完成了总体设计。

2019年10月，清航装备迎来第六次"迁徙"，延庆八达岭新能源谷的一处灰色小楼，成为公司新的研发总部，大厅里陈列着多款自主研发的无人机机型，办公设备也已到位。

虽然创业过程曲折，但清航装备还算顺利：融资3轮，资金将近1.2亿元，获得专利69项，截至2019年，在福建大田建立的研发基地占地100亩，空域52.7万亩，公司规模超过50人。

在2019年的"互联网+"创新创业大赛上，李京阳骄傲地宣布，目前团队研制的世界首架交叉双旋翼复合推力尾桨无人直升机，具有载重大、操控稳、突防快的优势，载重相比传统构型提高了约30%，速度相比同级机型提升了约100km/h，打破了国外在复合推进高性能直升机领域近半个世纪的垄断，填补了国内空白。公司还完成了直升机相关部件核心技术突破，并构建了直升机软硬件测试体系，开展了旋翼空气动力学实验分析、计算流体动力学（CFD）模拟仿真分析并拥有核心技术，旗下两款型号均以竞标第一名的成绩获陆军装备预研和科研经费支持，并列入全军武器系统采购网。他们规划的产品包括交叉双旋翼武装无人直升机、系留无人直升机、仿生人工智能飞行器等，2019年企业采购订单约2000万元。

回顾创业历程，李京阳坦言："创业确实是一件很苦的事儿，需要抛弃很多东西。"

资料来源：https://www.dxueshi.com/news/17634.html（经整理加工）。

【问题】

1. 李京阳是如何找到创业机会的？
2. 案例中，李京阳是如何分析并转化创业机会的？
3. 本案例对你有何启发？

第四章 商业模式

引导案例

三只松鼠重塑产业链，打造创新商业模式

商业模式对于任何一个企业来说都具有非常重要的作用，任何商业模式的创新也会给企业带来很大的动作，但是如何在大动作之后保持持续的增长才是最应该考虑的问题。那么三只松鼠又是以何种原因实现持续高速增长的呢？

一、从传统采销到互联网时代的产业链重塑

21世纪初，强大的线下销售渠道以定销模式诞生了一大批品牌，但是这些品牌所依托的传统商超、批发市场以及街边专卖店无法在短期内实现品牌效应。互联网的出现对整个企业带来了产业链的重塑，通过专业的物流、低成本的零售、产业链IP化等手段，连接上游的供应商以及下游的消费者，最终实现了整体业务的闭环，拉近了人与商品的距离。

炒货、坚果零食一直是一个很分散、无序的市场，多品类，少品牌。2012年，三只松鼠创始人、董事长章燎原看到了数字化带来的巨大机遇，决定创立一个线上销售的零食品牌。其商业模式与传统企业不同，它不直接生产产品，而是以食品的研发、分装及销售为主，用数据供应链连接消费者和供应商，从而参与生产的各个环节。

随着生产规模不断扩大，三只松鼠的业务拓展到干果、休闲零食等更多品类。三只

松鼠正是在互联网的红利之下，一跃成为休闲零食行业的头部平台。

二、数字化重塑上下游与供应商

三只松鼠自建了云中央品控平台和中创食品检测有限公司，把农产品的生产者和消费者连接起来，通过用户评价和检测数据对上游生产者进行实时品质倒逼改善，在提高行业效率、降低成本的同时，提升了用户体验，更好地满足了消费者需求。

三只松鼠利用数据回流倒逼供应商伙伴，并延伸到种植农户，这不仅保证了质量，某种程度还推动了农业的供给侧结构性改革，不断提升更多食品供应商的发展质量。

三只松鼠数字化改造并且赋能传统供应链，在原材料供应、产品分装、储存保管、运输、产品流通等环节建立管理体系，以数字为驱动货物供给、人员安排等方式，订货发货由数字化系统完成，实现了供给端前置的组织高效率，进一步提升食品行业生产效率，拉近产品与消费者之间的距离。

同时，数字化技术也帮助三只松鼠实现了用户在线化，改变了以往中端消费信息与上游产业断层的局面，通过数据汇总和分析成为可执行的指令分到各个流程环节中，这也是保证持续增长的原因之一。

三、商业模式的颠覆式创新——大联盟时代

2018 年，章燎原带领员工拜访了 20 多家食品生产企业，与工厂端建立了联系，将原本规模小、业务分散、同质化高的食品生产企业聚合起来。此后，三只松鼠进一步深入供应链，与第三方检测认证机构 ITS、香精香料企业奇华顿、特种植物油脂生产商 AAK 等公司建立了战略合作关系，从而完善了食品生产的"基础设施"建设，三只松鼠也由此打通了产品的整条供应链，得以全面参与研发和生产，形成了三只松鼠独特的"造货"模式。

对于零食行业来说，其业务本质就是建立产品与消费者之间的联系，并将其之间的距离做到最短而进行的连接工作。因此，企业更需要关注的就是供应链的核心——效率问题。

2019 年，三只松鼠在"双十一"启动大会以及大联盟发布会上提出了大联盟的概念，这是一个商业模式的巨大创新。它本质上以联盟方式为主，首先解决了传统意义上甲乙双方的交易关系，其次解决了生产力和生产关系之间的变化。

三只松鼠认为，在联盟工厂中，制造加工、仓配和以约束理论（Theory of Constraints，TOC）为依据的生产物流将会融为一体，并且通过供应链投资与金融实现成本透明，生产出具有一定成本优势的产品；要以联盟工厂为抓手，以数字化和在线化为工具，实现制造和零食的一体化，最终形成真正的产业共同体。

过去，数字带来的价值让狂热的追求者忽略了商业背后的模式创新；未来，企业之间的竞争必然是供应链之争。三只松鼠在这个维度上做到先人一步，或许会面临前所未有的增长。

资料来源：http://www.rhd361.com/special/news? id = ccf789a98b37442c8e7893a3536f29db（经整理加工）。

思考：

1. 三只松鼠是如何发现线下市场痛点的？
2. 三只松鼠从哪些环节进行了商业模式创新？
3. 三只松鼠靠什么赚钱？

第一节　商业模式概述

在对创业机会进行识别与评价后，就要开发商业模式。商业模式简单来说就是企业或公司以什么样的方式来盈利。构成盈利的这些服务和产品的整个体系称为商业模式。如果创业者进行了成功的可行性分析，明确了有潜力的产品或者服务，开发商业模式阶段需要考虑的就是如何围绕它制定核心战略，构建合作网络，建立顾客关系，配置独特资源，以及形成价值创造的方法。作为企业存在的最基本要素，好的商业模式是企业成功的保障。未来的竞争将是商业模式的竞争。

一、商业模式的内涵

"商业模式"这个名词出现在 20 世纪 50 年代，直到 90 年代后期才开始被广泛使用和传播。随着各种创业活动的不断兴起，商业模式已经成为挂在创业者和风险投资者嘴边的一个名词。国内外学者对商业模式的本质和定义并没有形成共识，它是一个常被提及却莫衷一是的术语。

Timmers（1998）提出，商业模式是产品、服务和信息流的组合，它描述了不同的参与者及其角色，以及这些参与者的潜在利益和相应收益的来源。

Pigneur（2000）认为，商业模式是关于公司和它的伙伴网络创造、营销、交付、价值和关系资本给一个或几个细分市场顾客以产生有利可图的可持续的收益流的体系。

Patrovic（2001）认为，商业模式不是对企业复杂的社会系统以及所有参与者关系和流程的描述，相反，商业模式描述了存在于实际流程之后的一个商业系统创造价值的逻辑。

Weil 和 Vital（2002）把"商业模式"描述为：在一个公司的消费者、联盟、供应商之间识别产品流、信息流、货币流和参与者主要利益的角色和关系。

Allan Afuah（2003）认为，互联网商业模式是公司利用互联网在长期内获利的方法，它是一个系统，包括各个组成部分、连接环节以及动力机制。

目前比较公认和常用的概念是 Morris，Schindehutte 和 Allen Afuah（2003）提出的一个整合性概念，将商业模式的定义归纳为经济类、经营类、战略类、整合类四种类型，并认为这四类定义是从经济类定义向整合类定义逐渐演化的过程。

①经济类定义将商业模式看作企业的经济模式，是指如何赚钱的利润产生逻辑。其相关变量包括收益来源、定价方法、成本结构和利润等。②运营类定义关注企业内部流程及构造问题。其相关变量包括产品或服务交付方式、管理流程、资源流、知识管理等。③战略类定义涉及企业的市场定位、组织边界、竞争优势及其可持续性。其相关变量包括价值创造、差异化、愿景和网络等。商业模式的内涵正由经济、运营层次向战略层次延伸。商业模式起初强调收益模式，对收益来源的追溯使商业模式指向了创业者创业的实质，即抓住市场机会，为顾客创造更多的价值。只有满足消费者尚未得到满足的需求，或解决了市场上有待解决的问题，才能创造真正的价值。④整合类定义主要讲经济获取、企业运营、战略选择三者通过协同关系进行整合提升。

本书综合国内外学者的观点，从创业认知角度定义商业模式为：商业模式是指创业者以价值创造为核心，能把初创企业运行的内外资源（资金、原材料、人力资源、作业方式、销售方式、信息、品牌和知识产权、企业所处的环境、创新力等）有机地整合起来，形成一个完整的高效率的具有独特核心竞争力的运行系统，并通过最优实现形式（产品和服务）满足客户需求、实现客户价值，同时使系统实现持续盈利目标的整体解决方案。简单来说，就是初创企业创造价值、传递价值和获取价值的基本原理和系统。

二、有效商业模式的特征

（一）整体与关联性

好的商业模式至少要满足两个必要条件：①商业模式必须是一个整体，有一定的结构，而不仅仅是一个单一的组成因素；②商业模式的组成部分之间必须有内在联系，这个内在把各组成部分有机地关联起来，使它们互相支持，共同作用，形成一个良性循环。这是核心竞争力所在。

（二）能提供独特价值

有时，这个独特价值可能是新的思想；而更多的时候，它往往是产品和服务独特性的组合。这种组合要么可以向客户提供额外的价值；要么使得客户能用更低的价格获得同样的利益，或者用同样的价格获得更多的利益。

（三）难以模仿性

企业通过确立自己的与众不同，如对客户的悉心照顾、无与伦比的实施能力等，来提高行业的进入门槛，从而保证利润来源不受侵犯。比如直销模式（仅凭"直销"点，还不能称其为一个商业模式），人们都知道它如何运作，戴尔公司是直销模式的标杆，但其他公司很难复制戴尔的模式，原因在于"直销"背后是一套完整的、极难复制的资源和生产流程。

（四）可持续性

企业的商业模式不仅是竞争对手难以复制和超越的，还应该是持续的、动态的。商业模式的相对稳定性对维持竞争优势十分重要，频繁调整和更新不仅增加了企业成本，还容易造成顾客和组织的混乱，这就要求商业模式的设计具备一定的前瞻性。但是，没有一个模式能保持永久的利润，所以商业模式还应该是一个动态的、持续更新的过程。

三、商业模式的本质

商业模式的本质是以客户为中心来解决一般价值创造问题的核心逻辑，必须将价值贯穿于商业模式之中。商业模式本质上是价值发现、价值匹配、价值获取三大核心要素等分解为若干因素构成的一组盈利逻辑关系的链条，商业模式的本质主要表现在层次递进的三个方面。

1. 价值发现

明确价值创造的来源，这是对机会识别的延伸。通过可行性分析，从而构建出既充分反映顾客需求、收入和成本变化以及竞争者的表现，又充分反映客户价值主张的隐含假设。创业者在对创新产品和技术识别的基础上，进一步明确和细化消费者的根本性需求，以及其他竞争对手是否有能力满足这些需求，并在组织结构、技术等方面提高满足客户需求的可能性。确定价值命题，是商业模式开发的关键环节。价值发现的思维过程，是创业者确定自己的服务或者产品能够为客户提供什么样的需求价值。

2. 价值匹配

明确合作伙伴，实现价值创造。初创企业通常不具有满足顾客需要的所有资源和能力，即便初创企业愿意亲自去打造和构建所需的资源和能力，也常常需要付出很大的成本，面临很大的风险。因此，为了在机会窗口内取得先发优势，并最大限度地控制机会开发的风险，几乎所有的初创企业都要与其他企业形成合作关系，以使其商业模式有效运作。

3. 价值获取

制定竞争策略，占有创新效益。这是价值创造的目标，是初创企业能够生存下来并获取竞争优势的关键，也是有效商业模式的核心逻辑之一。许多初创企业是新技术或新产品的开拓者，但不是创新效益的占有者。这种现象发生的根本原因在于这些企业忽视了对创新价值的获取。创新价值获取的途径有两方面：①为初创企业选择价值链中的核心角色；②对自己的商业模式细节最大可能地保密。对第一个方面来说，价值链中每项活动的增值空间是不同的，哪个企业占有了增值空间较大的环节，就占有了整个价值链价值创造较大的比例，这直接影响创新价值的获取。对第二个方面来说，有效商业模式的模仿在一定程度上将会侵蚀企业已有利润，因此，初创企业越能保护自己的创意不被泄露，就越能较长时间地占有创新效益。

四、商业模式的构成

一般认为，任何一个商业模式都是由客户价值、企业资源和能力、盈利方式构成的三维立体模式。为了对商业模式的本质进行深入分析，不同的学者对于商业模式的构成要素有不同的观点。

哈佛商学院教授克里斯滕森在《哈佛商业评论》杂志上发表了经典文章《如何重塑商业模式》。他认为，商业模式包括四个要素：客户价值主张、盈利模式、关键资源和关键流程。这四个要素相互作用时创造价值并传递价值，其中最重要的是创造价值。四个要素中的任何一个发生重大变化，都会对其他部分和整体产生影响。

实战派商业模式战略家栗学思在长期研究企业商业模式的实践中，归纳和总结出商业模式的五大要素：利润源（即企业顾客）、利润点（即企业提供的产品或服务）、利润渠道（即产品或服务的供应和传播渠道）、利润杠杆（即生产产品或服务的内部运作）、利润屏障（即保护产品或服务的战略控制活动）。商业模式就是以上述五大要素中的一个或两个要素为核心，五大要素相互协同的价值创造系统。

魏炜、朱武祥的《发现商业模式》一书中提出，商业模式包括定位、业务系统、关键资源能力、盈利模式、自由现金流结构和企业价值六个方面，这六个方面相互影响，构成了有机的商业模式体系。其中，定位是商业模式的起点；企业价值是商业模式的归宿，是评判商业模式优劣的标准。企业的定位影响企业的成长空间、业务系统，关键资源能力影响企业的成长能力和效率，加上盈利模式，就会影响企业的自由现金流结构。

Alexander Osterwalder（2004）在综合了各种概念共性的基础上，提出了一个包含九个要素的参考模型：价值主张、客户细分、分销渠道、客户关系、收入来源、核心资源及能力、关键业务、重要伙伴、成本结构。九要素观点常常被用作商业模式构建的依据。本书采用了该观点，具体内容及相互关系在本章第二节中介绍。

第二节 商业模式设计

在市场经济和国际经济一体化时代，全球著名的企业管理大师彼得·德鲁克说："当今企业之间的竞争，不是产品之间的竞争，而是商业模式之间的竞争。"商业模式设计是指在对商业环境、市场需求、技术趋势等充分把握的基础上，精确定位目标客户，设计业务系统，构建关键能力，进行盈利结构、现金流结构设计，并通过验证、推广、规模化三个阶段，形成企业价值的过程。没有商业模式或商业模式不清晰，或商业模式缺乏适应性，都会使组织面临危局或消亡之灾。在市场瞬息万变和竞争日益激烈，技术或产品、服务日新月异，以及国际一体化趋势越来越明显的形势下，商业模式成为企业生死存亡的关键。一些互联网企业或新兴企业，如拼多多、今日头条、快手、抖音等的成功案例足以说明这一点。一个新的商业模式设计必须遵照一定的规则，使企业能够有效运行，并控制其运作流程，使其取得预期的效果和效率。

一、商业模式设计的基本原则

商业模式设计的核心原则是指商业模式的内涵、特性，是对商业模式设计定义的延展和丰富，是成功商业模式必须具备的属性。如何设计一个既切实可行又具有独特竞争优势的商业模式，是所有创业者在创建企业前都必须做的一项工作。创业者要设计一个好的商业模式应该遵循以下基本原则：

（一）持续盈利

企业能否持续盈利是判断其商业模式是否成功的唯一的关键标准。因此，在设计商业模式时，能盈利和如何盈利也就自然成为重要的原则。当然，这里指的是在遵循法律法规条件下的持续盈利。持续盈利是指既要能"盈利"，又要能有发展后劲，具有可持续性，而不是一时的偶然盈利。

持续盈利是对一个企业是否具有可持续发展能力的最有效的考量标准，盈利模式越隐蔽，越有出人意料的良好效果。

（二）利益关联者价值最大化

一个商业模式能否持续盈利，是与该模式能否使利益关联者价值最大化有必然关系的。一个不能满足客户需求的商业模式，即使盈利也一定是暂时的、偶然的，是不具有持续性的。反之，一个能使利益关联者价值最大化的商业模式，即使暂时不盈利，但终究也会走向盈利。所以我们把对利益关联者价值的实现再实现、满足再满足当作企业应该始终追求的主观目标。

（三）资源整合

资源整合就是要优化资源配置，有进有退、有取有舍，获得整体最优。在战略思维层面上，资源整合是系统论的思维方式，是通过组织协调把企业内部彼此相关但又彼此分离的职能，以及企业外部既参与共同的使命又拥有独立经济利益的合作伙伴整合成一个为客户服务的系统，取得"$1+1>2$"的效果。

在战术选择层面上，资源整合是优化配置的决策，是根据企业的发展战略和市场需求对有关的资源进行重新配置，以凸显企业的核心竞争力，并寻求资源配置与客户需求的最佳结合点，目的是要通过组织制度安排和管理运作协调来增强企业的竞争优势，以提高客户服务水平。

（四）创新

成功的商业模式不一定是在技术上的突破，而是对某一个环节的改造或对原有模式的重组、创新，乃至是对整个游戏规则的颠覆。商业模式的创新形式贯穿于企业经营的整个过程中，贯穿于企业资源研发模式、制造方式、营销体系、市场流通等各个环节，也就是说，在企业经营的每一个环节上的创新都可能变成一种成功的商业模式。

（五）融资有效性

融资模式的打造对企业有着特殊的意义，尤其是对我国广大的中小企业来说更是如此。我们知道，企业生存需要资金，企业发展需要资金，企业快速成长更是需要资金。资金已经成为所有企业发展中绕不开的障碍和很难突破的瓶颈。谁能解决资金问题，谁就赢得了企业发展的先机，也就掌握了市场的主动权。

从一些已成功的企业发展过程来看，无论其表面上对外阐述的成功理由是什么，但都不能回避和掩盖资金对其成功的重要作用，许多失败的企业就是没有建立有效的融资模式而失败了。商业模式的设计很重要的一环就是要考虑融资模式。甚至可以说，能够融到资金并能用对地方的商业模式就已经是成功一半的商业模式了。

（六）组织管理高效率

高效率，是每个创业者都梦寐以求的境界，也是企业管理模式追求的最高目标。用经济学的眼光来看，决定一个国家富裕或贫穷的砝码是效率；决定企业是否有盈利能力的也是效率。

从现代管理学理论来看，一个企业要想高效率地运行，首先要解决的是企业的愿景、使命和核心价值观，这是企业生存、成长的动力，也是员工干好的理由。其次，要有一套科学的、实用的运营和管理系统来解决协同、计划、组织和约束问题。最后，要有科学的奖惩激励方案，以调动员工的积极性。只有把这三个主要问题解决好了，才能实现企业管理效率。

（七）风险控制

设计再好的商业模式，如果抵御风险的能力很差，就会像在沙丘上建立的大厦一样，经不起任何风浪。这个风险既包括系统外的风险，如政策、法律和行业风险，也包括系统内的风险，如产品的变化、人员的变更、资金的不足等。优秀的商业模式应当具有使企业发展成为龙头和"链主"的最大可能性，而不是在开始发展时就受制于人。风险评估的最终目标是识别所有可能的风险并制定相应的应对策略，使得风险都能够可控和被管理。

（八）合理避税与成本控制

合理避税是在现行的制度、法律框架内，合理地利用有关政策，设计一套有利于利用政策的体系。合理避税，而不是逃税。合理避税做得好也能大大增加企业的盈利能力。同时，企业要注重成本控制，成本的降低也是企业利润的提升。

以上揭示了商业模式设计的八大核心原则，每个创业者在设计自己的商业模式时都要从本企业的实际出发，从解决本组织的发展瓶颈着手，整体考虑，整体安排，从而找到一条适合本组织发展的商业模式。

二、商业模式的设计过程

商业模式的设计，既不盲从于任何的黄金法则，也不迷信于任何的成功案例，更没有先入为主的"创意"、自以为是的"点子"、主观臆想的"故事"以及闭门造车的"策划"，而是老老实实从商业生态调研开始，踏踏实实从最终用户需求出发，通过一套严谨务实的系统化分析流程和工程化设计过程，来确保最终设计方案的科学性和有效性。

1. 确定业务范围并寻求产品在市场中的最佳定位

对企业业务范围的定义是进行价值定位最重要的一步，首先要清楚"业务是什么"。通过定义业务范围，企业可以界定自己的客户、竞争者和合作伙伴这些利益相关者及应该拥有的资源和能力等。

2. 锁定目标客户

企业锁定目标客户是创业的核心问题，这意味着企业必须考虑服务于哪个地区，以及如何对客户进行细分。通常可以根据人口统计、地理、心理和行为等因素进行划分。在客户细分的过程中，分析和把握客户需求是最重要、最关键的。因此，需要调研确定以下几个问题：①描述客户轮廓；②准确列出问题的清单；③分析确认关键问题。例如国内知名连锁酒店汉庭就是因为准确地进行了市场定位，锁定了目标客户，从而取得了成功。

3. 构建打造企业独特的业务系统，提高对手模仿的难度

一系列业务活动构成的价值网络组成了整个经济体系，而企业是一个由其中部分业务活动构成的集合。业务系统反映的是企业与其内外部各种利益相关者之间的交易关系，因此，业务系统的构建首先需要确定的就是企业与其利益相关者各自分别应该占据、从事价值网络中的哪些业务活动。业务系统是商业模式的核心元素，商业模式的独特性往往通过企业与竞争对手业务系统之间的差异性体现出来，因此，打造独特的业务系统非常关键。

4. 整合关键资源能力，形成核心竞争优势

关键资源能力是指让商业模式运转所需要的相对重要的资源和能力，包括金融资源、实物资源、人力资源、信息、无形资源、客户关系和公司网络等。对于创业者来说，不可能拥有全部资源为客户创造价值，而是与利益相关者、战略合作伙伴共同充分利用资源，通过支撑业务系统所要完成的活动，为客户创造价值。整合关键资源注意协调处理好三个基本问题：①整合谁的资源；②如何整合；③整合的结果如何。而核心竞争优势是企业竞争力中最基本的能使整个企业保持长期稳定的竞争优势，以及获得稳定超额利润的竞争力。

5. 构建独特的盈利模式

盈利是商业模式的核心。盈利模式是指企业利润来源及方式，它在为客户创造价值的同时也要实现自己的价值，否则企业价值难以实现。通俗来说，盈利模式是企业赚钱的渠道或方法。各种客户怎样支付、支付多少，所创造的价值应当在企业、客户、供应商、合作伙伴之间如何分配，是企业收入结构所要回答的问题。

6. 提高企业价值（即投资价值），以获得资本市场的号召力

企业价值是商业模式的落脚点，评判商业模式优劣的最终标准就是企业价值的高低。企业的投资价值由其成长空间、成长能力、成长效率和成长速度决定。好的商业模式可以做到事半功倍，即投入产出效率高、效果好，包括投资少、运营成本低、收入的持续成长能力强

等。从资本市场的投资角度来看，具有持续成长空间的企业，都有可能受到资本市场的追捧。

三、商业模式画布

（一）什么是商业模式画布

在大众创业、万众创新的时代，无论组建一家公司还是开发一个产品，都需要创业者在项目启动之前对该项目进行详细分析并向投资人言简意赅地说明公司或产品面向哪些客户、提供什么服务、如何盈利等重要问题。商业模式画布（Business Model Canvas）是亚历山大·奥斯特瓦德（Alexander Osterwalder）、伊夫·皮尼厄（Yves Pigneur）在《商业模式新生代》（*Business Model Generation*）中提出的一种用来描述商业模式、可视化商业模式、评估商业模式以及改变商业模式的通用语言。它为使用者提供了一个简洁、直接的思路来思考企业的商业模式，堪称创业公司做头脑风暴和可行性测试的一大利器。

商业模式画布是会议和头脑风暴的工具，它通常由一面大黑板或一面墙来呈现。这块板子或墙按照一定的顺序被分成九个方格（见图4-1），涵盖了客户、提供物（产品/服务）、基础设施和财务生存能力四个方面，可以方便地描述和使用商业模式，来构建新的战略性替代方案。简单来说，商业模式画布就是描述商业模式的框架。

重要合作 （Key Partnership，KP）	关键业务 （Key Activities，KA）	价值主张 （Value Propositions，VP）	客户关系 （Customer Relationships，CR）	客户细分 （Customer Segments，CS）
	核心资源 （Key Resources，KR）		渠道通路 （Channels，CH）	
成本结构（Cost Structure，CS）			收入来源（Revenue Streams，RS）	

图4-1　商业模式画布

（二）商业模式画布方格内容

1. 客户细分

客户是所有商业模式的核心。主要关注问题：我们服务于哪些客户群体？要为谁创造价值？谁是我们的重要用户？若没有可收益客户，企业就无法长久存活。为了更好地满足客户，企业可以将客户按性别、年龄、收入、地理等要素分成不同的目标客户群。每个目标客户群中的客户都具有共同的需求、共同的行为，以及其他共同的属性。在对客户群体做出细分后，企业应决定自己应该服务于哪些客户细分群体。然后，企业可以根据目标细分客户群体的特定需求设计相应的商业模式。

2. 价值主张

主要关注问题：我们要向客户传递什么样的价值？我们正在帮客户解决哪一类难题？我们正在满足哪些客户的需求？我们正在为谁创造价值？谁是我们的重要客户？

价值主张被用来描绘为特定客户细分创造价值的系列产品和服务。价值主张是客户转向创业者的公司而非竞争对手公司的原因。它解决了客户难题（Customer Problem）或者满足了客户需求。每个价值主张都包含可选系列产品或服务，以迎合特定客户细分群体的需求。在这个意义上，价值主张是公司提供给客户的受益集合或受益系列。有些价值主张可能是创新的，并表现为一个全新的或破坏性的提供物（产品或服务）；而另一些可能与现存市场提供物（产品或服务）类似，只是增加了功能和特性。

价值主张通过迎合细分群体需求的独特组合创造价值。价值可以是定量的（如价格、服务速度），也可以是定性的（如设计、客户体验）。客户主张要素包括新颖、性能、定制化、设计、品牌、价格、成分、风险控制、便利性和可用性等。

3. 渠道通路

渠道通路被用来描绘公司是如何与其细分客户沟通、接触而传递其价值主张的。沟通、分销和销售这些渠道构成了公司相对客户的接口界面。主要关注问题：通过哪些渠道可以接触我们的客户细分群体？我们现在如何接触他们？如何整合我们的渠道？哪些渠道最有效？哪些渠道成本效益最好？如何对我们的渠道与客户的例行程序进行整合？

渠道通路是客户接触点，它在客户体验中扮演着重要角色。渠道通路包含以下功能：①提升公司产品和服务在客户中的认知度；②帮助客户评估公司价值主张；③协助客户购买特定产品和服务；④向客户传递价值主张；⑤向客户提供售后支持。

渠道具有认知、评估、购买、传递和售后五个不同的阶段，每个渠道都能经历部分或全部阶段。我们既可以区分直销渠道与非直销渠道，也可以区分自有渠道和合作伙伴渠道。在价值主张推向市场期间，发现如何接触客户的正确渠道组合至关重要。渠道管理的诀窍是在不同类型渠道之间找到适当的平衡，并整合它们，以创造令人满意的客户体验，同时使收入最大化。

4. 客户关系

客户关系被用来描绘公司与特定客户细分群体建立和保持何种关系类型。客户关系范围可以从个人到自动化。客户关系可以被客户获取、客户维系以及提升销售额（追加销售）等几个动机驱动。商业模式所要求的客户关系深刻地影响着全面的客户体验。常见客户关系可以分成个人助理、专用个人助理、自助服务、自动化服务、社区、共同创造。它们可能共存于企业与特定客户细分群体之间。主要关注问题：我们每个客户细分群体都希望我们与之建立并保持何种关系？我们已经建立了哪些关系？这些关系成本如何？如何把它们与商业模式的其余部分进行整合？

5. 收入来源

收入来源被用来描绘公司从每个客户群体中获取的现金收入（需要从创收中扣除成本）。初创企业生存与发展的前提是持续不断的收入。如果客户是商业模式的心脏，那么收入来源就是动脉。企业必须问自己什么样的价值能够让客户细分群体真正愿意付款。只有回答了这个问题，企业才能在客户细分群体中发掘一个或多个收入来源。

一个商业模式可以包含两种不同类型的收入来源：①通过客户一次性支付获得的交易收入；②经常性收入，即客户为获得价值主张与售后服务而持续支付的费用。

在不同的商业模式中，常见的获取收入的方式有：

1）资产销售。最为人所熟知的收入来源是销售实体产品的所有权，如房屋、食品以及汽车等。客户购买之后可以任意使用、转售，甚至破坏。

2）使用收费。这种收入来源于特定的服务收费。客户使用的服务越多，付费越多。例如，软件按照客户使用的次数收费，快递公司按照运送地点的距离收费。

3）订阅收费。这种收入来自销售重复使用的服务，如网络游戏、收费新闻和视频网站注册用户等。

4）租赁收费。这种收入来源于针对某个特定资产在固定时间内的暂时性排他使用权的授权。一方面，对于出借方而言，租赁收费可以带来经常性收入的优势；另一方面，租用方或承租方可以仅支付限时租期内的费用，而无须承担购买所有权的全部费用。

5）授权收费。这种收入来自将受保护的知识产权授权给客户使用，并换取授权费用。授权方式可以让版权持有者不必将产品制造出来或者将服务商业化，而仅靠知识产权本身即可产生收入。授权方式在媒体行业和技术行业非常普遍。

6）经纪收费。这种收入来自为了双方或多方之间的利益所提供的中介服务而收取的佣金。例如，信用卡提供商作为信用卡商户和顾客的中间人，从每笔销售交易中抽取一定比例的金额作为佣金。类似的还有股票经纪人和房地产经纪人等。

7）广告收费。这种收入来源于为特定的产品、服务或品牌提供广告宣传服务。

6. 核心资源

核心资源被用来描绘让商业模式有效运转所必需的最重要因素。主要关注问题：我们的价值主张需要什么样的核心资源？我们的渠道通路需要什么样的核心资源？我们的客户关系怎样？收入来源是什么？

每个商业模式都需要核心资源。这些资源使企业组织能够创造并提供价值主张，接触市场，与客户细分群体建立关系并赚取收入。不同的商业模式所需要的核心资源也有所不同。核心资源可以是实体资产、金融资产、知识资产或人力资源。核心资源既可以是自有的，也可以是公司租借的或从重要伙伴那里获得的。

7. 关键业务

关键业务被用来描绘为了确保其商业模式可行，企业必须做的最重要的事情。任何商业模式都需要多种关键业务活动。这些业务是企业得以成功运营所必须实施的动作。与核心资源一样，关键业务也是创造并提供价值主张、接触市场、维系客户关系并获取收入的基础，而关键业务也会因商业模式的不同而有所区别。

8. 重要合作

重要合作被用来描述让商业模式有效运作所需的供应商与合作伙伴的网络。企业会基于多种原因打造非竞争者之间的战略联盟关系、竞争者之间的战略合作关系、为开发新业务而构建的合资关系、为确保可靠供应的购买方－供应商合作关系。合作关系正日益成为许多商业模式的基石。很多公司创建联盟，以优化其商业模式、降低风险或获取资源。创建合作关系构建动机主要有：①商业模式的优化和规模经济的运用；②风险和不确定性的降低；③特定资源和业务的获取。

9. 成本结构

主要关注问题：我们的商业模式中最重要的固有成本是什么？哪些核心资源以及关键业务花费最多？

成本结构被用来描绘运营一个商业模式所引发的所有成本。创建价值、提供价值、维系客户关系以及产生收入都会引发成本。这些成本在确定关键资源、关键业务与重要合作后可以相对容易地计算出来。然而，有些商业模式相比其他商业模式更多的是由成本驱动的。

成本结构包括固定成本、可变成本、规模经济以及范围经济。在每个商业模式中，成本都应该被最小化，但是低成本结构对于某些商业模式来说比另外一些更重要。

以上九个要素模块构建了商业模式便捷分析工具，回答了四个关键问题。①价值主张回答了"提供什么"的问题；②重要合作、关键业务、核心资源回答了"如何提供"的问题；③客户关系、客户细分和渠道通路回答了"为谁提供"的问题；④成本结构与收入来源回答了"成本与收益"的问题。九块画布的内容项空白待填补处，可以把各种创意或写或绘在这里，展示了商业模式创新的核心内容。

（三） 商业模式画布的优点

利用商业模式画布讨论商业模式具有以下优点：

1. 完整性

它基本可以帮助创业者构建商业模式的方方面面，能够让创业者对该公司的商业模式是否完整或者是否存在纰漏一目了然。

2. 一致性

它可以判断商业模式的各个方面是否协调一致。比如，设计合作伙伴假设与设计渠道假设的一致性。

3. 直观性

它可以让利益相关者清楚地看到你正在做什么以及为什么要这样做。商业模式画布的优点在于让讨论商业模式的会议变得高效率、可执行，同时产生不止一套方案，让每个决策者心中留下多种可能性。

第三节 商业模式创新

商业模式九个要素通过画布以更为具体的形态表现出来，并相互作用构成有机的整体，形成了企业商业模式的具体形态。而各要素发挥作用，要在一定的动力运行机制下进行，这种机制也是商业模式的一个重要方面。

近几年，商业模式创新（Business Model Innovation）在我国商业界成为流行词汇。商业模式创新作为一种新的创新形态，其重要性已经不亚于技术创新等。商业模式创新作为一种新型创新形态，人们关注它的时间很短，也就是 10 年左右。但仍有许多人对它究竟是什么不是很清楚。要有效进行商业模式创新，需要了解它的兴起缘由、真正含义与特点等。当提到"创新"，我们会经常联想到一件以前不存在的新产品或一项新服务。但是，公司为了达到长久的成功，围绕它的商业模式进行创新就显得非常重要。

商业模式各构成要素及其关系和动力机制实际上不是一成不变的，而是不断演变和发展的。当创业者建立独特的商业模式时，一方面，会被竞争者快速仿效，而且随着时间的推移，该市场会出现饱和，企业增长会因此减速，收益会递减；另一方面，随着企业所处内外环境出现重大的动态演化，如生物技术、信息技术、材料技术、能源技术等重大突破，相关政策法规重大变化，消费者偏好的改变，很多竞争者会在短时间内蜂拥出现。创业者为进一步强化所获得的竞争优势，抵抗竞争对手模式新的挑战，需要及时通过各种手段对商业模式不断演变和优化调整，发展自己新的商业模式。

一、商业模式创新的定义

商业模式创新是指企业价值创造基本逻辑的创新变化，它既可能包括多个商业模式构成要素的变化，也可能包括要素之间关系或者动力机制的变化，即把新的商业模式引入社会的生产体系中，并为客户和自身创造更多、更高的价值。通俗地说，商业模式创新就是企业以为公司、客户和社会创造新的价值以及新的有效方式赚钱。全新的商业模式会取代陈旧的商业模式。

商业模式创新实质上是一种高层次的创新行为，它的最终目的是通过改善现有商业模式的竞争优势来提高企业的长期获利能力。其途径是对企业可利用资源的组合方式进行优化。这种优化表现为企业为改善其价值创造和价值获取能力而进行的价值链的优化和重组。商业模式的灵魂在于价值创新，企业经营的核心是市场价值的实现，最终实现价值的最大化。

二、商业模式创新的特征

1）提供全新的产品或服务，开创新的产业领域，或以前所未有的方式提供已有的产品或服务。例如，Grameen Bank（格莱珉银行）面向穷人提供的小额贷款产品服务，开辟了全新的产业领域，这是前所未有的；亚马逊销售的书和其他零售书店没什么不同，但销售方式全然不同；美国西南航空公司提供的也是航空服务，但它提供的方式不同于已有的全服务航空公司。

2）商业模式有多个要素明显不同于其他企业，而非少量的差异。例如，Grameen Bank不同于传统商业银行，它主要以贫穷妇女为主要目标客户，贷款额度小，不需要担保和抵押等；亚马逊相比传统书店，其产品选择范围广，通过网络销售，在仓库配货运送等；美国西南航空公司也在多方面不同于其他航空公司，如提供点对点基本航空服务、不设头等舱、只使用一种机型、利用大城市不拥挤机场等。

3）有良好的业绩表现，体现在成本、盈利能力、独特竞争优势等方面。例如，Grameen Bank虽然不以盈利为主要目的，但它实际上是盈利的；亚马逊在一些传统绩效指标方面良好的表现表明了其商业模式的优势，如短短几年就成为全球最大的网上书店，数倍于竞争对手的存货周转速度给它带来了独特的优势，消费者购物用信用卡支付时，通常在24小时内到账，而亚马逊对供货商的付款周期通常是收货后的45天，这意味它可以利用客户的钱长达一个半月；美国西南航空公司的利润率连续多年高于其他全服务模式的同行，如今，美国、欧洲、加拿大等国内中短途民用航空市场，一半已逐步被像美国西南航空公司那样采用低成本商业模式的航空公司占据。

三、商业模式创新的类型

创业者可以通过改变价值主张、目标客户、分销渠道、客户关系、关键活动、关键资源、伙伴承诺、收入流和成本结构等多种因素来激发商业模式创新。归纳起来，可以把商业模式创新类型划分为战略定位创新、资源能力创新、商业生态环境创新以及这三种创新方式结合产生的混合商业模式创新。

（一）战略定位创新

所谓战略定位创新，主要是指围绕企业的价值主张、目标客户及客户关系方面的创新。在激烈的市场竞争中，没有哪一种产品或服务能够满足所有的消费者，战略定位创新可以帮助我们发现有效的市场机会，提高企业的竞争力。

在战略定位创新中，企业首先要明白自己的目标客户是谁；其次是如何让企业提供的产品或服务在更大程度上满足目标客户的需求。在前两者都确定的基础上，再分析选择何种客户关系。合适的客户关系也可以使企业的价值主张更好地满足目标客户。

日本原宿个性百货商店，打破了传统百货商店的经营模式——每层经营不同年龄段、不同风格的服饰，而是专注于打造以少男少女为对象的时装商城，最终成为最受时尚年轻人和海外游客欢迎的百货公司。

王老吉则将企业的产品定位于"饮料 + 药饮"这一市场空隙，为广大顾客提供可以"防上火"的饮料，正是这种不同于以往饮料行业的只在产品口味上创新，而不在产品功能上创新的竞争模式，最终使王老吉成为"中国饮料第一罐"。

（二）资源能力创新

所谓资源能力创新，是指企业对其所拥有的资源和能力进行整合和运用的创新，主要是围绕企业的关键活动，对商业模式所需要的关键资源进行创新。所谓关键活动，是指影响企业核心竞争力的行为；能够让企业创造并提供价值的资源，主要是指那些其他企业不能代替的物质资产、无形资产、人力资本等。在确定了企业的目标客户、价值主张及客户关系之后，企业可以进一步进行资源与能力的创新。

20 世纪 70 年代，当美国通用电气公司（GE）发现传统制造行业的利润越来越低时，它试图改变行业中为其关键活动提供产品的商业模式，创新性地提出以利润和客户为中心"出售解决方案"的模式。在传统的经营模式中，企业的关键活动是为客户提供能够满足其需求的机械设备，但在"出售解决方案"模式中，企业的关键活动是为客户提供一整套完整的解决方案，而设备则成为这一方案的附属品。这一创新带来了 GE 业绩的快速提升。

（三）商业生态环境创新

商业生态环境创新是指企业将其周围的环境看作一个整体，打造一个可持续发展的共赢商业环境。商业生态环境创新主要围绕企业的合作伙伴进行创新，包括供应商、经销商及其他市场中介，在必要的情况下还包括其竞争对手。

企业战略定位及内部资源能力都是企业建立商业生态环境的基础。没有良好的战略定位及内部资源能力，企业将失去挑选优秀外部合作者的机会以及与它们议价的筹码。一个可持续发展的、共赢的商业环境将为企业未来的发展提供保证。

20 世纪 80 年代，美国最大的连锁零售企业沃尔玛和全球最大的日化用品制造商宝洁争执不断，各种"口水战"及笔墨官司从未间断。但是争执给双方带来了巨大损失，后来彼此开始反思，把产销间的敌对关系转变成双方均能获利的合作关系。宝洁给沃尔玛安装了一套"持续补货系统"，该系统使宝洁可以实时监控其产品在沃尔玛的销售及存货情况，然后协同沃尔玛共同完成相关销售预测、订单预测以及持续补货的计划。生态环境的优化促进了双方业绩的提升，改变了两家企业的营运模式，实现了双赢。

（四）混合商业模式创新

混合商业模式创新是一种战略定位创新、资源能力创新和商业生态环境创新相结合的方式。一般而言，企业的商业模式创新都是混合式的，因为商业模式的构成要素中，战略定位、内部资源、外部环境之间是相互依赖、相互作用的，每一部分的创新都会引起另一部分的相应变化。

苹果公司的巨大成功，不单单在其独特的产品设计上，还源于其精准的战略定位创新。苹果看到了电子产品终端内容服务的巨大潜力后，将其战略从单一的出售电子产品转变为以终端产品销售为基础的综合服务提供商。从"iPod + iTunes"到后来的"iPhone + App"都充分体现了这一战略创新。在资源能力创新方面，苹果突出表现在能够为客户提供充分满足其需求的产品上。例如，消费者所熟知的重力感应系统、多点触摸技术、视网膜屏幕显示技术等都是率先在苹果产品上使用的。

总之，商业模式创新既可以是战略定位创新、资源能力创新、商业生态环境创新三个维度中某一维度的创新，也可以是其中的两个甚至三个维度的结合创新，有效的商业模式创新正在成为企业家重塑企业、追求超值价值的有效工具。

四、商业模式创新的动力

当创业者调整和优化商业模式时，总会受到一定的驱动因素的影响。在识别影响商业模式变化的关键因素时，需从内外部因素分析和研究。

1. 技术推动

技术推动是新技术转化为适应市场的产品和服务，必须有新的合适的商业模式推动。科学技术是第一生产力，历史上的三次科技革命给人类带来了翻天覆地的变化，促进了人类文明的发展，科学技术是第一生产力的观念已经深入人心。随着电子信息技术的飞速发展，曾经一度昂贵的手机、计算机等高科技产品也步入了寻常人家，变成了我们生活、学习、工作的必备品，技术在改变我们生活方式的同时也在影响着我们周围的企业，互联网技术的出现催生了大批新兴企业，企业的商业模式创新至关重要。无人机技术一开始主要是应用在军事方面，而成立于2006年的深圳市大疆创新科技有限公司是第一个将无人机应用在商业领域并获得成功的企业，是全球领先的无人飞行器控制系统及无人机解决方案的研发和生产商，其客户遍布全球100多个国家和地区。它占据着全球大部分的无人机市场份额。

2. 竞争逼迫

市场环境压力促进商业模式创新。新的创业者、竞争者和新的规则的出现，使企业的竞争力和盈利能力面临挑战。为了适应动态的、激烈变化的商业环境，迫使企业持续不断地审视自身的商业模式，并寻求可持续发展的创新，成为企业获取竞争优势的重要能力。竞争者之间越发激烈的竞争是推动企业进行商业模式创新的又一动力。当面临激烈的外部竞争时，企业的领导者往往会被迫寻找一种新的商业模式。多数公司高管或CEO希望自己的公司能够掌控这种创新，以保持自己的竞争地位。由于我国中小型民营企业众多，对于它们来说，竞争就显得更为激烈，每年都有大批的中小企业破产或倒闭，存活年限不超过一年的比比皆是，这加剧了企业管理者的危机感，迫使企业管理者不断寻找商业模式的新路径。

3. 需求拉动

较大的技术和社会变革不仅会对商业模式形成推动力，还会产生新的需求，催生新的商业机会。一些反应快的创业者，往往能抓住机会开展企业内创业，通过建构新的商业模式获得新生，快速获得竞争优势。

随着社会经济的不断发展进步，消费者的需求也处于不断地变化中，消费者需求的不断变化对于企业的产品和服务提出了更高的要求，企业为迎合消费者这种不变化的需求，就要不断地进行产品和服务的创新，最根本的就是进行商业模式创新。

4. 企业战略转型

商业模式与战略规划的本质是相同的，从价值活动实施前的角度看，它们都是对能够获得竞争优势的价值创造活动的规划或设计；从价值活动实施后的角度看，它们都形成了对具有竞争优势的价值创造活动的描述和评估。

商业模式的侧重点是战略实施体系，从战略制定结果开始，着重于对战略实施体系的研究，分析其各种内在逻辑，特别是价值创造逻辑，将不同的内在逻辑解析为不同的商业模式，其所包含的逻辑关系对企业设计具体的战略措施有很好的指导作用，这是战略理论较少涉及的。

而完整的战略规划则是从收集战略信息、评估内部资源和能力开始，设计愿景、使命与战略目标，进行业务定位和业务选择，最终落脚到设计职能战略与战略保障措施，总体来看，这一体系侧重于战略的制定和选择，即战略逻辑，对于运营逻辑和经济逻辑的关注较少。因此，从某种意义上说，战略应当是商业模式的输入或起始环节。

随着时间的推移，由于内外环境的变化，企业战略也在不断优化和调整中。因此，在设计商业模式时，创业者应使新的商业模式与企业战略调整保持一致，也可以说，企业进行商业模式创新往往是由于企业自身战略所驱动。创业者以战略为导向，科学论证自身的价值创造活动、运营方式以及管理流程等，通过自身资源的扩张、产业边界的跨越和产业间的融合，最终突破原有的商业模式，形成更具盈利能力和经营能力的新的商业模式。战略匹配的驱动对初创企业和中小企业尤为适用，很多资源有限、管理和抗风险能力相对较弱的中小企业，没有跟随行业内现有的商业模式，而是围绕自身所确定的战略，重构业务流程，寻求与转型战略匹配的商业模式，最终改变了竞争的游戏规则，并构造了强有力的竞争优势。

5. 知识积累

创业者在创业过程中积累知识或能力是推动企业进行商业模式创新的内在动力。当创业团队有系统地进行知识管理并有效地运用这些知识时，可以形成一种新的能力，具备对原有商业模式进行改造和革新的条件。而创业团队内的知识一般来自创业团队成员源源不断获取各方面的知识能力，如市场经营能力，市场拓展能力、资源整合能力等，大多数是创业团队在长期的创业活动中积累下来的宝贵经验，具有不可模仿和不可转移的特性。创业团队在知识积累的过程中，其所反映出的资源调配能力会相应提高，与利益相关者（如供应商、客户、股东等）之间的信息也会增加，不断拓展知识的积累到达一定程度后，原有的商业模式则很难跟上新的步伐，甚至会阻碍企业的进一步发展，因此，推动企业商业模式进行创新就成了创业团队最迫切的需要。从这个角度来看，知识积累既是原有商业模式的破坏因素，也是新的商业模式形成的驱动力之一。

6. 创业者的创新精神

彼得·德鲁克认为企业家精神中最主要的是创新，进而把企业家的领导能力与管理等同起来，认为"企业管理的核心内容，是企业家在经济上的冒险行为，企业就是企业家工作的组织"。由此可见，创业精神本身就要求创业者不断寻找新的商业机会，不断开拓新的商业模式。对于一个新创商业模式，特定的核心创业者是推动企业进行商业模式创新的主要动力。核心创业者要将自己的创意通过有效的资源配置变成一种特定的商业模式，通过特定的商业模式使原本没有生命力的资源要素、物质资产转变成为能够获利的产品或服务。核心创业者的推动是促使商业模式发生变革创新的不可忽视的驱动力量，也是商业模式创新必不可少的要素。当谈到海尔、小米、格力等企业的商业模式创新时，我们必然会想到张瑞敏、雷军、董明珠。

成功的商业模式非常一样而又非常不一样。非常一样的是创新性地将内部资源、外部环境、盈利模式与经营机制等有机结合，不断提升自身的营利性、协调性、价值、风险控制能力、持续发展能力与行业地位等。非常不一样的是在一定条件、一定环境下的成功，更多的具有个性，不能简单地拷贝或复制，而且必须通过不断修正才能保持企业持久的生命力。

要想创新商业模式，只研究商业模式是远远不够的，不懂经济法则，不懂社会潮流，不懂人文需求，是不能创新商业模式的。只有在借鉴基础上的创新才是商业模式中商业智慧的核心价值。

五、商业模式创新的方法

每一次商业模式的创新都能给企业带来较长时间的竞争优势，在某种程度上决定了企业命运。但是随着时间的推移，消费者的价值取向从一个产业转移到另一个产业，创业者必须重新思考和调整自己的商业模式。创业者可以把商业模式想象成积木拼图，在积木的游戏中尝试用新的积木方法来扩大拼图范围，用不同的搭配方式创造出新的盈利组合。为应对经济环境的不断变化，企业必须根据客户需求的变化以及市场竞争形势的演变做出对价值网络中要素、自身潜力业务范围、目标客户、竞争方式等的调整和变化。优秀的商业模式的各个部分要互相支持和促进，改变其中任何一个部分，就会变成另外一种模式。商业模式创新方法主要涉及以下五个方面：

（一）重整价值链

这种创新把关注的焦点放在价值活动的调整、组合与一体化上。价值链的创新实质上是围绕客户需求，通过优化企业内部主导产业优化、调整，提高整个价值链的运作效能，最终提升企业的竞争优势。具体来讲，有以下三种创新策略可供选择：

1. 价值链上的新定位

通过专注于价值链上的某些活动（通常是高利润的活动），而将其余活动外包出去，从而实现商业模式的创新。例如，阿里巴巴将主要活动定位于电商业务，将物流配送外包给专业的"四通一达"（申通快递、圆通快递、中通快递、百世汇通、韵达快递）物流公司，有效地培养了核心竞争力。

2. 重组价值链

通过对产业价值链进行创造性的重新组合，也能创造出新的商业模式。关键的方法是以客户需求重要部分为中心，组合调整主要资源。戴尔公司去掉中间销售环节，采取直销模式的故事早已耳熟能详。其实，19世纪美国斯威夫特（Swift）公司对肉品包装产业的再造，就是此类商业模式创新。该公司打破产业原有的"活畜运输—屠宰—销售"的价值活动组织顺序，采取"屠宰—运输—销售"模式，获得了生产和运输活动的显著的规模经济，一举成为产业的领导者。

3. 构造独特的价值体系

许多创业者通过构建和整合多个价值优势，形成了独特的价值体系。例如，美国西南航空公司瞄准那些价格敏感的顾客，打造了业界独一无二的价值体系。其中，精简的乘客服务、高水平的飞机利用率和中等城市间点对点的短途飞行等保证了低廉的票价，而密集可靠的起降、高效的地勤等又有助于实现航班的准时可靠。这个彼此互补和高度整合的价值体系形成了一种合力，最终形成了美国西南航空公司独特的竞争优势——"低廉票价 + 高度便利"的价值组合。

（二）重新定位产品或服务

这种模式创新策略聚焦于企业所提供的客户价值。通过发现竞争对手或原有客户的价值盲区，打造独特的产品或服务，实现客户价值的飞跃，由此拉动企业成长。

例如，奶球是比阿特丽斯食品公司的品牌，它是一种用黄底棕字的小盒包装的糖果，人称"电影糖果"。该公司把奶球业务扩大到年龄更小、爱吃糖的 10 岁左右的群体中，并将奶球定位为比棒状糖更耐吃的糖果。

在服务业中，这一策略也很重要，顾客价值中情感的、体验的成分能够放大独特服务的冲击力，从而赢得客户。开创蓝海的太阳马戏团就是一个绝佳的案例，该公司在保留帐篷、杂技等马戏基本元素的同时，将剧场表演中的某些元素融入马戏节目中，由此重新定义了马戏表演的价值。该公司成功地脱颖而出，成长为全球最大的马戏公司。

另一个典型的例子是美国"感恩而死"（Gateful Dead）爵士乐队。传统的爵士乐队大都通过发行唱片来获取收益，而该乐队独辟蹊径，主要采取各地巡演、收取门票的方式，通过与听众互动，打造与众不同的现场音乐享受。这源于乐队成员对爵士乐的独到理解，爵士乐是一种即兴创作的音乐，现场的即兴创作为爵士乐注入鲜活元素，听众也愿意为这种独特的音乐体验支付更多的钱。

（三）挖掘资源潜能

这种商业模式创新侧重于对新资源的发掘和利用，或充分挖掘现有资源的潜在价值，从而建立起竞争优势。围绕新资源构建商业模式，新资源为公司创造新的顾客价值提供了潜力，商业模式的意义在于将新资源的潜力释放出来。例如，纽柯钢铁公司（Nucor Corporation）引进新的炼钢技术，利用废钢生产建筑用钢产品，由此大幅降低成本，生产出的产品填补了低端市场的空白，公司获得了快速发展。纽柯钢铁公司进一步以低端市场为利基，将产品线延伸到高端产品，打败了伯利恒等老牌钢铁公司，成为以弱胜强的典范。

创造性地利用现有资源。采取这一模式的典型案例是麦当劳开发的麦乐送业务。麦当劳发现，其当前的资源（消费者群体、品牌、门店、供应链系统、人力资源、促销资源等）没有得到充分利用。例如，在高峰时段，门店内人满为患，所有座位都被顾客占用，但还是有很多人在柜台前等候。同时，后厨食品加工设备和企业供应链体系似乎并没有完全发挥出最大价值。于是，麦当劳重新审视了这些资源的潜在价值，通过 400 送餐电话将现有资源与新的方式结合在一起，开发了麦乐送业务。这一模式整合了消费者的外卖需求，并将单点外卖业务整合为集中外卖配送，在满足顾客需求的同时，麦当劳也实现了资源价值的最大化和营业收入的增加。

（四）重建价值网络

这种创新的重点在于打造独特的价值网络，设计各种交易机制将企业自身与价值创造伙伴有机地联系起来，形成价值创造的合力。价值网络的创新实质上是以客户价值为中心，优化配置企业内外资源。具体来讲，采取这种商业模式创新的企业可以选择成为交易的组织者、交易平台的构建者或交易的中介者。

1. 成为交易的组织者

汽车网站 Autobytel. com 依靠其专业化组织能力，为顾客提供了一站式购车的便利。顾客可以在其网站浏览各种汽车的配置、价格等信息。如果顾客选定了某款汽车，该公司按照顾客的要求，如是否在家试驾、送货上门或采取何种信贷方式等，联系不同的合作伙伴，由其提供相关服务。Autobytel. com 的作用在于把相关专业服务商组织起来，共同服务于顾客价值创造，并分享收益。这一商业模式所提供的便利性与效率优势，成为 Autobytel. com 高速成长的发动机。

2. 成为交易平台的构建者

这是很多互联网公司的常用策略。例如，eBay 公司提供网上拍卖交易，为超过 1. 35 亿的注册用户提供服务，消费者很方便地从 eBay 购买或销售成千上万的产品，从芭比娃娃到二手车，eBay 的商业模式把原来不可能实现的交易变成了现实。起点中文网的商业模式也很巧妙，该公司打造了一个网络文学的交易平台，把网络作家与读者都吸引到这个平台上，公司靠巨大点击量赚取了不菲的利润。这种打造交易平台的商业模式创新类似组建"网上集市"，而平台打造者通过不同的方式来收取"网上市场管理费"。阿里巴巴等网络交易平台的提供者均属于此类。

3. 成为交易的中介者

这些中介的功能在于促成某些交易的实现。例如，创新动力公司（InnoCentive）代理制药企业广泛搜寻研发难题的解决方案，成为解决方案提供者和制药企业的桥梁。同时，该公司还采取了各种流程和机制，以保证交易顺利进行，并精心发展和维护其价值网络。在该公司的商业模式中，解决方案提供者是关键的价值网络伙伴，如果这个网络太小，或解决方案提供者的质量太低，将显著降低公司服务的价值。因此，该公司通过广泛的营销手段，与全世界的很多大学和科研机构建立联系，不断发展和壮大解决方案提供者网络，并提高网络的质量。

（五）创造多种盈利模式

企业的盈利方式通常有很多种，如直接销售产品、提供服务、资本市场等。通过重新配置产品或服务的利润组合，或者重组和改变赚钱的环节，或者推出新的定价模型，引入新的盈利模式，实现商业模式创新。

1. 利用互补品

这是一种"此失彼得"的策略，具体有三种基本方式可供选择。①"产品 + 产品"的互补，即所谓的"剃刀 – 刀片模式"，例如佳能的"低利润打印机加高利润墨盒"，或原来柯达的"低利润相机加高利润胶卷"均属于此类互补品模式。②"产品 + 服务"的互补，例如通用电气公司从飞机发动机销售中赚钱不多，其主要利润来源于互补品——维修服务的提供。③创造"间接的互补品"，例如，英特尔公司对于那些自身没有使用、但对于公司核心业务有辅助功能的技术采取了非常开放的态度，允许其他公司使用这些技术，此举有助于其他公司开发出英特尔技术的其他用途，从而带动客户对公司核心产品的需求量。

2. 从免费到收费

对于众多信息产业中的企业来讲，这似乎是唯一的选择。基于互联网提供的便利，消费者对很多信息产品的期待是"免费获取"，因此，这给很多信息产品企业提出了巨大的挑战。但成功的公司大多对"免费—收费"模式的细节进行了创新，发掘出赚钱的机制。例如，MySQL推出不同版本的软件，利用免费的初级版赚取顾客，再利用升级版赚取顾客的钱。

3. 第三方付费

这种方式并不需要消费者付费，企业通过其他利益相关方赚取收入。例如，谷歌（Google）的搜索服务并不直接要求搜索者支付费用，而是通过收取被链接网页的公司的赞助获取收益。这种收入模式在网络公司也较为常见。从本质上讲，传统的报纸产业盈利模式与此类似，报纸的定价远不能弥补成本，广告费是报社的主要收入来源。

4. 付款方式创新

例如，在线影视出租商美国奈飞公司（Netflix）在1997年成立时打出"无限期租借、无逾期罚金"的口号，向收取逾期罚金的业界惯例提出了挑战。然而，付款方式上仍旧采取了"租一张花一张的钱"的传统做法。在经历了早期的失败后，Netflix于1999年采取了注册用户的月租费制，制定不同的资费档次，根据不同的收费档次，顾客一次可租借不同的数量。凭借着经济而独特的收费模式，Netflix成功地扭亏为盈，并实现了持续的高成长。

5. 多元收入模式

这种模式一般与价值网络构建密切相关，由此企业可以扩大各种可能的收益来源。在网络服务业，为业余摄影家服务的Flickr公司，其收入就来源于注册费、广告代理费、赞助费，以及从其他合作伙伴处分得的收益分享金等。上海硅谷知识产权交易中心（SSIPEX）为中国企业提供信息技术产权交易平台，除了向技术需求方收取会费、向技术供应方收取展示费之外，还按一定比例提取交易中介费。

本 章 小 结

本章阐述在对创业机会进行识别与评价后如何开发商业模式。商业模式简单来说就是企业或公司以什么样的方式来盈利和赚钱的。构成赚钱的这些服务和产品的整个体系称为商业模式。如果创业者进行了成功的可行性分析，明确了有潜力的产品或者服务，开发商业模式阶段需要考虑的就是如何围绕它制定核心战略，构建合作网络，建立顾客关系，配置独特资源，以及形成价值创造的方法。本章涉及内容主要是商业模式设计，了解商业模式设计的基本原则与过程，尤其要重点掌握商业模式画布的概念、核心构成要素以及相互关系。在经济发展新时代，创业者更需要对商业模式进行一系列创新，认识到商业模式创新对创业的作用。

复习思考题

1. 什么是商业模式？它与盈利模式有何区别？
2. 商业模式设计的基本原则有哪些？
3. 根据你所熟悉的创业项目，依次在商业画布九个空格中增加相关内容。
4. 在网络经济环境中，创业者如何进行商业模式创新？
5. 如何理解商业模式对于创业成功与否起着至关重要的作用？

案例分析　乐高：从濒临破产到全球第二大玩具公司

　　小孩玩的塑料积木随处可见，这些五颜六色的积木可以搭建成各式各样的模型，令孩子们爱不释手，丹麦乐高（LEGO）公司就是这些塑料积木的创始者。乐高公司已超越美国玩具公司孩之宝成为全球第二大玩具公司。

　　在这些辉煌业绩的背后，乐高一度滑入低谷，濒临破产，但经过艰难而有远见的转型之后，乐高一甩颓势，逆袭而上，跃升为世界第二大玩具生产商。

　　加拿大《温哥华太阳报》曾报道，乐高玩具产品继续吸引着深谙电子游戏之道的当代小孩，一如数十年以来，它吸引了这些孩子们的父辈乃至祖父辈。

　　乐高的基本产品塑料积木50多年来一点也未做改变，只是重量增加了一些。正如其产品未发生大的变化，乐高集团所有权也没有发生变化，仍然隶属于奥勒·基奥克家族。奥勒·基奥克是木匠出身，他是乐高玩具的创始人。

　　2013年上半年，乐高在亚洲的销售额增长幅度达到了令人吃惊的35%，在欧洲增长了8%，在拉丁美洲和北美洲增长了4%。

　　而在这一系列的辉煌背后，乐高经历了辛酸的转型历程。此前，乐高业绩下滑，一度濒临破产边缘。

　　乐高集团"认证专家"Robin Sather表示："我们是数码生物，完全生活在电子数码世界之中。但是，我们的世界仍然是由实体构成的，我们喜欢触摸和感觉实体。乐高塑料积木在这方面的感觉是无可比拟的。"

　　在乐高专营店里，三岁的James Sjoerdsma正在玩乐高阶梯。他的父亲Michael对乐高玩具带来的好处赞不绝口："当孩子玩乐高玩具时，不仅得到了娱乐，还可以学习齿轮扭矩和结构稳定性方面的知识。"Michael在孩提时代受到乐高玩具的启发，从此走上了工程技术之路，最后成了西蒙弗雷泽大学（Simon Fraser University）的教授、电子工程技术的老师。

　　近年来，乐高玩具专卖店开始在市场布局方面做出改变。除了红色、蓝色、黄色和白色的长方形塑料积木外，乐高玩具专卖店还出售一些特许经营的产品，如指环王、蝙蝠侠、忍者神龟等。

　　乐高品牌关系负责人McNally表示："在20世纪八九十年代，乐高业绩非常辉煌。很多人喜欢我们的产品。我们甚至认为，乐高所做的任何东西都会得到人们的喜爱。因此，我们推出了乐高牌的T恤、书籍、鞋子和视频游戏，但是最终我们丧失了核心注意力。"

　　乐高的专利权于1983年到期后，大量的仿制品充斥着市场。2003年，乐高一度滑入历史最低点。最终，它认识到必须把注意力集中到其核心产品拼装玩具上，其他产品都外包给其他公司生产。从那时起，乐高开始出现转折点。今天，我们可以看到乐高电视节目秀，乐高牌的床单、鞋子、饭盒，甚至iPhone手机壳，这些都由乐高外包的公司生产的，乐高自己则专注于拼装玩具业务。

　　从此之后，乐高摆脱阴影，获得新生。

　　乐高公司创办于丹麦，至今已有80多年的发展历史。乐高积木现在已是儿童喜爱的玩具。这种塑料积木一头有凸粒，另一头有可嵌入凸粒的孔，形状有1000多种，每一种形状都有12种不同的颜色，以红、黄、蓝、白、黑为主。它靠小朋友自己动脑动手，可以拼插出变化无穷的造型，令人爱不释手，被称为"魔术塑料积木"。

　　一家公司无论资金实力有多雄厚，业务规模有多大，也应当把主要注意力放在核心产品上，如果涉足领域过多，摊子铺得过大，那么容易出现无法集中注意力的局面。乐高曾涉足服装、鞋子、床单和其他领域，最终丧失了其核心竞争力，后来乐高认识到问题所在，将玩具之外的业务外包，专攻其核心业务，最终扭转颓势，取得成功。

　　资料来源：http：//blog. sina. com. cn/s/blog＿5db0e42d0102vyd8. html（经整理加工）。

【问题】

　　根据乐高这个风靡全球的玩具品牌，分析其核心价值和卖点，依次在商业画布9个空格中增加相关内容。

第五章 创业资源

引导案例

微型创业，从市场空隙中找出路

2009 年珠港澳青年创业大赛总决赛在珠海市电视台落幕，由中山大学 2006 级本科生丘兆瀚、周健强、黄腾达等同学组成的创业团队——"印客传媒"夺得冠军，同时获得了 5 万元奖金和最佳创意奖。

一个好点子、一台打印机、一帮志同道合的朋友，满怀激情组建了一支"微型创业"团队。这就是福瑞印务。福瑞印务于 2007 年 2 月成立，他们以"关爱学子，公益先行"为宗旨，向学生提供完全免费的资料打印服务。

丘兆瀚刚上大一就确定以创业为人生目标，他做过书籍团购，上门推销过电热棒，与人合作创办过工作室。虽然大多数都只能维持一时，但他淡然地说："盈利不是最重要的，积累经验才是我的目的。"在此期间，一个英语培训机构的老师给了丘兆瀚很大的启发："其实这个社会很多人都很现实，那么我们就不要那么现实，多为别人做一点，也就不至于淹没在人群中了。"出于服务大家的目的，丘兆瀚买了一台打印机免费为同学打印。他微笑着说："你会觉得我亏吗？我不亏，几张纸，几点墨，我就能认识很多朋友，同时我也得到他们的信任。"

关于微型创业，丘兆瀚分析道："大学生创业有"三缺"：缺资金、缺经验、缺资源。微型创业的优点是投资少、风险小，但同时赚钱也不多，主要还是以积累经验为目的。"他提道："创业需要激情和创意，但更需要冷静、客观分析。要多向成功者请教，同时还要打造一个团结、和睦、有效率的团队。最重要的一点是坚持，遇到困难不放弃。"

不久后，福瑞印务开始规划长远目标了，计划将业务推广到大学城10所高校，并提供网上自助式打印服务。

大二上学期期末，丘兆瀚受到传播学中"免费报纸"理论的触动。由此，在免费为同学打印的基础上，他萌生了创办福瑞印务这一创意。纸张、打印机、人力都需要钱，那么，在向学生提供免费打印的同时，如果能拉到一些广告商赞助，作为回报，在打印纸张的背面或页角刊登一些广告，岂不是两全其美？

丘兆瀚与几个好友分享了自己的想法后，一拍即合，决定以此创业。经过一个寒假的筹备，组队、扩充设备、联络赞助商、写创业计划书等，他们的创意得到不少人的支持，还邀请到一位市场营销专业的老师作顾问。开学不久，福瑞印务正式运营。

资料来源：http://blog.sina.com.cn/s/blog_a056658101014wu3.html（经整理加工）。

思考：

1. 丘兆瀚在创业过程中是如何利用各种资源并进行整合的？
2. 在"大鱼吃小鱼、快鱼吃慢鱼"的时代环境下，如何充分有效地利用身边资源？
3. 丘兆瀚创业是不是仅仅为了赚钱？他还做了哪些事？为什么？
4. 结合案例，谈谈如何理解资源整合的重要性。

第一节　创业资源概述

在当前经济全球化时代，竞争日趋激烈，环境复杂多变，资源的争夺也越加激烈。正如"巧妇难为无米之炊"，巧妇虽然有技术、懂方法，但是缺乏原材料，依然做不出香甜可口的饭菜。初创企业由于其自身的独特性，很难找到足够的资源来支持自身的发展。现实的观察统计也表明，许多创业者能够识别创业机会，但在创业过程中却很难将创业机会转化为成功的初创企业，这其中很大的原因是创业者在创业活动中缺乏充足的创业资源的支持。因此，创业成功的关键不仅要有优秀的创业团队和合适的创业机会，在资源稀缺的情况下，获取资源、创造性地整合资源也是创业成功必要的关键因素之一。

一、创业资源的内涵

资源作为创业活动顺利开展的关键因素之一，是企业创立以及成长过程中所需要的各种生产要素和支撑条件，是初创企业在价值创造过程中所需要的特定资产。在创业初期，创业者拥有的资源有限，同时受其商业运作能力限制，创业者可获取或可支配的资源也有限，这就更增加了创业难度。尽管随着创业的发展，后期资源压力有所缓解，但是资源束缚始终是创业者或创业团队面临的问题，只是不同阶段程度不同而已。

《辞海》定义"资源"为："生产资料和生活资料的来源。"马克思在《资本论》中说："劳动和土地是财富两个原始的形成要素。"经济学意义上的"资源"，是指为了创造物质财富而投入生产活动的一切要素。创业资源是指在创业过程中先后投入使用的企业内外部各种有形的和无形的资源总和。哈佛大学霍华德·史蒂文森（Howard Stevenson）认为："企业在各个阶段都会努力争取资源推进企业进展，他们需要的不是拥有，而是控制。"

目前，在创业资源概念上并没有形成统一的认识。对于创业者而言，凡是对其创业有所帮助的要素，都可以归为创业资源的范畴。因此，创业资源的内涵是：创业者在创业过程中可获取与开发利用的有助于实现目标的各种要素以及要素的组合。

创业需要资源，但要正确理解拥有资源的含义。创业者可以获取与开发利用资源，但不等于创业者一定需要拥有资源的所有权。大量创业成功的案例表明，创业成功，所有权并非关键，关键是对资源的控制和利用。

霍华德·史蒂文森认为："创业者在企业成长的各个阶段都会努力争取用尽量少的资源来推进企业的发展，他们需要的不是拥有，而是控制这些资源。"因此，创业者不仅要获取并使用好现有的资源，更重要的是，整合那些非拥有但可接近、利用的资源。

二、创业资源的类型

根据资源基础理论，常用的创业资源可以有以下分类：

（一）按性质分类

创业资源可根据资源的性质分为人力与技术资源、资金资源、实物资源、社会资源、信息资源与政策资源。

1. 人力与技术资源

人力资源是创业的重要资源和基础资源，一切资源都是以人力资源为基础的，由人力资源去获取、开发和利用其他资源，所以人力资源是创业中最基本的、往往也是最重要的资源。

人力资源不仅包括创业者及创业团队的知识、训练和经验等，也包括团队成员的专业智慧、判断力、视野和愿景，甚至创业者本身的人际关系网络。

人力资源又可分为核心人力资源与一般人力资源。核心人力资源包括创业者、核心创业团队、关键技术与资源掌握者。创业者、核心创业团队是初创企业最重要的人力资源，其价值观念和信念是初创企业的基石和可持续发展的关键因素。一般人力资源是初创企业所需要的但并不掌握关键技术与资源的人员。

技术资源是创业成功所需要的关键技术、专业洞察力、专业技能、专业知识、专业经验及社会关系等。这类资源可以使初创企业成功地研发新产品、有效地进行技术扩散，并且企业可获得技术领先优势和超额利润，才会在激烈竞争的市场中拥有一席之地。技术资源与人力资源是分不开的，初创企业所需要的技术资源往往掌握在核心人力资源成员的手上，所以两者常常紧密结合。

伴随知识经济的兴起、竞争环境的动态化和技术生命周期的不断缩短，新产品开发已成为创业型企业的核心战略，对于初创企业的生存和发展起着举足轻重的作用。获取技术资源的途径有很多，包括：①与高等院校、科研机构合作；②从拥有技术的组织或个体处购买或者获得授权；③自身通过学习、研究积累获得；④招聘拥有相关技术的人才等。

企业要做大做强，占领市场，重要的是在技术上不断创新，已确保技术在市场上的领先地位，还要实行自主研发并拥有自主知识产权。

2. 资金资源

资金资源是创业所需的资金，主要是现金的形式。资金资源也是创业中最重要和最基本的资源，但往往不是关键资源。很多创业者白手起家，开创了伟大事业，他们并不是有了丰厚的资金才去创业，而是滚动式发展，哪怕只有很少的资金，甚至没有资金。

创业初始的资金来源主要是创业者个人和家庭以往的资金积累、朋友和亲戚的借款或入股，项目技术含量高或综合实力较强的创业者可能还能获得政策扶持资金、银行贷款和天使基金投资等资金来源。

资金是从事一切事业的物质基础，没有资金就不可能成功创业，这是众所周知的事实。例如，你手上有一项高科技成果，正想创办企业，将成果转化为经济效益；你聪明能干，并且从业经验丰富，你想出来单干，创办自己的公司……可是，要实现这些目标，你都会面临一个创业资金的问题。

3. 实物资源

实物资源是创业所需要的实际资产，包括生产与经营工具和设施、生产与经营场地、原材料和存货等。实物资源往往是创业的必备条件，但并非关键资源，可以用其他资源来换取。创业需要实物资源，但并非意味着要拥有实物资源的所有权，而更多看重对实物资源的实际控制与利用。

4. 社 会 资 源

社会资源是指社会中人与人之间的关系创造价值的资源特性，也称社会资本。对于初创企业来说，社会资源具有重要的意义，社会资源虽然是外部的，但又可以被初创企业获取、开发和利用，往往起到关键甚至决定性的作用。

社会资源又可分为客户资源、供应商资源和渠道商资源等。客户资源是初创企业所经营的商品与服务的购买者。供应商资源是初创企业经营所需上游商品与服务的提供者。渠道商资源是初创企业经营的商品与服务的下游分销商。

5. 信 息 资 源

信息资源是对初创企业有所帮助的一切文件、资料、图表和数据等信息。当然，文件、资料这些都只是信息的表现，最主要的资源还是信息内容本身。在这个"快者为王"的时代，商界普遍认为，得信息者得"天下"。一个信息闭塞的创业者不可能抢占市场的先机。创业过程的每个阶段，从创业机会识别，到资源渠道获取、创业团队组建、初创企业开办、初创企业管理等，都离不开信息的支持。移动互联网时代，海量的信息数据库中，信息数量爆发式增长，如何在有效的时间内获得真正需要的信息？如何利用有效信息抓住成功创业的机遇？这依然是创业成功路上的考验。

一般而言，初创企业获取信息资源的渠道主要有两个：①创业者或创业团队通过调查问卷、访谈、座谈、观察等方式获取一手信息，这类信息针对性强、有效性高，但获取成本高；②通过公开数据库、图书馆、咨询公司、文献库等渠道获取二手资料，这类数据信息量大，存在真伪，需要创业者具备较强的信息甄别能力，但获取成本低。

6. 政策资源

"扶上马，送一程"说的便是政策资源的重要性。政府支持是全球创业观察项目中"创业环境"的一项重要构成。政策资源是指与初创企业有相关性的一切政策，包括各级政府职能机构制定和发布的政策与法规、各级行业管理机构制定和发布的政策信息等。

初创企业政策资源指的是政府提供的各项优惠扶持政策，包括财政扶持政策、融资政策、税收政策、科技政策、产业政策、中介服务政策、对外经济技术合作与交流政策、政府采购政策等。政策资源对于创业者而言是极其重要的创业助推器。掌握并充分整合创业的政策资源，可以发挥政策叠加的协同力，帮助创业者少走弯路，达到事半功倍的效果。例如，大学生创业者可以在当地申请入驻创业基地、获取创业初始资金的支持；农民创办合作社，可以获得农产品销售订单税费减免。获取政策资源的途径主要有四种：①在政府公开网站进行查询；②到咨询服务公司进行政策咨询；③与相关部门保持密切的沟通；④派专人负责收集相关的政策信息。

中国正处于全面改革开放的时代，各个行业正从集约式计划经营进入开放式经营，必然会出现一系列的政策变动，这种变动给创业者提供了很多创业机会。例如，新城区建设、区域经济规划、城际高铁、城市地铁的开发带动了投资的发展，普通商品销售价格的放开搞活了不少行业，基建的扩大使建材行业繁荣，通信革命使通信器材公司在全国遍地开花。

中国是人口大国，是一个购买力、消费力巨大的市场，为创业者孕育了无数机会。而每一个政策的变动都将在计划和市场之间形成一个巨大的差额利润。面对这样的创业机会，创业者只要能抓住，就能越过原始积累期。

同时，政策资源具有外部性，政策可以带来机遇，也可以带来风险。关注政策资源带来的商机，充分利用政策获取其他资源，是许多创业者成功的法宝。

（二）按存在形态分类

创业资源按其存在的形态可以分为有形资源和无形资源。

有形资源是指具有物质形态的、价值可用货币度量的资源，如组织赖以存在的自然资源以及建筑物、机器设备、原材料、产品、资金等。

无形资源是指具有非物质形态的价值难以用货币精确度量的资源，如信息资源、关系资源、权力资源以及企业的信誉、形象等。无形资源往往是撬动有形资源、使有形资源更好发挥作用的重要手段。

（三）按参与程度分类

按照资源要素对创业过程的参与程度，创业资源可以分为直接资源和间接资源。

直接资源是指直接参与企业战略规划的资源，如财务资源、管理资源、市场资源、人才资源、科技资源等。

间接资源是指不直接参与创业战略的制定和执行的资源，如政策资源、信息资源等。它们对于创业的影响更多的是提供便利和支持，对创业战略的规划起着一种间接的作用。

（四）按重要性分类

创业资源按照其对企业核心竞争力影响的重要性，可分为核心资源与非核心资源。

核心资源主要包括人力与技术资源。这些资源涉及初创企业有别于其他企业核心竞争力，是创业机会识别、筛选和运用三大阶段的主线。非核心资源主要包括资金资源、实物资源和环境资源。这些资源是初创企业成功创办和持续经营的基本资源。

识别核心资源，立足非核心资源，发挥非核心资源的辐射作用，形成创业资源的最优组合，是创业资源运用机制的基本思路。

（五）按来源分类

创业资源按其来源可以分为内部资源和外部资源。

内部资源是指创业者或创业团队自身所拥有的可用于创业的资源，如创业者自身拥有的可用于创业的资金、技术、创业机会信息等。外部资源来自外部机会的发现，是创业者从外部获取的各种资源，包括从朋友、亲戚、商务伙伴或其他投资者处筹集到投资资金、空间、设备或其他原材料等。对创业者来说，运用外部资源是一种非常重要的方法，在企业的创立和早期成长阶段尤其重要。创业者首先致力于扩大和提升内部资源，内部资源的拥有状况（特别是人力与技术资源）会影响外部资源的获得和运用。

三、创业资源与一般商业资源的异同

创业资源与一般商业资源既有相同点，也有一定的差别。

（一）创业资源与一般商业资源的相同之处

创业资源与一般商业资源具有相同之处，具体如下：

1. 二者都具有资源的稀缺性

资源无论对于初创企业还是长期持续经营的企业来说都是稀缺的。长期持续经营的企业并不会因为拥有较多的资源就使资源不再稀缺，因为相对于无限的商业机会来说，资源总是稀缺的。资源用于一种机会，就不能再投入另一种机会。资源总是具有这样的机会成本，使得资源总是相对稀缺。

2. 二者都包含相同的资源种类

无论创业资源还是一般商业资源，其所包含的资源种类都是相同的，均包含显性资源和隐性资源。显性资源包含人力与技术资源、资金资源、实物资源，隐性资源包含社会资源、信息资源与政策资源，只是二者在构成上有差异，而这种差异在不同企业之间也明显存在，不构成创业资源与一般商业资源之间的差异。

（二）创业资源与一般商业资源的差异

创业资源具有一般商业资源所没有的特点，具体如下：

1. 创业者自身是最重要的创业资源

创业资源是商业资源，但不是所有的商业资源都是创业资源。因为只有创业者可以利用的资源才是创业资源。新创公司一般资源极度匮乏，开始阶段往往唯一的资源就是创业者自身，其他资源都要靠创业者去开发整合，所以创业者自身是最重要的创业资源。而一般商业资源条件下，企业已拥有很多资源，创业者不再是唯一资源；而且正规运营的企业，所有权与经营权可分离，原始创业者（所有者）的作用不再明显。

2. 创业资源倚重整合外部资源

初创企业资源极度短缺，企业直接控制的内部资源不足，需要倚重整合外部资源。创业者通过发挥资源整合能力，使外部资源内化，如投资入股、信用贸易等。通过整合外部资源，初创企业还能大大减少创业期间的风险与固定成本。而一般商业资源条件下，企业已拥有很多内部资源，对外部资源没有那么倚重。

3. 创业资源中无形资源比重更高、更重要

创业所需要无形资源中除了创业者自身外，其他资源往往极度匮乏。因此，无形资源就成了主要成分，往往起到关键性作用。而一般商业资源中有形资源的比重往往更高。

四、人才及技术、资金、社会资本在创业中的作用

创业资源的筹集和运用是创业成功的关键，人才及技术、资金、社会资本在创业过程中起着非常重要的作用。

（一）人才及技术是核心资源

人力资源及其所附属的技术资源在创业中起到基础作用。在创业阶段，初创企业资源极度匮乏，初始阶段唯一的资源往往就是创业者自身，其他资源都要靠创业者亲力亲为、开发整合，"一流团队比一流项目更重要"已成为一个不争的事实。所以，以创业者为核心的人力资源是创业的基础，是初创企业可持续成长的关键。

技术资源是附属于人力资源而存在的，技术资源是企业开展业务的基石，是生产活动和生产秩序稳定的根本。其原因有三：①创业技术是决定创业产品的市场竞争力和获利能力的根本因素；②创业核心技术决定了所需创业资本的大小，对于在技术上非根本创新的初创企业来说，创业资本只要持较小的规模便可维持企业的正常运营；③从创业阶段来说，由于企业规模较小，因此对管理及人才的需求度不像成长期那样高。企业只有不断开发新技术、新产品，建立充裕的技术储备，才能在市场竞争中立于不败之地。创业初期，创业资金需求在得到基本满足的情况下，技术是最关键的资源。在任何行业开展业务都需要具有一定程度的专业技术资源。所以，人才及技术是创业的核心资源。

（二）资金是重要资源

资金及其背后的财务管理在创业中不仅是生产经营过程的起点，更是企业生存发展的基础。初创企业一般极度匮乏资金，而初创企业的经营活动等都需要用到资金。场地、设施与设备需要购买或租赁，原材料需要采购与运输，雇用人力需要支付薪酬，所以各项环节能否顺利进行，企业能否站稳脚跟，都受到资金的影响。

初创期的企业最大的困难就是资金的缺乏。即便已建立若干年的企业，资金链断裂也是企业致命的威胁。据相关资料记载，倒闭破产的企业中有85%是盈利情况非常好的企业，这些企业倒闭的主要原因是资金链的断裂。企业可能不会由于经营亏损而破产清算，却常常会因为资金断流而倒闭。资金对企业，尤其是初创期的企业来说至关重要。创业"融资难"是困扰着创业者并挫伤个人创业热情的难题。

（三）社会资本是关键资源

社会资本又称社会资源，在创业中起着关键作用。社会资源是社会中人与人之间关系创造的价值，社会资源虽是外部的，但又可被初创企业所获取、开发和利用，在创业过程中往往起着关键性甚至决定性的作用。因为创业成功的关键是获得社会资源的支持，包括客户、上游供应商和下游渠道商。

调查数据显示，社交面广、交往对象趋于多元化、与高社会地位个体之间关系密切的创业者，更容易发现创新性更强的创业机会。

总之，创业过程是一个对企业内外部的各种资源获取、整合的过程。创业者是否具备了创业所需的各种资源，并在不断的发展中保证这些资源能够及时跟上企业的发展，往往决定创业是否成功，也是初创企业发展的速度、高度和稳定性的关键所在。

第二节　创业资源的获取途径

创业资源是创业活动开展的一个重要前提，资源与创业者的关系如同颜料、画笔与艺术家的关系。如果创业者获取不到创业所需的资源，创业机会对创业者而言则毫无意义。一般来讲，创业之初，创业所需的各项资源往往只能依靠创业者通过自身努力获取。但随着企业的成长和不断扩张，创业者很快就会发现，通过自身努力获取的资源远远不能支持企业的发展，为了使企业能够继续发展，创业者应通过多种途径获取所需的各种创业资源。当然，创业资源的种类不同，获取的途径也不同。因此，创业资源的获取不能一概而论。

一、影响创业资源获取的因素

（一）创业导向

创业导向是创业者在经营、实践和决策的过程中所采取的创新、承担风险、抢先行动、主动竞争和追求机会的一种态度或意愿。

创业导向强调如何行动，是创业精神的表现过程。具有创业导向的企业能自主行动，具备创新和风险承担的态度，面对竞争对手时积极应战，面临市场机会时超前行动。企业追求机会所表现出的创业导向，驱使企业寻求与整合资源，并创造财富。

（二）创业者资源禀赋

创业者资源禀赋是指创业者所具有的与创业相关的自身素质和外在关系的总和，主要包括创业者的经济资本、社会资本和人力资本。它能够为创业行为和初创企业的生存与成长提供有价值的资源。

大量文献强调创业者资源禀赋在创业过程中的重要作用，认为创业者资源禀赋是创业行为过程的关键资源，甚至在一定程度上决定初创企业的资源构成特征。

（三）创业者资源整合能力

初创企业资源整合能力是指在创业过程中，以人为载体，在资源整合过程中所表现出的对资源的识别、获取、配置和利用的主体能力。

创业资源在整合之前大多是零散的、一般性的商业资源，要发挥其最大的效用，转化为竞争优势，为企业创造新的价值，就需要初创企业运用科学方法将不同来源、不同效用的资源进行优化配置，使有价值的资源充分整合起来，发挥"1 + 1 > 2"的放大效应。

资源整合能力在创业的各个阶段发挥着极为重要的作用。

1) 在创业起步阶段，资源整合能力影响并决定了创业者对创业机会的评估、识别与开发，同时帮助创业者摆脱资源约束，取得所需资源。

2) 在生存与成长阶段，初创企业需要筹措更多的资源来满足自身的发展，创业者资源整合能力会对初创企业成长过程的战略决策与运营能力产生重要影响，资源整合的深度与广度将保障组织运作的持续性，进而影响创业绩效。

（四）创业团队

初创企业把创意变成产品/服务，把产品/服务市场化、产业化是一个艰苦的过程，必须组建一个富有凝聚力和创新精神的创业团队，这是获取各项创业资源的重要前提，也是创业成功的一个基本保障。

借助团队就可能拥有创业所需要的各种知识和经验，例如客户经验、产品经验、市场经验和创业经验等。同时，通过团队，人脉关系网络可以放得更大，能够有效地增加创业者的社会资本，提高创业成功的概率。因此，创业团队本身就是一项极为重要的创业资源。

（五）外部环境条件和政府政策支持

创业活跃程度的一个重要决定因素是创业的环境条件。创业环境与创业活跃程度呈很强的正相关关系。初创企业与创业环境有着密切的关系，而这种关系的核心是初创企业资源的需求和创业环境资源的供给所具有的有机联系。

创业水平和创业资源受到外部环境因素的影响极大，尤其政府的法规政策。创业环境好的地方一般会呈现较高的创业活动水平，而政府创业政策作为创业环境的重要内容是直接影响一个国家和地区创业活动水平的重要因素。

二、创业资源获取的途径与技能

（一）创业资源获取的途径

创业资源获取的途径按获取来源可分为市场途径和非市场途径两种方式。

1. 市场途径

市场途径是指通过支付全额费用在市场购买相关资源，包括购买、联盟和并购等。获取外部资源的关键在于拥有资源使用权或能控制和影响资源配置。

市场途径获取按获取方式可分为交易换取（购买）与合作换取（联盟和并购）。交易换取是指通过交易形式，以企业自身所拥有的资金或实物的代价来换取企业所需资源的方式。合作换取是指通过合作方式，以双方或多方的共同投入，以换取分享未来利益的方式。

交易换取对创业者来说，可能是最常用的资源获取方式。大部分资源，尤其是物质资源、技术资源等都可以通过市场交易方式得到。交易换取按交易占用资金或实物的形式又可分为购买、租借和交换等方式，具体到某种资源，方式还可以更具体、更灵活。例如：就资金资源的获取而言，可以更具体到有无抵押贷款、质押贷款、债券等形式；就实物资源如设备的获取而言，还可以更具体到无偿试用、短期租用、长期融资租赁、有偿使用等。

合作换取相对交易换取更少占用初创企业宝贵的资金资源，有利于降低企业经营风险，是企业整合外部资源的能力表现，应当优先使用。合作换取按合作紧密程度的形式又可分为股份合作、联盟合作、松散合作等，具体形式可更加多样。

股份合作是指双方通过合股或换股等形式进行合作，初创企业可因此获得资金和社会资源等；联盟合作是指双方通过较紧密和稳固的联盟开展代理、加盟、共同开发等合作，初创企业可因此获得社会资源、技术资源、信息资源等。

2. 非市场途径

非市场途径是指通过资源吸引和资源积累，用最小的代价甚至无偿获取资源。显然，创业者自有资源往往是通过非市场途径获取的。由于起步阶段的创业者/团队往往囊中羞涩，很难通过支付全额费用购买的方式获取创业所需的各种外部资源，因此非市场途径——通过社会关系用最小的代价获取创业资源成为创业者首选，甚至无偿获取创业资源也并非不可能。初创企业资源匮乏，对于大部分非核心资源，如资金资源，应当从外部获取，而对于少部分核心资源，需掌握在企业自己手中，而且也极不易在企业外部获得，应当优先在企业内部开发获取。

初创企业可以通过深入挖掘内部资源潜力，不断地沉淀、积累，滚动式发展，来开发资源。例如初创企业对于核心的人力与技术资源，就应当通过企业的内部培养来开发获得的实物资源。

非市场途径存在难度大、速度慢等缺点，可通过市场途径引入然后内部消化再开发的方法来克服此缺点，进而加快进程。此外，虽然有此缺点，但内部资源一旦开发获得，就不易发生转移，不易被模仿抄袭，易形成企业核心竞争力的基础。

（二）创业资源获取的技能

创业资源获取过程中，采用适当的技能可使资源获取效率事半功倍。最主要的原则是盘活、用好、用足企业的现有资源，以有限的内部资源，撬动尽可能多的外部资源。具体技能如下：

1. 充分重视人力资源的获取

人力资源在创业资源中的决定性作用要求创业者必须充分重视人力资源的获取。人力资源不仅仅是指企业创立以后招募员工，更重要的是创业者及创业团队拥有的知识、技能、经验、人际关系、社会网络等。创业者一方面应努力增强自身能力的培养；另一方面应充分重视创业团队的建设。一支知己知彼、才华各异、能力互补、目标一致和彼此信任的团队是创业资源中最为重要的资源，因此，创业初期，创业者需要花大量时间在人力资源的培养和获取上。

乔布斯曾说过："我过去常常认为一位出色的人才能顶两名平庸的员工，现在我认为能顶50名。我大约把四分之一的时间用于招募人才上。"在小米成立的第一年，雷军也花了绝大多数时间去招人！

2. 多用无形资源原则

企业初创期间，有形资源比较匮乏，企业应该充分挖掘自身的无形资源，以此为杠杆来撬动外界的有形资源。例如通过创业者个人的专业洞察力和以往积累的社会资源，以及对未来的美好设想与承诺，打动外部投资者入股，以换取上游供应商的加入。

3. 能用和够用原则

创业者在筹集资源时应坚持能用的原则，只有满足企业需求、可以支配并使其充分发挥作用的资源，才是需要花力气筹集的资源。另外，在筹集创业资源时应该本着够用的原则，既满足企业经营所需又不会因为筹资过多承担较高的成本。

4. 多用合作换取原则

初创企业大多资源紧缺，但可以通过对未来计划美好的利益预期来换取合作，获取实实在在的资源。例如：通过连锁加盟，降低经营风险，直接获得品牌与客户资源；通过共同开发，分摊开发成本，降低开发风险，获得技术资源，更快、更稳妥地实现企业的发展。

第三节　创业资源的整合机制与过程

资源是创业的必要条件。在获取创业资源的过程中，创业资源的整合更为重要。从创业过程观察，创业前半阶段在于创业者能否判断和获取足够的资源来支持可能的企业活动，后半阶段在于创业者对创业资源系统地进行理性整合。相关统计表明，大部分创业者的失败都与资源的整合和融资环节的不协调有关。由于创业过程中利益关联者较多，资源形式也更丰富，资源的产权体系分类更为细致，因此创业资源整合利用显得更为重要。初创企业的成长过程不断消耗着创业资源，同时也不断生长出新的创业资源，这些资源一方面会被创业者用来投入新的创业活动；另一方面又可能通过外溢互补的方式为外部所用。

管理大师熊彼特说过，创业者的功能就是实现新组合。创业者一开始创业不可能也没有必要拥有所需的全部资源，为克服资源和经验不足等"新创缺陷"，创业者需要在充分利用自身资源的基础上，创造性地将外部资源"为我所用"，进而得到创业所需的一系列资源。当前，共享经济模式多是资源成功整合的结果。资源管理理论认为，资源整合能够对初创企业的资源和能力进行创造性整合、转换、利用，特别是那些能为企业带来持续竞争优势的核心资源，并促使初创企业更好地适应环境的变化，因而能推动初创企业向前发展，提高初创企业绩效。

一、创业资源整合的作用

资源整合就是创业者通过协调各种资源之间的关系，获取所需的资源，匹配有用资源，能够把互补性的资源搭配在一起，将其进行绑定聚合以形成和改变能力的过程，使资源间形成一种独特的联系，充分发挥资源的作用，创造竞争对手无法模仿的价值。即使创业前资源准备足够充分，也不可能预见创业中所有的问题。而且，大部分创业者开始创业时都存在资源贫乏、经验不足的状况，任何一个创业者都不可能在想出了所有问题的答案后再创业。因此，从创业视角看，创业不必等到将所有的资源准备齐全，而是需要在把握机会的前提下通过整合资源来实现。优秀的创业者绝不会仅仅停留在这样的水平上，而是会关注外部资源，通过整合外部资源实现自己的创业理想。资源整合对企业的发展起着至关重要的作用，是创业资源开发的核心，对缺乏资源的初创企业的作用尤为明显。创业者需要做的是发现有价值的外部资源，利用现有资源撬动外部资源，使得初创企业得以生存发展，这就是资源整合的作用。

二、创业资源的整合原则

（一）内部资源整合：整体大于个体，个体服从整体

企业整合内部资源应遵循"整体大于个体，个体服从整体"的原则。

"整体大于个体"是指企业要整合内部各种资源，实现"1+1>2"的正效应。创业者通过有效地计划、组织、领导和控制，做到人尽其才、财尽其力、物尽其用，让社会、信息和政策资源都能被企业有效吸收消化，企业才能像一个有机体一样，有序运转、茁壮成长。

"个体服从整体"是指企业的每一个局部，包括资源的配置和利用都要服从整体的利

益，要以是否有利于整体为决策判断依据，而不能只考虑局部个体或者小集体的利益。当局部利益和整体利益发生冲突时，优先服从整体利益。但当企业的一个局部并不能为企业创造价值，甚至产生副作用时，企业整体需要将这样的局部及时甄别出来，加以改造甚至摈弃。

（二）外部资源整合：合作大于竞争，竞争谋求共赢

企业整合外部资源应遵循"合作大于竞争，竞争谋求共赢"的原则。

"合作大于竞争，竞争谋求共赢"是指企业要整合外部资源就要正确处理合作与竞争的关系，外部环境中各种资源拥有者都可能与企业同时存在着合作与竞争这两种关系，而且这种关系还存在着隐蔽性。

例如，客户一般来说是企业的合作者，但客户其实也在和企业竞争着利润，客户希望以更低的付出获得更好的产品与服务。竞争者之间不仅有竞争，其实也可以合作，通过打造区域品牌，共同"做大蛋糕"。所以，初创企业应转换思维，既要合作又要竞争，总体上合作大于竞争，不要做恶性竞争、损人不利己的事情。

企业所面对的外部环境中，各种资源拥有者都是企业的相关利益者，创业者在整合外部资源时，一定要设计好有助于资源整合的互利共赢的利益分配机制，借助互利共赢的利益分配机制把潜在的和非直接的资源供给者整合起来，借力发展。

三、创业资源整合的一般过程

创业过程实际上就是创业者建立、整合和拓展资源的过程。在这个过程中，创业者需要平衡、取舍，需要对创立企业所需的资源进行识别、控制、利用和开拓。

（一）创业资源识别

创业者要明白自己的资源整合能力以及企业所拥有的最初资源。创业资源中也存在假象，即不适合企业发展的方面，这就要求创业者具有辨别真伪的能力，不能对所有资源都兼收并蓄。与此同时，要厘清哪些是战略性资源、哪些是一般性资源。之后，还要对资源的数量、质量、可利用程度进行分析。要做到这些，通常要求创业者具备一定的行业知识和社会关系网络。

资源识别方式分为两种：自下而上和自上而下。自下而上是指创业者拥有详细、具体的创业计划，依据创业计划对资源进行识别，从而把资源整合在一起创造价值；自上而下是指创业者首先勾勒出组织愿景以及这一愿景如何实现，而后识别自身所拥有的资源和环境中能提供的所需资源，以此实现组织愿景。

（二）创业资源控制

实际上，所有成功的创业者在初创企业成长的各个阶段，都会做到用尽可能少的资源推进企业向前发展。同时，对他们而言，资源的所有权并不是关键，关键的是对其他人的资源的控制和影响程度。资源控制的范围通常包括自有资源和外部资源。自有资源大多存在于创业者和创业团队当中，如教育背景、声誉、行业知识、资金和社会网络等。其中，团队成员中的人脉和技术对企业的成功起着举足轻重的作用。外部资源通常可以通过购买和并购获得。资源购买主要是通过市场购入所需资源；资源并购则是通过股权收购或者资产收购，将企业的外部资源内部化。

为了提高创业绩效，创业者需要尽可能利用手头资源和自身能力去获取并控制那些尚无

法得到的资源。例如可以通过资源联盟的形式，联合其他组织对一些难以或无法自行开发的资源共同开发。

（三）创业资源利用

在完成了对资源的获取和控制后，创业者需要不断挖掘、利用创业资源。首先是资源配置。由于资源在整合之前大多是零碎的、散乱的，要发挥其价值、产生最佳效益，就必须运用科学方法对各种类型的资源进行细化、配置和激活，将有价值的资源有机地融合起来，使之具有较强的系统性和价值性。其次是利用资源优势来赢得市场。创业者需要协调各种资源之间的关系，匹配有用的资源，剥离无用的资源，使资源相互匹配、相互增强、相互补充，使之转化为企业内部的独特优势，从而为企业赢得市场，提高创业绩效。

（四）创业资源开拓

创业资源的开拓是在协调资源的基础上，进一步开发潜在资源为己所用；是将以前没有建立起联系的资源建立联系，不仅整合已有资源，而且还将新获取的资源与已有的资源进行充分整合。因此，对资源的开拓不仅是实现财富的创造，而且是在已有资源的基础上拓展企业资源库，进一步识别企业自有资源和外部资源，拓展资源的范围和功能，从而为下一步的资源识别、获取、配置和利用奠定基础。这也是企业持续竞争优势的源泉。

总之，创业资源识别、控制、利用和开拓这四个过程相互依存、相互联系。资源识别是创业资源整合的起始阶段；资源控制是创业者根据原有计划和资源识别结果，尽可能利用手头资源和自身能力去获取并控制那些尚无法得到的资源，从而为资源的配置和利用奠定基础；资源利用要按需分配，将资源放到企业最需要的位置上，使之转化为企业内部的独特优势，同时应避免资源沉淀；资源开拓则为下一轮的循环奠定基础。

四、创业资源整合策略

创业资源整合是通过对不同来源、不同层次、不同结构、不同内容的资源进行选择、汲取、配置、激活和有机融合，从而形成新的核心资源体系的过程，是一个复杂的动态过程。

缺乏资源的创业者渴望获取资源，自身的实力弱、没有经营业绩、成长的不确定性等多方面因素又使得创业者难以获得资源。不少创业者不得不把自己的积蓄投入到自己创建的事业中，即"自我融资"。此外，创业者会向家人、亲戚、同学、朋友等寻求支持，获得帮助。创业者还可以通过建立社会关系，构建或加入社会网络，强化自身的社会资本。基于对初创企业资源整合实践的分析和总结，学者们提出了创造性整合、步步为营、拼凑、杠杆效应四种被普遍接受的资源整合模式。

（一）创造性整合

创造性整合是指在资源束缚条件下，创业者为了解决新问题、实现新机会，发现已有资源的新用途，利用新途径创造出新的独特服务和价值。例如产品颠覆式创新最具代表性的案例就是苹果手机，苹果手机创新的原点在于乔布斯的观念创新，他认为手机不是冰冷的通信工具，而是充满人性温度的娱乐产品。这个观念创新让乔布斯重点突破了苹果手机的音乐、拍照、上网等人性化的娱乐功能。没有乔布斯的这个观念创新，苹果手机的技术创新便成了无源之水、无根之木。事实上，创业者可以通过在已有元素中加入一些新元素从而形成在资源利用方面的创新行为，进而取得令人惊奇的成果。成功的创业者大多都是资源整合的高手，创造性地整合资源是他们成功的关键因素之一。

（二）步步为营

"步步为营"是由美国学者杰弗里·康沃尔在其专著《步步为营：白手起家之道》中提出的，他对创业者选择步步为营的方法总结了以下九条理由：①企业不可能获得来自银行或投资者的资金；②初创企业所需的外部资金来源受到限制；③创业者推迟使用外部资金的要求；④创业者自己掌控企业全部所有权的愿景；⑤是可承受风险最小化的一种方式；⑥创造一个更高效的企业；⑦使自己看起来"强大"，以便争夺顾客；⑧为创业者在企业中增加收入和财富；⑨审慎控制和管理的价值理念。

他指出，步步为营不仅是一种做事最经济的方法，还是在有限资源的约束下获取收益的方法。它不仅适用于小企业，还适用于高成长企业和高潜力企业。具体到创业资源整合实践中，"步步为营"是指创业者在资源约束的前提下，在每个阶段投入最有限的资源，稳扎稳打。它尤其适用于初创期。"步步为营"理念体现在资源的节俭。这样，创业者一方面要有能力设法将资源的使用率降到最低，以至将成本降到最低，进而降低管理成本；另一方面要能够自主、自立、自强，以便减少对外部环境的依赖，达到降低经营风险的目的，加强对所创事业的控制。这实质上体现的是一种能力，一旦具备这种能力，创业者就会向成功步步靠拢。

创业办公用房支出、管理费用、税金缴纳等也是一笔不小的开支。因为不管使用与否，一旦租用办公场地，开展经营活动，就得定期支付不菲的租金、税金等。近年来，地方政府积极响应国家"双创"号召，设法为企业尤其是小微企业提供租金低廉或免费的创业园区、孵化器或创业服务中心，减免相关税费等。如果创业者能合理利用这些便利，便可有效地降低成本，渡过初创期难关。

（三）拼凑

"拼凑"一词最早由人类学家列维·施特劳斯提出，以说明早期人类对现实世界的理解是一个递进过程。在已有元素的基础上，不断替换其中一些元素，形成新的认识。从字面上理解，拼凑就是修修补补，凑合着用。拼凑是指在资源束缚下，创业者通过对手头有限资源的创造性整合和利用，创造出独特的服务和价值。拼凑常见的思路是：①通过加入一些资源以实现有效组合从而改变结构；②这些加入的资源往往是手边已有的东西，尽管不是最好的，但可以通过一些小技巧或小窍门组合在一起；③这些创新行为往往会带来一些意想不到的结果。例如购买废弃的二手设备替代昂贵的先进设备，创业者通过身兼数职或者"上阵父子兵"来弥补员工不足。从创业角度看，拼凑主要是指尽量运用手边的资源，凑合着用，以达到创业者的目的。

事实上，潜在创业者并不是真正的"一无所有"，而是因为不敏感或能力不足而对自己手头拥有的东西视而不见。其实，不少成功创业者都是创业资源方面的拼凑"高手"，他们善于用发现的眼光，洞悉身边各种资源的属性，然后将它们创造性地整合起来。这种整合有时是突如其来的情况下摸索前行的结果。

拼凑的重要特点就是为达到其他目的重新整合已有的资源，是一种不得已而为之的应急方法。因为市场瞬息万变，经常会遇到一些以前没有遇到的问题，所以这些问题需要快速解决。而解决这些问题一时也没有更多的资源，只能看手边有什么资源可用。长此以往会使创业者陷入"头疼医头，脚疼医脚"的无序的自我恶循环的惯性状态。这就要求创业者在进行资源整合时，有所为有所不为，即创业者要学会慧眼识"物"，善于识别资源、积累经验、完善制度，从而建立一种有效的应对办法，同时还要有动手的能力，及时运用身边的资源去解决问题，善于拼凑的企业也因此逐步走上正轨。

（四）杠杆效应

杠杆效应是指用较小的力气通过支点撬动较大的物体，后引申到其他领域，意指用较小的投入获得较大的产出。美国著名的投资者罗伯特·库恩（Robert Kuhn）说过："一个企业家要具有发现价值和创造价值的能力，要具有在沙子里找到钻石的功夫。"识别一种没有被完全利用的资源，能看到一种资源怎样被运用于特殊的方面，说服那些拥有资源的人让渡使用权，这意味着创业者并不被他们当前控制的或支配的资源限制，用大量创造性的方式，杠杆性地撬动资源。

每个人所拥有的资源是有限的。在日常生活中，由于人们很少开展较大范围的经济活动，因此对缺少资源感觉不明显。一旦从事创业活动，资源不足就会显得特别突出。杠杆是指当企业内生资源不足或短期内难以获取，而外部资源存在闲置或浪费时，企业通过核心能力构建资源杠杆，以快速撬动外部资源为己所用的方式。这里的"杠杆"可以是资金、资产、时间、能力、关系和品牌。对创业者而言，教育背景、相关经验、个性品质、专业技能、信誉、资格等个人的能力和素质最容易产生杠杆效应，实现在全社会范围内资源使用的最大效用。对初创者来说，由于资金缺乏，时间紧迫，因此最合适的杠杆就是创业者个人的素质和能力，善于利用一切可以利用资源的能力。杠杆效应能以最小的付出或投入来获取最多的效益。

杠杆资源效应体现在以下几个方面：

1. 比别人更加延长地使用资源

"资源在自己手里"总是比"资源被掌握在他人手里"要强，这是任何创业者都会认识到的。但是，如何更长久地占用资源，则需要企业采取合法合理的手段。一个典型的思路就是对供应商采取先货后款，而对购买方采取先款后货的方式，从而把现金流最大限度地留给自己。为了达到这一目的，需要企业在市场中拥有足够的话语权，只有拥有了技术、市场、营销等优势才能在谈判中有足够的筹码。

2. 更充分地利用别人没有意识到的资源

日常生活中，有些平时无人关注乃至避之不及的东西在另一个环境下很有可能就会派上大用场，更何况还有更多的资源只是闲置得不到有效利用。这些资源不见得一定是废弃的材料，比如旧发动机或者旧主板、发电工厂的余热、裁切的边角料、生产的副产物等。如何从这些无人察觉的资源中挖掘商机，就体现出创业者与普通人的差别。

3. 利用他人或者其他企业的资源来完成自己创业的目的

这也是所有创业者都应该了解的创业项目必需的生存方式——利用外部资源。一些外部资源对于创业者几乎是无偿获得的，它们只需要证明自己满足使用的资格，例如政府的支持资金和场地，提供协助的志愿者，或者行业前辈和创业成功者的建议与指导。利用这些资源在很大程度上会使创业事半功倍。

4. 将一种资源补足另一种资源，从而产生更高的价值

杠杆效应并非意味着等价交换，而是利用少量的代价获取不等值的资源。在自由竞争的

社会，指望用低价获得高质量的资源都是空谈，利用杠杆效应获取资源的更多情况是指利用不可估价的资源来交换，比如用智力资本作为筹码换取资金投资。正是因为知识、技能、经验等这样的资源无法量化，才可能出现用看似较小的代价换取大量资源的情况。

5. 利用一种资源弥补其他资源

这是创业者所面临的无奈的选择之一。这时候不是用少量自身资源换取大量外部资源，而是反过来用自身所拥有的资源弥补欠缺的资源。这种弥补的代价可能会很大，比如用团队大量的时间与精力却只争取到了很少的投资，但是由于获得的资源是自己所稀缺的，因此二者相加之后带来的整体收益仍然会是正的，也就是资源复合在一起可产生更大的价值。

对创业者来说，容易产生杠杆作用的是其社会资源或社会资本。社会资本有别于物质资本、人力资本，它存在于社会结构之中，为社会结构之间的行为者进行交易与协作等特定活动提供便利资源。创业者个人的社会网络提供了开拓不同市场的信息，通过社会网络中的亲朋好友将企业有关的信息传递给创业者，给创业者提供了创业的机会。其实，大公司也不只是一味地积累资源，它们更擅长于用资源换取资源，进行资源更新和重整，积累战略性资源。初创业者更应该学习其中的经验和技能。

本 章 小 结

本章详细阐述了创业资源的内涵和类型，分析了创业资源与一般商业资源的异同，介绍了人才及技术、资金、社会资本在创业中的作用。了解影响创业资源获取的因素有利于提升创业者掌握获取资源整合的途径与技能。本章重点分析了创业资源的整合机制与过程，使创业者能够科学、合理、适时地进行资源整合，对提高创业团队生存与发展能力，取得创业成功，有着专业的指导作用和积极意义。

复习思考题

1. 结合创业实际，谈谈什么是创业资源。
2. 创业项目资源有哪些类别？
3. 影响创业者进行资源整合的因素有哪些？
4. 简述从哪些途径可以获取创业资源。
5. 创业资源的整合策略是什么？

案例分析　蒙牛集团创始人牛根生的创业故事

牛根生于 1978 年参加工作，成为呼和浩特大黑河牛奶厂的一名养牛工人。1983 年，他进入乳业工厂，从基层干起，直至担任伊利集团生产经营部的副总裁。1998 年，他离开伊利集团，到北京大学进修，在他的脑海中迸发出创建蒙牛的想法。

1999 年 1 月，蒙牛正式注册成立。刚成立的蒙牛，牛根生明白自己的弱势是"无市场、无工厂、无奶源、无品牌"的"四无"状态，于是牛根生开始进行资源整合。

　　没有奶源怎么办？蒙牛采取了一种"逆向经营"的模式。他和一些由于经营不善即将倒闭的小规模的乳制品工厂合作，用它们的工厂、工人和生产设备，自己进行经营管理。做蒙牛的品牌。所以，蒙牛前期是没有自己的工厂和奶源地的，但是后期慢慢发展起来了。同时，他对农村信用社进行整合，与政府联手打造农村扶贫工程。农民到信用社贷款买牛，蒙牛品牌做担保；他们的奶牛产出的牛奶，由蒙牛负责包销。就这样，蒙牛以最少的成本既解决了奶源问题，又赢得了扶贫的好名声。

　　没有品牌、想要把品牌做大怎么办？这就得有品牌知名度。那么，牛根生是怎样提高蒙牛知名度的呢？牛根生创业之初推出的第一条广告就是"向伊利学习，为民族工业争气，争创内蒙古乳业的第二品牌"。蒙牛通过把标杆定为伊利，很快消费者就认识了蒙牛，也记住了蒙牛是内蒙古乳业的第二个品牌。

　　随后，蒙牛喊出"草原品牌一荣俱荣，一损俱损"的口号，进而提出"为内蒙古喝彩"的口号，努力寻求与竞争对手的和睦相处之道，实施"共生共赢"战略。

　　在企业得到快速发展后，蒙牛又推出大型户外广告牌："我们共同的品牌——中国乳都·呼和浩特""为内蒙古喝彩！千里草原腾起伊利集团、兴发集团、蒙牛乳业⋯⋯"。在冰激凌的包装上，蒙牛直接打出了"为民族工业争气，向伊利学习"的字样。蒙牛表面上似乎为竞争对手免费做了广告，实际上是为自己做了广告，默默无闻的蒙牛正好借了竞争对手的"势"，出了自己的"名"。

　　资料来源：http://chuangye.yjbys.com/gushi/anli/596107.html（经整理加工）。

【问题】
　　1. 蒙牛的资源最初从何而来？
　　2. 你从蒙牛资源的整合过程中得到什么启发？大学生若准备创业，则如何有效地整合资源？

第六章 | 创业计划书

学习目的与要求

- 了解创业计划书的目的和用途
- 掌握创业计划书的主要内容
- 了解创业计划书的撰写原则与技巧

学习重点与难点

重点： 创业计划书的编制

难点： 创业计划 PPT 展示；不同创业计划书的侧重点与要求

引导案例

没有创业计划书的初创企业只是一个"昂贵的爱好"

如果你有成功创业的经验，即使是最保守的投资人，可能也不会担心你的下一个创业计划的质量。但是，对大多数人来说，千万别相信所谓的"硅谷神话"——把你价值百万美元的点子写在餐巾纸的背面，投资人就会蜂拥而至。

毁掉初创企业及其信誉的最快办法之一就是递交一份糟糕的创业计划书，甚至根本没有计划。如今，真的很难为没有创业计划书这件事找到借口，因为网络上就能找到例文，每家书店也都有创业计划方面的书籍，还有很多手机应用可以自动完成草拟过程。

一份好的创业计划书不必像一本书那样厚，也不一定要附上大量的财务报表。大多数较好的创业计划书只有25页，它足以详尽地介绍你的创业计划的内容、时间、地点以及具体实施步骤。计划必须简要地回答每一个相关问题，所有你能想象到的来自你的团队、你的合伙人和投资人的问题。

事实上，组织和撰写报告的过程是你确定自己能够回答这些问题的最好途径。你想从开发商手里买一栋房子，或者自建住房，但是没有关于时间、价格和房屋特征的计划书，你觉得靠谱吗？显然，答案是否定的。大多数投资人倾向于把没有计划的初创企业当成一种"昂贵的爱好"。

虽然没有一种神奇的公式能让你按照一定的格式和顺序写出正式的创业计划书，但是你可以按照以下顺序陈述相关内容：经营概要、问题和解决办法、公司简介、市场机会、商业模式、竞争分析、市场推广及销售策略、管理团队、财务预测、退出策略。

省略其中一项或更多主题的创业计划书是不完整的，仅提供部分计划就浪费了大好机会，无法给投资人留下深刻印象。你只需要多做点额外工作就能让它变成一份专业的文件，包括封面、目录、标题和页码。不要试图使用技术术语、行话和缩略语来打动投资人。

如果你没有时间撰写计划书，或者你的写作技巧不尽如人意，别担心，你可以找人帮忙。没有一个总经理会自己起草全部合同，但是每个聪明人都有一个能为自己写东西的人，而且这个人对所有情况了如指掌。不能设法制定创业计划的企业家恐怕也管不好一家新公司。

当然，如果你还没有了解计划书的所有要素，现在就来学习一下吧。首先要进行自我检视，找到一位具有商业经验和专业知识的指导者或者合伙人，帮你制订一份具有可行性的创业计划。也许你的想法在技术上是正确的，但是如果没有创业计划，它可能就会夭折，这是谁都不愿看到的。

一般来说，制订了优秀创业计划的企业家有更多机会获得投资，企业也更容易成功。在任何情况下，特别是在初创企业这个成功率低于50%的高风险领域，你必须占据先机。

资料来源：https：//wenku.baidu.com/view/8bf3b38a0242a8956aece457.html（经整理加工）。

思考：
1. 初创企业为什么要撰写创业计划书？
2. 投资者更青睐什么样的创业计划书？
3. 创业计划书写作的技巧有哪些？

第一节　创业计划书的目的和用途

创业计划（Business Plan），又称商业计划，是创业者为其产品或服务取得风险投资的可行性报告。创业计划书作为书面文件，全方位描述与创立初创企业有关内外部环境条件和要素，旨在阐述商机的意义、要求、风险和潜在收益，以及如何抓住这个商机。它涵盖初创企业创立过程中所涉及的市场营销、生产与运营、产品研发、管理、财务、关键风险以及一个完成目标任务的时间表。

没有创业计划的初创企业只是一个"昂贵的爱好"。创业计划书是大多数初创企业融资必备的"敲门砖"，好的创业计划会为企业融资顺利铺路，而编写创业计划书也是企业审视、分析自身及产品的好机会。

对创业者而言，资源就像画家手中的颜料和画笔，只有当他们有了创作灵感的时候，才会在画布上挥毫泼墨。创业者心目中的画布就是创业计划书。虽然有些创业者并没有为他们新创建的企业撰写创业计划书，以及有些管理者认为"创业计划书从打印机输出的那一刻起就过时了"，但是，撰写创业计划书对于需要融资的创新型企业来讲，不仅是相当必要的，而且是创新型企业获得创业资本和资源的重要工具。

一、撰写创业计划书的目的

（一）有助于创业者厘清创业思路，明晰企业发展蓝图

众所周知，建筑高楼大厦要先设计工程图纸，然后才能施工。这一原则同样适用于创建创新型企业。单看画布本身是空而无物的，关键是要通过创业计划书的描绘，看能否实现以及怎样实现。创业过程中存在诸多不确定性，所以计划对于任何工作制胜都是必不可少的。

创业计划书是一项集劳动性、创造性和重复性于一体的工作。在编写创业计划书的过程中，整个创业团队会针对企业未来发展进行思考，通常需要花上数日或者数个星期进行市场调查研究分析，同时在撰写过程中还能够促使创业团队仔细考虑企业的各个方面，在一些重要的目标和事项上达成共识。一份明确愿景规划的创业计划书对创业团队和员工都是十分必要的，它能将创业团队中的各个成员有序地串联起来，成为创业团队沟通的语言和凝聚团队力量的重要工具。

创建新企业犹如作战，创业计划书如同作战计划书，是管理初创企业的"第一份"纲领性文件和执行方案。创业计划书有助于创业者提炼和梳理，将创业思路、创业团队和资源呈现出一幅清晰的新企业面貌——企业是什么（Who）？发展方向是什么（What）？要怎么做（How）？这有助于创业者厘清创业思路，分析市场和用户，找到好的定位和切入点，明确产品逻辑和业务走向，规划发展路径，搭建团队，定制资金规划，从而明晰企业发展蓝图、发展战略、资源部署以及人员匹配要求。由此可见，没有任何方式比落实到纸上更能帮助创业者有效地检验创意的逻辑性与一致性。

（二）有助于创业者审时度势，客观理性地评判创业行为

创业计划书能让创业者的交流和视野聚焦在重点上。创业者在制订创业计划的过程中会发生思维的碰撞，同时由于创业计划书涉及企业的诸多方面，难免有不妥或遗漏之处，有些创意听起来可能很棒、很诱人，但是，当把所有的细节和数据写下来的时候，创业者就会发现创业活动与个人目标和期望并不一致。因此，创业计划书所包含的产业分析、市场分析以及财务分析，将使创业者更加全面、更加清醒地检查企业预期成就与现实之间的差距。创业计划书使目标得以量化，为创业者预测与实际结果提供可度量的标准。同时，作为企业的"自我推销"文件，在供外部读者评估审阅时，有机会得到他人的指导，使计划更加切实可行。

此外，创业计划书有助于企业提前预警，及时止损。当创业者发现这条路行不通时，应立马回头，及时撤退，调整方向，通过另一条创意之路走向成功，这又何尝不是一种胜利？这就是我们常说的"有一种胜利叫撤退，有一种失败叫占领"的应变策略。正如瑞士军事理论家约米尼所说："一次良好的撤退，应和一次伟大的胜利一样受到奖赏。"那么，此时创业者做出放弃创办新企业的决定，应被看作一种"成功"。古人云："善败者不亡。"善败者就是能够正确对待失败的人，善于在失败中总结经验的人，这样的人才是最有希望获得成功的人。

（三）有助于初创企业可靠性的塑造，吸引投资者关注

创业计划书的撰写是"创业者对时间和金钱的绝佳投资"。制订创业计划本身是一种综合技能，需要制订者具有管理、销售、人事、财务、法律等多方面的相关知识。它可以使前景尚不明朗的商机逐渐显示出较大的发展潜力。因此，在创业之初，一份含金量高的创业计划书有助于初创公司可靠性的塑造，从而吸引投资者的关注。

众所周知，资金是一个企业运行不可或缺的原动力。投资人会感兴趣的资本市场永远不差钱，而缺的只是有创新、有创意的项目。创业计划书的好坏，往往决定了投资交易的企业是否有兴趣合作。创业计划书包括企业成长经历、产品服务、组织人事、融资方案等。只有内容翔实、数据丰富、体系完整、装订精致的创业计划书才能吸引投资者，让他们看懂创业者的创业计划，清晰地了解企业今后的发展前景，才能让他们做出正确的判断，使融资需求成为现实。

由此可见，要认识创业计划书的价值所在，不在于创业计划书本身，而在于形成完整创业计划书的过程。

二、撰写创业计划书的用途

（一）明确目标方向

市场定位（找方向）理应摆在创业的首要位置。正如品牌营销大师杰克·特劳特所说："商业成功的关键，是在顾客心智中变得与众不同，这就是定位。对于商家来说，真正的战争发生在用户的心智中，要集中全力、聚焦一点，去抢占人们的一个心智模块，以至于让他产生'条件反射'式的心理链接"。

创业计划书的起草与商业本身一样是一个复杂的系统工程，对于创业者而言，所选择的创意（项目）即代表了创业方向，在很大程度上决定了未来。如果创业者一开始就把方向搞错了，那么最后到达的地方可能离目的地相差甚远。在方向正确的前提下，时间就是朋友，走反了，时间就是敌人。

（二）运营行动指南

具有战略思考和可操作性的创业计划书是创业全过程的纲领性文件，是创业者决策保障的工具，是创业实践的战略设计和现实指导。有了创业计划书，创业者就能对项目有更加清晰的认识。一份完整的创业计划书包括企业创业的竞争分析、战略规划、发展策略、职能设计、运营时间表等内容。创业计划书提供了企业全部的现状和未来发展的信息，阐明了企业要达到的目标以及如何达成，是创业的行动指南和路线图。同时，创业项目的愿景、使命、目标也会越来越清晰，这会进一步增强创业者的自信，使创业者在创业实践中有章可循，更有效地对企业进行管理，对经营更有把握，也有助于后面的路更好走。

（三）降低错误概率

美国著名风险投资家尤金·克莱纳说过："如果你想踏踏实实地做一份工作的话，写一份创业计划书，它能迫使你进行系统思考，有些创意可能听起来很棒，但是当你把所有的细节和数据都写下来的时候，它自己就崩溃了。"从实际来看，一些创业者在创业前比较仓促，对创业项目的可行性进行调研的深入程度不够就匆忙实施，结局是可想而知的，市场往

往会给他们无情的打击。因此，当创业者在创业初期，本着严谨、务实、科学的精神，有必要编制较为详细的创业计划书，虽然创业计划不能鉴别和消除那些不稳定的因素，但可以使创业者在事件发生时有所准备，为避免致命的错误提供方向。一份合理的创业计划，可以防患于未然，提前统筹安排，使创业者少走弯路，节约时间和精力，更有效地实现预期的目标。

（四）提高融资效率

诚如金融投资家所言："寻找资金没有窍门，唯有好的想法、好的技术、好的管理、好的市场，外加一份好的创业计划书。"如果创业计划书能清晰地展示项目的优势、市场空间、成长潜力、盈利回报等，语言流畅，充满激情和睿智，有严谨的调查数据支撑，那么，投资者就会很容易地把这些优点与创业者本人的能力勾连起来，更乐意进行投资，这会极大地提高初创企业的融资效率。

（五）获取政策支持

政策支持是保障企业成长的重要因素之一。近年来，在国家"双创"政策的推动下，政府从各个方面给予创业活动极大的支持，尤其是科技型中小企业、小微企业。优秀的创业计划书是企业获取政府政策支持和资金支持的"通行证"，也是企业进入创业孵化园区的必要条件。此外，凭借优秀的创业计划书，企业还可以获得国家和地方各级政府的税收减免、无息贷款等政策支持。

（六）增加合作机会

高质量的创业计划不仅是创业融资和政策支持的"敲门砖"和"通行证"，还是吸引潜在投资者、供应商、商业合作伙伴以及应聘者的"兴奋剂"。一份精心构思和前景良好的创业计划书成为表达企业和赋予企业人格化的证明，能够极大地激发企业内部员工和外部利益相关者（即潜在的投资者、商业伙伴、供应商、服务商、顾问、关键职位应聘者等）的兴趣。创业计划书既能描述企业发展前景和成长潜力，使员工对企业和个人的发展充满信心，并为实现目标而努力工作；也容易吸引社会上的高端人才，获得很多优秀的人力资源。而供应商是否愿意以合作的方式向初创企业提供资源，将取决于其对初创企业及其前景的支持和信任程度。创业者要通过创业计划书让客户充分了解相关信息，使之增强对企业和产品的信心，从而购买企业所提供的新产品，并建立长期稳定的合作关系。

由此可见，撰写一份高质量的创业计划书是初创企业实现跨越式发展的重要条件之一。

第二节　创业计划书的主要内容

创业计划书的起草与创业本身一样是一个复杂的系统工程，不但要求创业者对行业、市场进行充分研究，而且还要求创业者有很好的文字功底。对于一个发展中的企业，专业的创业计划书既是寻找投资的必备材料，也是企业对自身的现状及未来发展战略全面思索和重新定位的过程。

创业计划书是将有关创业的想法，借由白纸黑字最后落实的载体。创业计划书的质量往往会直接影响创业者能否找到合作伙伴、获得资金及其他政策的支持。如何撰写创业计划书呢？要依目标，即根据创业计划书的对象而有所不同，比如，是要给投资者看还是要给银行看。根据不同的目的来写，创业计划书的重点也会有所不同。

一般来说，在创业计划书中应该包括产品介绍、商业模式、市场分析、发展规划、竞争分析研究、团队介绍、财务规划与预测、融资需求、退出机制等内容。

一、外在表现

(一) 封面 (标题页)

封面和目录是创业计划不可或缺的组成部分。封面应包含最重要的基础信息，包括创业计划书编号、保密要求、公司名称、项目名称、地址、团队负责人联系方式、公司主页、公司标志 (Logo)、日期等。一个好的封面会使阅读者产生最初的好感，形成良好的第一印象。封面的设计要有审美观和艺术性，简洁而不平庸。

(二) 目录

通常一份创业计划书在封面后面排目录，目录标明各部分内容及页码，以方便阅读者查找。通常要求目录简洁、规范、清晰，这里要注意目录页码同内容的一致性。

(三) 附录

附录 (Appendix) 一般置于创业计划书的最后，是对主体部分的补充。不宜放入正文的所有材料都应放在附录中，如创业者团队成员简历、产品图片、具体财务数据和市场调查结果等。

(四) 致谢

致谢通常有写作规范，不能任意行文。首先，态度要端正，措辞要恰当。其次，可以简要陈述写作过程。最后，要表明对此次创业计划书撰写过程参与编写、指导和帮助的其他人表示感谢。

二、内在表现

(一) 项目概要

项目概要又称执行摘要，是对整个创业计划的高度概括，是整个创业计划书的中心思想和内容浓缩，起到提纲挈领的作用，能够让阅读者迅速掌握创业计划传递的重要信息。很多投资者都是在读完这部分内容后决定是否继续读下去的。这部分内容常作为单独的文件供需求方阅读。

对这部分内容的要求是：尽量简明、生动地叙述产品的创新特性与功能、商业模式、市场分析、发展规划、竞争优势、团队情况、财务规划与预测、融资需求、退出机制等内容。通常叙述顺序应当与创业计划书一致，突出创业的必要性与需求的真实性。

(二) 公司简介

这部分内容的目的不是描述整个计划，也不是提供另外一个概要，而是对创业者的公司做出介绍，(包括公司的产品或服务，产品和服务的用途和优点，以及有关的专利、著作权、政府批文等)，主要回答"公司做什么"的问题。因此，重点是介绍公司理念和如何制定公司的战略目标。

1. 公司描述

对于初创企业，公司简介主要描述创业动机、企业发展目标和方向、企业战略和社会使命。对于成长期的企业，这部分需要简要描述公司相关行业背景、发展历程、成果、公司组织形式等，公司的财务状况、竞争优势及未来发展潜力都可以进行描述。

2. 企业愿景、使命和价值观

企业愿景（Vision）是一幅描绘企业期望成为什么样子的图景，从广义上讲，就是企业最终想要实现什么。愿景指明了企业未来的前进方向，它能够帮助企业员工了解自身在企业中的职责，同时员工也会面临相应的压力和挑战。

企业使命（Mission）比愿景更加具体，指明了一家企业在经济发展过程中所承担的角色和责任。它是企业的根本性质和存在的理由，表明了企业的经营领域、经营思想，为企业目标的确立与战略的制定提供了依据。

企业价值观（Value）是指企业及其员工的价值取向，是企业在追求经营成功的过程中所推崇的基本信念和奉行的目标。从哲学上说，价值观是关于对象对主体有用性的一种观念。而企业价值观是企业全体或多数员工一致赞同的关于企业意义的终极判断。简而言之，企业的价值观就是企业决策者对企业性质、目标、经营方式的价值取向所进行的选择，是被员工接受的共同观念。

（三）产品/服务/技术

在产品（服务）介绍部分，需要描述创业者的产品和服务到底是什么，有什么特色，具体是怎么做的，取得了什么样的效果。初创企业要一句话概括所做的产品或服务，发现了什么需求，解决了什么痛点。这里主要是产品逻辑要清晰，痛点描述要清楚。投资人更想了解的是产品或服务是怎样解决客户需求和痛点的，因此，对产品（服务）的说明要准确，通俗易懂，使投资者能看明白。一般来说，产品介绍都要附上产品原型、照片或其他介绍，包括产品的性能、特点、市场竞争力、研发过程等。

如果是高新技术企业，还要对相关技术及其企业研发情况进行分析，包括企业技术来源与原理，技术先进性与可靠性，公司技术研发力量和未来发展趋势，公司研究开发新产品的时间进度，技术专利申请、权属及保护情况，技术发展后劲和技术落后储备等。这些分析能使投资者对公司技术研发队伍的实力以及公司未来发展对技术研发的需要有所了解。

（四）市场分析

市场分析主要是了解和把握痛点背后的商业价值有多大。

1. 行业分析

行业市场分析主要是根据产品或服务评估企业所在行业的基本情况，正确评价所选行业的基本特点、市场容量、国家有关政策、竞争状况以及未来的发展趋势等内容，使投资者对产品或服务的环境有所了解。

关于行业分析的典型问题如下：

1）该行业发展程度如何？现在的发展动态如何？

2）创新和技术进步在该行业扮演着一个怎样的角色？

3）该行业的总销售额有多少？总收入为多少？发展趋势怎样？

4）价格趋向如何？

5）经济发展对该行业的影响程度如何？政府是如何影响该行业的？

6）什么因素决定着它的发展？

7）进入该行业的障碍是什么？创业者将如何克服？该行业典型的回报率有多少？

2. 目标市场分析

市场大并不代表有需求。目标市场分析是要告诉投资人产品要卖给谁、市场在哪里、机会在哪里。

那么，这需要界定目标市场，是既有市场既有客户、既有市场去开发新客户，还是在新市场去服务既有客户或在新市场开发新客户。不同的市场不同的客户对应不同的营销方式。销售时要知道真正的客户在哪里，产品对客户有什么样的利益，要用哪种营销方式，通路是直销还是要找经销商，怎样去定位、上市、促销，这些都与市场规模、市场占有率和每年成长的潜力有关。

3. 竞争分析

《孙子兵法》云："知彼知己，百战不殆。"投资人的收益不仅与创业者是否做得好有关，也与其竞争对手的强弱变化紧密关联。对竞争对手情况的分析，对于投资前景的判断和项目收益预测至关重要。

下列三种情形尤其要做竞争分析：①要创业或进入一个新市场时；②当一个新竞争者进入自己在经营的市场时；③随时随地做竞争分析，这样最省力。竞争分析可以从五个方向去做：①谁是最接近的五大竞争者；②它们的业务如何；③它们与本业务相似的程度；④从它们那里学到了什么；⑤如何做得比它们好。

把竞争对手列出来，将各自的侧重点和业务方向描述清楚，既有助于投资人了解在这样的竞争环境中创业者的立足点，也有助于创业者分析产品的差异性。

需要注意的是，创业者在分析竞争对手时不要回避，不要顾左右而言他，不要说绝对的话而造成投资人的质疑。有其他企业在做同样的事不可怕，重要的是创业者能不能对这个产业和行业有一个基本了解和客观认识。

（五）商业模式和发展规划

1. 商业模式

商业模式部分主要是说明企业是怎样盈利的，包括向谁提供产品或服务，产品或服务的主要内容是什么，以及产品或服务是如何制作与提供的等。这部分内容最好简单明了，让投资人一看就知道企业是怎样赚钱的。

投资人需要的是能够把钱当作自己的钱来花并能持续看涨的创业者，因此一个切实可行、可靠并且有盈利期望的盈利模式是投资人最关心的事。

2. 发展规划

产品或服务做出来以后，创业者就要考虑怎样推广，用多少时间做到多少的用户量，企业怎样去扩展，希望有多大的市场份额，一步一步地规划企业长远的发展。毕竟投资人投资的不只是产品，而是这家企业，需要了解这家企业长远的发展。所以，创业者要能细分到自己一年内做的事，列出自己超越竞争对手的关键点以及一年期的工作要点。

（六）生产和运营计划

这部分主要介绍初创企业的日常生产与运营问题。生产和运营计划必须包括企业选址、必需的设施设备、劳动力可得性要求等。

对制造型企业而言，要说明库存控制、采购、生产控制以及外包原则。对服务型企业而言，要说明接近客户的选址原则、日常开支最小化和富有竞争力的劳动生产率。生产和运营计划通常包含以下内容：

（1）运营周期

说明企业基本营运循环的交付/延迟时间，解释如何处理季节性生产任务。

（2）地理选址

说明选址计划，包括所做的选址分析；从劳动力的可得性、客户或供应商的可接近性、运输的可到达性、公共设施的可利用性等方面来讨论选址的区位优势和劣势。

（3）产品制造和技术设备现状

说明初创企业如何获得生产所需设施设备以及何时取得，讨论设施设备是租赁还是购买，并指出使用成本及时间，以及使用融资资金购买设施的计划，解释未来三年的设备需求以及扩充计划。

（4）质量控制和质量改进计划

描述生产过程以及部分零配件的外包决策，根据库存资金压力、可供劳动力技能、生产成本等因素拟定外包战略；讨论潜在的分包商和供应商情况，列出一份生产计划，包括可用原材料、劳动力、零部件、日常性开支情况，说明质量控制、生产控制、库存控制的方法。

（七）营销计划

营销计划主要描述初创企业将如何制定营销策略以达到预期销售目标的状况。它通过总体营销策略、定价策略、销售过程和促销组合以及销售渠道等方面讨论营销计划的具体细节。

营销计划通常包含以下内容：

（1）产品策略

强调产品的哪些特征（即质量、价格、交货、保修或培训）可以增加销售量，以及哪些创新或不同寻常的营销概念会提高客户对产品的需求度，并指出产品最终是否会被引入国际、全国和地区市场，并解释原因。

（2）定价策略

讨论产品的价格，并把定价原则和主要竞争对手的定价策略做比较；讨论产品的成本和最终销售价格之间的毛利润，指出该利润是否足以弥补分销、保修、培训、设备折旧、价格竞争等花销的成本，并仍有利可图；描述所定的价格如何使客户接受，在面临竞争时如何持续增加市场份额以及产生利润。

（3）分销渠道策略

描述拟采用的分销方式和分销渠道，指出产品运输成本占销售价格的比例大小，如涉及国际销售，应注明将如何处理分销、运输、保险、信贷和托收等销售事宜。

说明出售产品将采用的方法（如组建 DIY 销售队伍、网上购物或利用分销商、现存的销售组织），以及短期和长期的销售计划，讨论最终给予零售商、分销商、批发商和销售人员的利润以及有关销售折扣、独家代理权等销售政策，并把这些战术与竞争对手的销售策略做比较，说明拟用销售方法可实现的销售量，列出销售员每年的预期销售量以及可获得的佣金、奖励或薪酬，并把这些数字同行业平均数做比较，列出一张销售预算，包括所有的营销推广成本和服务成本。

（4）促销与广告策略

描述初创企业将使用何种方法来使产品吸引客户的注意力，说明拟采取的促销与广告策略，列出一张促销与广告的日常开支预算表，并讨论这些成本是如何产生的。

（八）管理团队与组织结构

在评估创业团队管理能力时，投资者首先要了解创业团队的情况。如果创业团队不是一流的，哪怕有绝妙的创意，大多数投资者也会选择放弃。所以，企业融资最应该关注的是团队。

此外，创业计划书要突出团队项目的经历和经验与当前项目的匹配之处。也就是说，需要介绍团队主要成员的背景和特长，强调个人能力适合该岗位，团队项目的经历和经验与当前项目的契合度。

这部分材料应包括描述创业者团队必须具备的职能、关键管理人员及其主要职责、企业的组织结构、董事会、所有其他投资者的股权状况、专业顾问和服务机构等。使投资者了解管理团队的能力，增强投资信心。

创业者团队计划通常包含以下内容：

（1）组织

列出企业关键管理人员（最好附上组织结构图），说明现在和过去关键管理人员合作共事的情况，这样可以表明他们的技能是如何互补的，并因此形成一支高效的管理团队。

（2）关键管理人员

描述每个关键人员的职责及其职业生涯的精彩部分，包括从业或受雇经历、教育背景、目前职位、个人能力和历史业绩等，特别是专门技术、技能和业绩的记录，这些可以证明他们各自所分配职位的能力。很多情况下，都要以附录的形式呈现。

（3）管理层薪酬及股权

说明要支付的薪酬、计划安排的股票所有权和管理团队每个关键成员股权投资的数额，包括认股权、比例和特权。

（4）其他投资者

描述企业里的其他投资者以及具有较多股份的其他投资者所占的股份比例。

（5）董事会

描述董事会人数和构成情况，指出所有拟定董事会成员的背景及他们能为企业带来的益处。

（6）顾问及服务机构

列出所选定的法律、会计、广告、咨询、银行顾问、创业天使导师的名字和所属公司，以及他们将如何帮助企业实现目标。

这里要强调的是，一定要有团队，稳定的团队有利于融资。同时，不要简单地把一群"牛人"聚在一起，要注意区分合伙人和普通员工，不要让投资人以为股权划分有问题。团队背景固然重要，但一旦项目正式启动，投资人关注的就是核心成员之间的默契和互补性以及项目本身的发展速度了。

（九）财务需求计划

财务分析部分是创业计划书内容的数字化展示。这部分应该使用财务数据展示创业成功的可行性。投资者经常在阅读创业计划书其他内容之前直接审阅执行总结和财务需求计划。如果财务数据看起来不错，他们才有可能阅读创业计划书的其他内容。

因此，财务估计必须尽可能真实，财务数据既要符合一般的市场状况，也要符合创业计划书中提到的实际情况。如果业务成功，则什么时候能达到盈利；如果业务遇到问题，则自己的财务状况能够继续支持企业运营多久。这些都是创业者需要思考的问题。不要进行一些不切实际的估计，如难以置信的利润和回报，这样会让潜在的投资者和借款人拒绝投资该创业项目。

1. 资金来源与使用

这部分是创业启动成本的数字化表现，以及用文字描述的资本要求。这部分需要说明期望的资金来源和如何使用资金。例如，未来一年或者六个月需要多少资金，用这些资金做哪些事，大概会花费多少资金在人力成本、服务器运营和市场推广上，每个月的固定成本是多少、运营成本是多少。尽可能地列出完整、详细的成本清单是非常关键的。

2. 现金流量分析

现金流量分析所表达的是在3～5年内，初创企业的现金增减变动情形。现金流量的出现，主要是反映资产负债表中各个项目对现金流量的影响，并根据其用途划分为经营、投资及融资三个活动。现金流量表有助于投资者分析该项目的财务潜力和风险。

3. 资产负债分析

资产负债分析是表示初创企业在3～5年内的财务状况。资产负债表利用会计平衡原则，将合乎会计原则的资产、负债、股东权益交易科目分为"资产"和"负债及股东权益"两大块，以特定日期的静态企业情况为基准，浓缩制成一张报表。其报表功能除了企业内部核算、经营方向调整、防止弊端外，还可以让投资者在最短的时间内了解企业的经营状况。

4. 利润分析

利润表是反映初创企业在3～5年内生产经营成果的会计报表。一般初创企业在创业初期的几个月至几年内都会是亏损状态，这主要取决于企业的类型。创业初期企业出现亏损是正常的，但是必须将企业亏损和所处标准进行比较。企业所处的标准可以用产品生命周期来解释。按照产品的生命周期，企业所处的标准分为导入期、成长期、成熟期、衰退期。如果企业在导入期生产市场认可的完全竞争的产品，则亏损是由技术、品牌、管理等因素造成的。如果企业开发生产的是一种新产品，则亏损属于正常，市场认可差、营销费用高、企业规模小等都可能导致亏损。创业计划书中利润表的编写必须显示最准确的估计，且应该建立在详细的销售、定价、成本及其他数据基础上，这才有助于把企业收入的最好情况、最差情况和期望情况展示给投资者。

5. 盈亏平衡分析

盈亏平衡分析是通过盈亏平衡点分析项目成本与收益平衡关系的一种方法。各种不确定因素，如投资、成本、销售量、产品价格、项目寿命期的变化都会影响投资方案的经济效果。盈亏平衡分析的目的就是找出这种临界值，即盈亏平衡点，让投资者判断投资方案对不确定因素的承受能力，从而为决策提供依据（盈亏平衡点＝固定成本×单位毛利）。

6. 比率分析

比率分析是利用初创企业的财务信息，预测它能不能达成未来的利润预估值。比率分析包括资产负债表项目和利润表项目之间的比率，其常常能对初创企业的风险水平、创造利润的能力等方面提供独特的参考视角。

（十）关键风险分析

没有风险分析的创业计划书是不完美的。创业本身的冒险性使创业风险增大。关键风险分析不仅能减轻投资者顾虑，也能体现出创业团队面对各种可能存在的不利因素应对解决的能力。常见的风险有企业内部风险（如财务风险、管理风险、经济风险、技术风险、生产风险等）及企业外部风险（如市场风险、资源风险、政治风险等）。

1. 财务风险

财务风险是指运营过程中初创企业财务结构不合理、融资不当使企业可能丧失偿债能力而导致投资者预期收益下降的风险。

2. 管理风险

管理风险是指初创企业遇到的由人手不足、经验欠缺、沟通不畅、道德修养不高等引起的种种风险。

3. 经济风险

经济风险是指因资金遇到各种难以预料和无法控制的因素，导致在一定时期、一定范围内所取得的财务成果与预期目标发生偏差造成的经济损失等。

4. 技术风险

技术风险表现为技术研发过程、技术力量、经验等方面的困境。

5. 市场风险

市场风险包括生产经营中遇到的销售的不确定因素、竞争中难以预料的局面、顾客的不同需求及反馈等。

6. 政治风险

政治风险是指由于战争、国际关系变化或国家政权更迭、政策改变而导致创业者或企业蒙受损失的可能性。

7. 其他风险

其他风险包括一些不可控的如外部政策的不确定性、经营中的突发情况等。

通常对于风险的估计没有那么准确，尽量估计出误差范围的大小并可对关键性参数做最好和最坏的设定。

初创企业的任务是在对各个方面的风险进行分析的基础上，把相应的解决方案条理清晰地在创业计划书中展示出来。风险不可避免，但是如果能主动识别和讨论风险，将会增强投资者的投资信心。

（十一）融资与退出

1. 融资

对于投资者来讲，项目早期的盈利不重要，投资者对项目后期的高增长性更感兴趣。初创企业需要明确希望融资的金额和出让的股份比例。立场上，初创企业的需求是估值越高越好、出让比例越低越好，而投资者正好相反。于是，创业者和投资者有了博弈的空间。

项目融资早期，最关键的是拿到一笔钱先把项目启动起来，这比估值更重要。估值和出让比例可以人为调整，通常经验是稀释的股份要少于30%。值得一提的是，项目融资早期，过高的估值或过多的股份出让，对于企业未来的发展都是非常不利的。

2. 退出

风险投资者最关心的问题是如何退出。一般情况下，退出方式有上市、公司并购和回购、破产清算等。

总之，完成一份高质量的创业计划是创业者能力的显露，是创业者经营才干的"综合演练"，通常需要花上几个星期的时间和大量精力。从构思、写作、修改、编辑到校对都需要创业者认真对待，不能马虎。完成后，创业者还应对创业计划书的各个部分给予检查、评估，进一步完善创业计划书，增加成功推介创业计划的胜算。

第三节　创业计划书的撰写原则与技巧

创业计划书的主要用途是递交给投资者，以便于他们能对企业或项目做出评判，从而使企业获得融资。创业计划书有相对固定的格式，它几乎包括投资者所有感兴趣的内容。融资项目要获得投资者的青睐，良好的融资策划和财务包装是融资过程中必不可少的环节，其中最重要的是做好符合惯例要求的高质量的创业计划书。目前我国企业在国际融资成功率不高，不是项目本身不好，也不是项目投资回报不高，而是项目方创业计划书写的草率，项目方的策划能力让投资者感到失望。

一、创业计划书的撰写原则

（一）可靠性原则

好的创业计划书以其客观性说服、打动阅读者。所以，完成一份精心设计的创业计划书，一个重要工作就是需要在市场调查的基础上进行分析研究，客观反映事实才能让阅读者信服。

创业计划书要吸引人，必须切合实际，不能过分乐观。过分乐观的陈述或预测会破坏它的可信度。例如，有关销售潜力、收入预测估算、增长潜力都不要夸大。最好的、最差的、最有可能的方案，都要在创业计划书中体现出来。

实际上，许多风险投资者常使用一种"计划折扣系数"，认为"成功的新企业通常只能达到它们计划财务目标的大约50%"。因此，撰写创业计划书时，应实事求是，切忌过分夸张、言过其实。

（二）全面性原则

创业计划书尽可能全面地涵盖各个方面以及创业者的思想。一份内容充实、详尽的计划是企业在真正经营前的一次现实体验。通常一份完整的创业计划书应该包括项目摘要、公司简介、市场分析、竞争分析、产品服务、市场营销、财务计划、风险分析、内部管理、附录等内容。例如企业想法很多，创业计划就是对每一个项目做分析，再进行比较，从而得出最优方案，通常有一些固定的模板，创业者应尽可能按这些模板来，才不至于让潜在投资者在浏览创业计划书时找不到他所关注的重点内容。创业者应将每个问题以及所需要的东西条理清晰地展示出来。一份好的创业计划书应尽可能地充实完善，为投资者展示一个完整的企业发展蓝图。

（三）简洁性原则

一份好的创业计划书，应当坚持的一个重要标准是传递一个清晰易懂的创业计划故事。这个故事要求简洁准确地说明"你要做什么？你将怎么做？"阅读创业计划书的人往往都惜时如金，他们可能会有意无意地通过创业者对自己企业的描述做判断。简洁性是指在叙述上语言要平实干练，尽量避免深奥的专业术语，力求通俗易懂，开门见山。一份好的项目概要要明确自己的战略思想，能够让投资者真正明白初创企业的吸引力所在，能够使投资者看到关于企业长期使命的明确论述，以及产品或服务针对的市场以及人员、技术的总体情况。通常情形下，阅读者快速浏览项目概要了解初创企业的概貌后，只有觉得计划很有说服力和吸引力时，才会继续看下去。

项目概要好比一个人的脸，而封面、目录及企业名称好比眉毛、眼睛和鼻子，最先看到的是后者。这些部分是否"修饰"得美观整洁，直接影响阅读者对创业计划书质量的"第一印象"。因此，撰写项目概要时要力求做到简明扼要、条理清晰。

（四）规范性原则

创业计划书应该进行必要的包装，做到"精致、简约"。设计一个精美的徽标会给人细致的感觉，在吸引读者眼球的同时，给投资者塑造良好的印象。创业计划书中的封面、目录、项目概要、附录等部分是否合理编排、美观整洁，将直接影响阅读者对创业计划书的评价。太多艳丽的图表和夸张的文字反而适得其反。

也就是说，排版、装订和印刷不能粗糙，用订书钉装订的创业计划书看上去显得有些业余，有不认真、不重视之嫌。因此，创业计划书的排版力求做到规范，装订力求做到整齐美观。

（五）突出关键原则

阐述初创企业在运营过程中可能会遇到的关键风险因素，是创业计划书中不可或缺的部分。这部分内容是投资者所关注的重点。

识别并讨论初创企业中存在的风险，可以证明创业者作为一名准职业经理人的综合素养，可以增加投资者对创业者的信任度。主动指出并讨论风险，有助于向投资者表明，创业者已清醒地考虑过它们并且能够处理和控制好这类风险，因而使"风险的乌云"不再萦绕在投资者的脑海里。

撰写创业计划书，既要陈述创业者的危机管理能力，也要让他们觉察到这些风险对创业者团队来讲是可以驾驭和控制的。

创业计划书中若没有清醒陈述将来可能发生的问题，没有重视计划中可能的瑕疵，没有应急或变通计划，这样的创业计划书一般很难被投资者看中。

（六）可接受性原则

撰写创业计划书的管理部分，一定要让投资者接收到创业团队具有较强管理能力和资源整合能力的信号，这些信号是他们最想知道的信息。

风险投资者有一种共识：宁可投资产品创意弱、创业团队强的项目，也不愿投资产品创意强、创业团队弱的项目。

因此，创业者在组建创业团队时，要考虑团队成员的综合能力、先前经验、教育背景以及志向、志趣与品德等因素，以便撰写创业计划书时能够使投资者接收到创业热情高、专业经验丰富、人脉资源广、创新能力强、专业知识优势互补的创业团队信号。

总而言之，有经验的投资者不会凭借臆测或憧憬来做判断，而是用事实数据评价新创企业的前途。

（七）可实施性原则

创业计划是对未来事件的一种预测，这种预测需要经过不断的评估来使其具有对将来行为的指导能力。最吸引投资者注意力的是可行性评估结论，以及对独特商业模式所产生竞争优势的描述。商业模式要清晰明确，如果商业模式仅仅建立在预测未来前景的基础上，显然，这样的创业计划书很难让投资者心潮澎湃以及心甘情愿地进行投资。投资者需要的是能够把钱当作自己的钱来花并能持续看涨的创业者。

因此，创业计划书既要有实际的目标（包括阶段性发展目标），又要有弹性，以便能够充分考虑潜在的障碍以制定战略预案。

一言以蔽之，一份高质量的创业计划书既有助于创业者成功实施创业蓝图，又有助于初创企业获得良好的融资能力和更多的创业资源。

二、创业计划书的撰写技巧

撰写创业计划书，除了要掌握撰写的要求和内容之外，还需要了解一些撰写技巧，从而提高创业计划书的可读性和吸引力。掌握一些创业计划书的撰写技巧，不仅可以使创业计划书更具易读性，还可以提高企业融资的概率。

（一）简洁易懂，直切主题

一份完整的创业计划书的页数最好控制在 25 ~ 35 页，语言应简洁易懂，多用图表、少用文字，尽量让非专业人士也能看懂，同时要避免与主题无关的内容，最好能开门见山，直接切入主题。

（二）条理清晰，详略得当

条理清晰的结构是成功创业计划书最吸引投资者的部分，清楚的结构布局可以使投资者快速找到他们感兴趣的要点，提高其阅读兴趣。另外，不同的阅读对象对创业项目的关注要点不一样，所以撰写创业计划书时不要刻意套用固定模板，而应该根据不同的阅读对象进行动态调整，少用描述性语言，多提要点和关键词，尽可能将投资者想看的内容清晰地呈现在他们眼前。

（三）尽可能将计划摘要做得出色

创业计划书的计划摘要相当于一本书的封面，出色的计划摘要可以提高整份创业计划书的吸引力，博得投资者的眼球。

（四）罗列数字，重点突出

用数字说话效果更显著。例如：App 上线多长时间？有多少注册用户？有多少活跃用户？网站有多少页面浏览量（PV）？官方微博粉丝是几位数？传播效果如何？若已有收入，则收入怎样，利润怎样，平均客单价是否合理？投资者无法仅通过创业计划书就决定试用产品，因此运营数据就成了产品以外最直观的体验。

（五）注意格式和细节

在阅读之前，创业计划书的装订与外观是给人的第一印象，所以创业计划书看上去要比较讲究，又不能给人留下浮华浪费的印象。另外，创业计划书要尽可能简单朴素，不要过度使用文字处理工具，比如粗体、斜体、颜色等，否则会给人留下不够专业的印象。在创业计划书的细节上，更要体现创业团队的素质，比如在创业计划书的封面和正文的页眉或页脚设计精美的企业 LOGO，这样能体现出设计者的用心，同时会给人留下美好的印象。

（六）充分展示团队队伍

对于投资者来说，创业计划书最重要的部分之一就是创业团队介绍。所以，创业者应对创业团队进行详细介绍，可以首先介绍整个团队成员的构成及其各自的职责，然后再详细介绍每一位成员特有的才能和他们对企业做出的贡献。

（七）尽量使用第三人称编写

相对于频繁使用"我""我们"来说，使用第三人称"他""他们""他们的"会具有更好的效果，这样会给投资者更专业和更客观的印象。

（八）借助外力完善创业计划书

创业计划书草稿完成并获团队全体成员一致通过后，可以交给专业顾问或咨询师进行修改或润色。因为他们有与投资者、银行或证券交易所打交道的丰富经验，对创业计划书的内容该如何陈述十分清楚，他们的修改建议将使创业计划书更加完善。

（九）阅读他人的创业计划书

阅读他人的创业计划书可以在一定程度上帮助创业者提高自己的写作能力，在撰写创业计划书之前，多阅读他人的创业计划书能起到很大的作用。

（十）不断检查修正

好的创业计划书的秘诀在于不断修改，很少有人能够一气呵成。在修改的过程中，应该认真征求创业团队以外人士及专业顾问的意见，以增强创业计划书的可读性和规范性。

拓展阅读　创业计划书的十二大误区

1）过分的保密条款以及对不泄密协议的痴迷，一些硬邦邦的法律文书令人相当不快。如果创业者如此不信任，那应该到其他地方去寻求资金支持。

2）过于技术性的文件。创业计划书应该以普通人的口吻来撰写，并避免使用任何术语和无休止的缩写。

3）焦点不够清晰。覆盖范围太大的计划书和试图同时做太多事情的企业是无法吸引投资者的，成功的创业者一般将注意力集中在一个有限的市场和产品线上。

4）荒谬的估值。估值应该基于投资者真正支付金额的合理估算。

5）个人经历。这些内容应该是诚实和完整的，它们可能是整个方案中最为重要的一部分。模糊或过于简短的简历会使投资者产生怀疑。

6）数字。这是关键之处，数字应该在一开始就以一种简单的形式出现。不要把它们埋在创业计划书的后面。

7）竞争。一个可靠的创业计划书含有很多关于竞争对手的详细情况，以及为什么选择这项方案具有真正的竞争优势。

8）不要期望完美的陈述。如果一个投资者找的是没有缺点的计划，那他将永远没有投资对象。投资者比较喜欢具有已知问题的交易，因为这样的话，问题就可以得到解决。

9）巨大的附录和过多的数据表。如果投资者真的对方案感兴趣，那么所有的参考证据和材料都可以随后奉上。别让配料喧宾夺主。

10）让其他人执笔创业计划书。顾问撰写的创业计划书和创业者的文笔有着明显的区别。它缺乏真实性，一定要请专家帮忙，但是要在自己完成了草稿之后。

11）确保创业计划书有电子版。收集投资者的电子邮箱，然后通过网络发送方案的基本要点即可。

12）难以置信的利润和回报。声称公司将很快达到35%的营运利润率和100%的资本回报率，这样的创业计划书是不足取信的。带着现实和保守的态度，才能使创业者获得认真对待。

资料来源：https：//www.cyzone.cn/a/20110124/183703.html（经整理加工）。

第四节　创业计划的有效推介

创业计划书一旦准备就绪，创业者接下来要做的主要就是将创业计划介绍给投资者。创业者应精心准备演讲内容，满怀信心地向有兴趣的投资者推销其创业计划。

一、创业计划推介的形式

（一）PPT 形式

绝大多数投资者更喜欢以幻灯片（Power Point，PPT）的形式观看创业计划书，PPT 使图文排版更方便、表现更丰富，更方便创业者讲解创业项目。PPT 一般是按页查看，让人更有耐心去了解。

（二）Word 或 PDF 形式

PPT 形式的创业计划书适合在展示或路演时使用，而 Word 或 PDF 形式的创业计划书则适用于通过筛选后的进一步展示，内容上也更翔实。

（三）思维导图形式

思维导图形式能使投资者一目了然地了解创业者的思路。

无论以上哪种形式，创业者把所有内容融会贯通、熟记于心都是必要的。

二、创业计划的演示内容

对大多数创业者而言，寻找融资渠道是一个艰苦的过程，在拼毅力和坚守的同时，也需要讲究技巧。创业者向潜在的投资者口头介绍创业计划时，一般要提前准备好 PPT，而且内容要以参会规定的陈述时间为限。除了掌握一般演讲的通用技巧和原则外，还应结合创业计划书的内容和听众的关注点来设计演讲的具体内容。

（1）企业介绍

用 1 张 PPT 介绍企业概况，包括企业名称及 Logo 等。

（2）商业机会

用 2~3 张 PPT 陈述尚未解决的痛点和未满足的需求。尽量列出与竞争对手的对比分析，表明当前的商业机会。

（3）解决方式

用 1~2 张 PPT 展示企业将如何找到特色方案解决痛点或填补需求。市场大，不代表有需求。要描述在目前的市场背景下，项目能解决很多用户的痛点，或者项目可以为用户带来更高性价比的产品或服务。

（4）行业、目标市场和竞争者分析

用 2~3 张 PPT 利用图表分析企业即将进入的行业环境变化趋势、目标市场的规模以及直接和间接的竞争者，重点借助竞争分析工具直观陈述企业在目标市场中的竞争优势。

（5）产品及技术

用 2~3 张 PPT 通过通俗易懂的语言描述产品或服务的独特性，展示产品样品或清晰的产品概念及技术要求，以及引起消费者关注的措施与策略。

（6）创业团队

用 2~3 张 PPT 讲清楚团队的股份和分工，强调团队的组合配比最适合这个创业项目。要让投资者知道你不是一个人在"战斗"，也从侧面展示了你的个人领导力。

（7）企业盈利前景

用 2~3 张 PPT 尽可能利用客观、翔实的数据说明前期资金使用情况，并介绍未来收入规划及现金流规划等财务问题，重点强调何时盈利，需要多少资金。项目早期的盈利不重要，投资者对项目后期的高增长性更感兴趣。此外，还要说明融资计划，需要多少资金，准备稀释多少股份等。切记，股份稀释得太多对创业者不利，但稀释得太少又不会吸引到投资者，务必要把握好这个度。

（8）融资诉求

用 1~2 张 PPT 介绍企业筹资需求及资金筹得后的投资情况以及所有权结构。

（9）总结

用 1 张 PPT 概括企业及创业团队的最大优势，明确企业退出战略。

一般而言，口头推介只需使用 10~15 张 PPT 来展示创业计划书的核心内容。若 PPT 张数过少，则难以全面反映创业计划书想要表达的内容；若 PPT 张数过多，则在规定时间内难以有效陈述完这些内容，易让听者产生"走马观花"的感觉。

三、推介会上的预期问题

潜在的投资者在听推介时，一定会向创业者提出很多"刁难性"问题。睿智的创业者一般应提前准备预期问题，以应对挑战性问题。

通常投资者常常会提一连串的问题：

1）你为什么这个时候要做这件事情？

2）你推出的产品跟别人的有什么不同？

3）新产品/服务提供了什么样的功能？

4）这个产品能给客户创造什么样的价值？

5）谁会使用你的产品？

6）为什么要使用你的产品？

7）为什么你能做这件事情（技术、团队、市场营销、销售、竞争、里程碑）？

8）你自己在项目中投入了多少？

9）公司注册在哪里？注册在海外还是国内？有哪些分公司、子公司、关联公司？投资者的钱从哪里注入？公司的架构关系到股东利益是如何体现的？

10）什么时候公司账上开始有收入进来？什么时候公司达到盈亏持平？

11）公司的股权架构是什么样的？

12）你的公司是如何运转的，已有哪些部门？运营总监、销售总监、技术总监是否分工明确，各就各位？

这些问题可能会使事先准备不充分的创业者措手不及。因此，为了避免推介会上的尴尬，创业者应高度重视和充分准备可能出现的苛刻问题，一方面要自己思考，另一方面可以请外界的专业顾问和敢于讲真话的行家来模拟这种提问过程，从而使自己考虑得更全面、想得更细致、答得更好。

投资者常带着挑剔的眼光审阅创业计划所涉及的内容。但正是这种挑剔，有助于完善创业计划，从而有利于更好地改进新产品。有时候，潜在的投资者会提许多边缘性问题，他们不一定是想从你的口中得到确切答案，而是试图评判你的反应能力。

四、创业计划的推介技巧

（一）做好推介准备

1）创业者在推介计划成本前应尽可能多地收集推介对象的信息，创业者要针对不同的推介对象，准备他们比较关注的内容。

2）创业团队最好就可能被问的问题提前做准备，尽量避免措手不及。

3）尽可能多地了解演讲场地的情况，尽量避免因不熟悉场地或紧张而引起项目介绍找不到重点、材料和演示工具准备不足、时间把握不好等问题。

4）最好多带几份创业计划书备用。

（二）掌握路演技巧

1. 利用 PPT 演示创业计划

PPT 演示起到提供展示创业计划书总体框架以及强调创业者发言内容重点的作用，利用好 PPT，运用数据图表支持，把推介对象感兴趣的内容表达出来。

2. 掌握演讲技巧

首先，在个人演讲时要严格控制好时间，避免超时，争取在最短的时间内讲出最有价值的内容。

其次，运用数据明确告诉投资者企业的目标用户是谁，项目将会怎么做，为什么在同行业中比其他创业者更优秀。

再次，在向推介对象推介自己的创业项目时，着装要得体，语速、语调、手势动作等要表现出自信积极的态度，展现出对项目的信心以及愿意付出的巨大努力。

最后，在推介自己的创业计划书和项目时要顾及投资者的感受，注意观察判断其兴趣点并及时做出调整。

3. 掌握答辩技巧

创业者针对推介对象提出的各种问题，不要啰里啰唆，不要软弱回避，不要针锋相对，不要语无伦次、前后不搭。即使这些问题真的是创业团队没有想到或没有妥善解决的，也不要担心，诚实回答即可，让推介对象感觉创业者是可以信任的。切忌搪塞糊弄，这样只会适得其反。

本 章 小 结

本章阐述了创业计划书的目的和用途、主要内容、撰写原则与技巧等，既有战略的思索，又有战术的组织；既有团队的建设，又有生产的安排；既有市场的开拓，又有资金的调度；既有产业发展趋势的把握，又有目标市场的划分。本章提出撰写创业计划书的关键因素和应注意的问题，尤其是从构思、写作、修改、编辑到校对都需要创业者认真对待，不能马虎；完成后，创业者还应对创业计划书的各个部分给予检查、评估，进一步完善创业计划书。一份高质量的创业计划书能够让投资者明确清晰地认识到你要创办企业的现状和未来的发展方向，看到你的商业逻辑，有助于投资者更快地进行决策。

复习思考题

1. 创业计划书的撰写原则有哪些？
2. 创业计划书应包括哪些内容？
3. 创业计划书推介的技巧有哪些？

案例分析　A 公司创业计划书[⊖]

第 1 章　项目概要

1.1　公司简介

A 公司成立于 2015 年 7 月，是一家致力于推广有机食品的技术服务型企业，注册资金是 100 万元。创业团队成员 5 人，现有员工 23 人。公司目前主要通过互联网平台经营有机食品，并面向中小型生产及加工企业提供互联网品牌建设、产品推广服务和相关的技术支持，帮助客户提升品牌、促进企业发展。公司不断致力于有机农业与"互联网 +"的紧密

案例分析

⊖　该创业计划书撰写于 2016 年，其中数据均为当时预测数据。

结合，努力成为中国最大的有机食品销售网站。在帮助中小企业做大做强的同时，让更多的消费者享用到绿色、健康、安心的美味。

1.2 创意来源

现如今，食品安全问题突出。新技术影响食品品质，农药化肥的滥用导致农产品受到污染。危及生命、健康的食品安全事件屡屡发生，令人防不胜防。食品安全这个公共卫生问题，成为人们关注的焦点。

有机食品市场混乱。消费者在选择有机食品时，面临难辨真伪、以次充好等问题。中国的有机食品市场处于快速发展阶段，有机食品常年缺货达30%，存在巨大的需求缺口。

正规渠道缺乏。有机食品需求巨大，但消费者没有安心的购买渠道。在此背景下，A公司希望打造一个能让大家吃到绿色、健康、安心食品的互联网平台——××网。

1.3 创新模式

A公司首创GBC三方监督模式，打造了平台核心竞争力——正品保证，实现真正的安全放心。

1）政府（Government）。国家对食品进行有机认证，并颁发有机食品证书，这是国家最严格的食品认证标准。

2）平台（Business）。对平台销售的所有有机食品及生产企业进行严格的资质审查，包括质量标准（QS）、企业生产资质认证、有机食品认证、有机食品转换认证等，并将相关认证展示在商品页面，通过点击链接，即可跳转到国家官方查询网站。

3）消费者（Customer）。消费者可以通过××网实时观看产品在种植、生产、加工、包装中的每一个环节，并通过弹幕和论坛给企业提出意见，进行沟通。利用"直播经济"这一火爆方式，不仅有利于消费者的监督，更有利于企业树立良好形象，是一种全新的企业顾客互动方式。

1.4 项目特色

1.4.1 优质货源供应

××网现有战略合作伙伴1家（B公司）、核心供货企业6家，并与49家企业签订供货协议，保障了优质货源的供应，打造了从田园到餐桌的绿色生态产业链。

1.4.2 农户-基地体系

A公司响应国家号召，与战略合作伙伴、农户签订三方协议，建立有机食品原料种植基地，遵守相关行业种植标准，带动当地农民就业，和农户建立了长期、稳定、双赢的合作关系。

1.4.3 社会经济效益

C县是国家级贫困县，人均年收入不足5000元。A公司在C县5个村建立了2万多亩有机原料生产示范基地。基地种植户比非基地农户每亩增加收入100多元。该项目的建设有利于区域资源优势的发挥，调整产业结构，促进项目区特色农业的发展，也能有效提升企业综合实力，增强企业的示范带动能力和市场竞争力。

1.4.4 政府支持

A公司符合国家大学生创业的相关政策，当地政府免除企业前三年所得税；为公司提供了办公场地、物流仓库、员工宿舍等支持；公司得到多位领导莅临指导。

1.4.5　技术优势

A公司拥有一支强大的创业团队，为企业提供了强有力的技术保障。

A公司建立了产品网上可追溯体系——扫描产品包装上的二维码，就可查到该产品从原料到成品的所有生产环节的信息。

A公司目前拥有有机食品技术中心1个、外观专利2项。

1.4.6　平台优势

A公司自成立以来，和央视、京东、天猫等建立了深度的合作，在品牌建设、产品推广方面拥有丰富的经验和雄厚的实力。A公司在2015年8月与央视合作拍摄扶贫公益广告，9月—12月在CCTV-7农业频道播放450余次；2016年5月与京东发行618纪念邮票；多次与天猫开展聚划算品牌促销活动。

第2章　市场分析

2.1　市场环境

2.1.1　宏观市场分析

目前，有机食品在整个食品行业市场份额中所占的比例还很小，不足5%。全球有机食品市场正以20%~30%的速度增长。未来10年，有机食品有望占到整个中国食品市场的6%~10%，国际有机食品市场对中国有机食品的需求将达到或超过7%。

2.1.2　中观市场分析

2015年，我国共有有机食品生产企业1 202家，生产有机食品5 598种，有机食品国内种植面积达到3 673.56万亩。

为严格规范有机产品认证活动，确保有机产品认证的有效性，自2012年3月1日起，《有机产品认证目录》开始实施；自2012年3月1日起，《有机产品认证实施规则》全面实施，3月1日之后出厂销售的有机产品将统一加施中国有机产品认证标志（含有机转换产品认证标志）、唯一编号（有机码）和认证机构名称（标识）。

2.2　STP分析

2.2.1　市场细分（Segmenting）

根据食品市场的现状以及消费者对食品的不同需求，我们将消费者群体划分为绿色有机消费者、普通食品消费者、温饱型消费者。

绿色有机消费者：购买绿色有机食品的顾客通常对食品安全知识有着一定的了解和追求，消费者受教育水平较高，通常为本科及以上学历，收入在中等偏上水平。

普通食品消费者：中等受教育水平，中等收入水平，对健康食品有一定的追求，通常选择普通食品，在价格尚可接受的情况下，会选择绿色健康的食品。

温饱型消费者：这一部分消费者的受教育水平和收入水平均较低，日常食品消费以满足温饱为主，对绿色有机食品没有接触。

2.2.2　目标市场（Targeting）

××网是一个绿色有机食品的销售和推广平台，主要针对的是受教育程度高且收入中等偏上的中高端消费者，即主要针对市场细分中提到的绿色有机食品消费者。

2.2.3　产品定位（Positioning）

针对这一部分消费者，××网将努力塑造一个有着质量保证且多种选择的有机推广销售平台的形象。

2.3　竞争分析

2.3.1　竞争对手分析

如图 6-1 所示，目前市场上存在普通食品、无公害食品、绿色食品、有机食品，单价通常是由下往上递增的，消费者并不能完全区分这几种食品的区别。在概念模糊、对绿色有机食品知识缺乏的情况下，消费者有可能选择绿色食品或无公害食品。

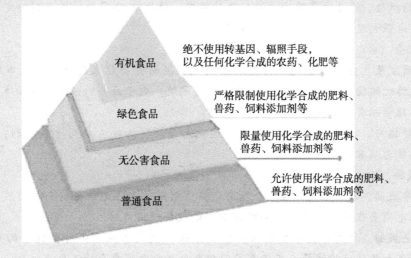

图 6-1　食品安全金字塔

2.3.2　SWOT 分析

SWOT 分析见表 6-1。

表 6-1　SWOT 分析

	优势（S）	劣势（W）
内部能力	GBC 模式　视频直播 政策支持　供销一体 平台多样	后入劣势 电商风险
	机会（O）	威胁（T）
外部因素	电商发展　消费偏好	竞争威胁　安全威胁

（1）优势（S）

1）GBC 模式。A 公司首创 GBC 三方监督模式，将政府认定、企业审核、顾客监督三方结合起来，从而保证正品有机食品的销售。

2）视频直播。A 公司结合当下流行的视频直播方式，在产品销售页面采用实时视频和直播的手段给顾客展示所售有机食品的种植、生产、加工等环节。这不仅可以吸引顾客、加强顾客对产品的监督，还可以让顾客买得放心。

3）政策支持。当地政府为 A 公司提供免费的办公场地以及物流仓库等硬件设施；由于 A 公司符合大学生创业要求，免除企业前三年所得税。

4）供销一体。战略合作伙伴 B 公司为 A 公司提供直接的产品供应，为产品低价销售提供了优势，也有利于其他有机产品形成组合销售。

5）平台多样。A 公司与天猫、京东、1 号店[⊖]、聚划算等大型电商合作，以取得更多利润。

（2）劣势（W）

1）后入劣势。天猫、京东等大型电商平台的先入优势明显，占据了较大的市场和资源，A 公司缺少先入优势，还有很大的发展空间。

2）电商风险。由于电商平台自身风险的存在，使得 A 公司的发展受到一定的限制，需要通过不断地强大发展自己来提高抵御风险的能力。

（3）机会（O）

1）电商发展。当今的电商市场发展已然不可逆转并会越来越强，这是市场的发展趋势，因而网络化购物、信息化生活已经成为一种潮流。电子商务的强势发展和市场结构的优化，让产品销售拥有更好的渠道。

2）消费偏好。网民数量增长迅速，网购观念普及，这对 A 公司十分有利；吃的绿色、吃的健康也成为越来越多消费者的追求。

（4）威胁（T）

1）竞争威胁。新的电商平台只会越来越多，电商行业的竞争会越来越激烈。竞争对手众多、强势电商企业的步步紧逼，会对 A 公司的发展造成威胁。

2）安全威胁。电商环境的复杂性和不安全性，使交易风险上升；健全的市场机制欠缺、电子商务相关的法律法规尚不完善等问题也会增加电商平台的不安全性。

2.3.3　五力模型分析

（1）潜在的进入者

政府的有机认证、平台严格的资质审查、消费者的实时监督这种 GBC 三方监督模式可复制性差，有力地减弱了新进入者的威胁。

（2）替代品威胁

1）传统的线下门店。传统的线下交易方式仍然是比较主流的交易方式，与网购方式相比，传统交易方式中买家可以接触实体商品，产品质量更可靠。因此，传统交易方式更容易获得消费者的信任。

2）大的电商平台。例如天猫、京东、1 号店等有一定影响力的电商平台对有机食品的销售。

（3）供方的讨价还价能力

××网建立了与 B 公司的战略合作关系，与多家有机食品生产企业签订了供货协议，这削弱了供应商的议价能力，使××网获得了低价优势。

（4）买方的讨价还价能力

××网主要针对中高端消费者，为他们提供优质、有保障食品的选择和服务，削弱了买方的议价能力。

（5）现有企业间的竞争

目前，××网还不存在其他知名专营有机食品的电商平台，现有企业间的竞争较弱。

⊖　2020 年 7 月，1 号店名称变更为"1 号会员店"。

第3章 产品和业务

3.1 产品

××网与大量优秀生产企业合作，为消费者提供更多的选择。目前平台拥有单品130多种，包括食用油、杂粮、蔬菜、水果、药膳、酒类等九大门类。

3.2 明星产品

3.2.1 D品牌亚麻籽油

D品牌亚麻籽油集C县亚麻籽油压榨工艺的精髓，选择特产胡麻籽为原料，使用物理压榨的方法，采用国际领先的植物油低温物理压榨技术和设备，按国家有机食品生产标准精制而成。该亚麻籽油中不饱和脂肪酸含量在90%以上，其中α-亚麻酸含量在53%以上，富含油酸、亚油酸、维生素等多种营养成分，被称为高山上的"深海鱼油"。

D品牌亚麻籽油获得国家有机认证、国家地理标志认证。D品牌被评为山西省著名商标；D品牌系列产品被评为山西省名牌农产品，荣获第十一届中国国际农产品交易会金奖、第十三届中国国际粮油产品及设备技术展示交易会金奖，第三届（中国）山西特色农产品交易博览会金奖。

3.2.2 D品牌蓝莓养生果酒

蓝莓有"超级水果"的美誉。蓝莓中含有的抗过氧化剂远远高于其他新鲜蔬菜和水果。蓝莓不仅具有良好的营养保健作用，还具有防止脑神经老化、强心、抗癌、软化血管、增强人体免疫等功能。

D品牌蓝莓有机果酒采用国际先进的提取技术，提升了果酒的品质，使得花青素、硒、氨基酸、维生素、钙、磷、铁、锌等多种营养元素更丰富且更易被人体吸收，口感也比普通蓝莓果、蓝莓汁更有吸引力，被称为"液体黄金""口服化妆品"。

3.3 业务

3.3.1 首创直播与购物平台相结合的销售模式

××网直接销售有机食品，用户登录平台并在线选购商品。消费者可以通过特色直播模块，实时观看产品在种植、生产、加工、包装中的每一个环节；通过弹幕和论坛的方式给企业提出意见，进行交流。利用"直播经济"这一火爆方式，不仅利于消费者的监督，更有利于企业树立良好形象，这是一种全新的企业-顾客互动方式。

与供货企业合作，在种植基地、生产线以及周转环节安装摄像头，每日9：00—17：00消费者可以在线实时观看食品生产的各个环节。

提供生产线工人和基地游客直播窗口，企业可以定期选择几名工人在不影响生产的前提下与消费者远程互动，打造有趣的流水线；采取折扣、礼品等方式鼓励参观基地的游客进行直播，拉近客户和A公司的距离。截至2016年6月，××网注册用户16 482人，入驻商家49户。6月日平均PV为1 457，平台营业利润约30万元。

3.3.2 天猫、京东、1号店等大型互联网平台合作推广和销售有机食品

截至2018年6月，A公司的天猫会员为4 265人，京东会员为2 631人。A公司在天猫平台的营业利润约66万元，在京东平台的营业利润约38万元。销售额平均每月在23万元左右。销售额月高峰为春节前一个月，收入28万元。日高峰是2015年"双11"，收入达3万元。平台点击率为2%，转化率为0.3%。

3.3.3 为第三方企业提供品牌运营和产品推广服务

××网为第三方企业提供微博、微信公众号运营，并取得了不俗的成绩。截至2016年5月，××网为有机食品生产企业提供微信公众号运营，为5家企业提供网上店铺运营，为7家企业提供微博运营。

第4章 商业战略

4.1 盈利模式

整个产业链条中以××网为核心，A公司与当地农户、B公司签订了三方协议，建立了原料种植生产基地，为××网提供产品；同时为了保证货源的多样化，其他有机生产企业也为A公司提供货源；A公司通过自建电商网站和与各大电商平台合作，对平台销售的有机食品进行推广。这种模式拓展了销售渠道，也方便了消费者的选择。

（1）直接销售收入

2015年，A公司在其营运的各个电商平台的经营总收入为1 345 700元，其中，天猫平台收入为620 807元，京东平台收入为321 616元，××网收入为261 276元。

（2）代理服务费用

2015年，A公司为E公司和F公司等企业的代理运营收入合计106 000元。

4.2 发展战略

（1）××网的战略目标

××网要达成的公司目标包括：①××网将在三年内打造电子商务合作—服务—营销的完整互联网生态目标；②前期以产品生产、推广、销售为主；③后期以互联网的技术服务、合作为主，在未来五年内成为国内著名电子商务服务商，实现销售收入破千万元。

（2）短期战略

起步初期，公司采用集中化战略，将公司的业务主要集中在产品销售。为了避免同实力雄厚的大公司的正面冲突，公司将集中精力于有机食品的高端市场，采用需求导向定价的短期价格策略，紧紧抓住消费者的需求，提供相应的产品，以赢得消费者的口碑获取其忠诚度，从而占据并巩固市场份额。

（3）中期战略

获取并巩固高端市场的份额还远远不够，实行差异化战略推动企业向更广、更深的市场迈进才能更快、更好地推动企业发展。差异化是指企业通过获得差别于同类竞争性产品的"卖点"来谋求产品的持久竞争力。而有机食品本身很难获得差异化，公司将通过经营策略创造出更大的差异化，如利用品牌形象与知名度，创造出消费者的品牌偏好。经营策略主要有个性鲜明的产品套装、新颖独特的促销手段以及别具一格的营销模式等。

（4）长远发展战略

长远发展战略包括以下两部分：

1）最大化战略。利用品牌优势、网络优势、研发优势、管理优势等无形资产广泛寻求行业内的横向联合，利用已有的资金和企业资源不断扩大企业的经营规模与品种范围，巩固提高××网在电子商务服务行业中的地位。

2）组织生态化战略。××网要保持公司可持续性发展，必须建立有思想、有个性、有适应力和进化力的生态型企业模式。

第5章　运营管理

5.1　供应商管理

利用供应链管理思想，对供应商的管理应集中在如何与供应商建立双赢关系以及维护和保持双赢关系上。建立信息交流机制、供应商激励、供应商评价机制。

对供应商进行严格的资质审查，建立与 B 公司的战略合作关系，并与多家有机食品生产企业签订供货协议。××网部分供应商相关信息见表6-2。

表6-2　××网部分供应商相关信息

公司名称	经营范围	销售产品
×××有限责任公司	有机干果	有机干果
×××有限责任公司	有机杂粮	有机黄小米
×××食品有限公司	有机果蔬	有机蔬菜
×××菜园有限责任公司	有机蔬菜	有机蔬菜
×××有机食品科技有限公司	有机药膳加工	有机药膳
×××食品科技有限公司	野生有机食品	野生菌
×××有机食品有限公司	茶叶	有机绿茶
×××有机食品有限责任公司	有机水果	有机水果
×××有机食品科技有限公司	有机饮料	有机果汁、果酱
×××有机食品有限公司	有机粮类	有机大米
×××食品加工有限责任公司	有机水果	有机草莓
×××有机食品企业	有机杂粮	有机面粉
×××开发有限责任公司	油类、酒类	有机亚麻籽油

5.2　物流管理

A公司拥有物流仓库1个，与顺丰、申通、圆通、中通、韵达签订了物流协议。

5.3　部门管理

（1）李某：总负责人

负责公司团队的搭建、分工及业绩考核。包括下属人员招聘，工作职责制定，薪酬方案、培训及激励计划的制订和实施，人员的绩效考核以及日常管理。

（2）刘某：技术部

制订网络技术部工作计划和网络管理有关办法。负责公司网络安全和信息安全工作。负责公司的安全和正常运行，及时指导、处理、协调和解决起点工作网技术问题。

（3）黎某：销售部

监管市场部职能，对相关企业进行公关。进行广告宣传，企业形象宣传。组织市场调查分析，撰写市场调查报告。编制与销售直接相关的广告宣传计划。负责客户的售后服务，协调和维护与客户的关系。

（4）丁某：财务部

负责对经费请领、收付工作。定期对各部门的收支情况进行分析，及时向负责人汇报资金运转情况。参与各部门经营管理预测和决策，参与各种生产经营会议，参与审核、审查等重要经济活动。

（5）陈某：人事部

制订招聘计划及流程，负责员工的入职、考勤、调岗、离职等工作。拟定公司的薪酬制度及标准。组织、协调公司的各类活动及会议。负责组织网络技术部技术人员进行业务学习。

5.4 站点运营

创建并维护 A 公司旗下网站——××网，实时更新商品详情页与活动页面。与第三方直播平台合作，注重直播体验的提升、网站直播技术的完善。维护淘宝、天猫等合作平台上的店铺，实时跟进商品活动。

5.5 研发策略

注重对产品进行持续更新：

1）注重对产品本身持续开发，努力丰富产品的多样性，加大更多有机食品的研发力度。

2）注重专利，A 公司自成立以来获得了 2 项有机食品外观设计专利和 1 项实用专利，为平台产品提供外观设计服务。

第 6 章 营销策略

我们将根据营销的产品（Product）、价格（Price）、渠道（Place）、促销（Promotion）4P 策略对产品进行分析。

6.1 产品

××网主要面向有机食品生产及加工企业提供互联网品牌建设、产品推广服务和相关的技术支持，帮助客户有效提升自我品牌，促进企业发展。

6.2 价格

（1）短期价格策略

A 公司将采取需求导向定价的短期价格策略。A 公司针对中高端消费者，为他们量身打造了一个有着品质保证的有机食品平台，培养这一部分顾客的忠诚度，为下一步的市场拓展打下基础。

（2）中长期价格策略

平台的有机食品已经有了一定的知名度。中期，A 公司将采取产品组合定价法并且着力为消费者建立有机食品消费俱乐部。

1）系列产品定价法。组合不同的有机食品，形成系列产品。

2）专属产品定价法。针对不同的人群设计贴近生活的专属产品方案，推出家庭装、情侣礼品装、孕妇呵护装、学生营养装等套装产品，进一步扩大消费者群体，使消费者更有归属感。

6.3 渠道

A 公司采取的是以线上为主、以线下为辅的销售方式。

（1）线上

1）A 公司利用自营的有机食品推广网站对产品进行推广。

2）采用直播推广方式，与斗鱼、映客、熊猫直播等直播平台进行合作，有利于消费者深入了解产品生产的全过程，加强与企业的交流。

3）与天猫、京东、1 号店等大型网上销售平台合作——在依托自营平台的同时，借助高知名度电商平台，避免自建平台可能会导致流量不足的问题，有利于扩大产品受众，获得更多消费者的认同。

4）与京东合作发行产品纪念邮票。

5）开展聚划算活动。

6）微博、微信平台推广。

（2）线下

1）公益活动——与央视合作制作公益广告。

①平面宣传、广播媒体宣传——利用传统的展板、海报、传单等广告方式，在特定的地点进行宣传，在后期针对不同消费群体的特定广告加大宣传效应。

②免费品尝活动。

③知识普及活动。

2）公关营销——A公司将针对产品开展网上"绿色有机食品宣讲活动"，对有关绿色健康生活理念的活动进行赞助；举办有关有机食品的特别活动，邀请专家、长寿老人参加，并邀请当地媒体参观A公司的绿色有机生产基地；与相关的单位组织联系，开展相应的公益讲座，将A公司的产品在给消费者带来福利的同时推广出去。利用这些公关活动推广××网的有机食品，塑造××网的绿色健康形象。

6.4 促销

（1）节日促销

在传统节日给客户赠送产品、推出折扣。通过赠送优惠券、礼品等方式给客户带来人文关怀。

（2）体验促销

每年为消费额排名靠前的客户提供生产基地旅游机会，为A公司的忠实客户谋福利，并培养终身客户，从而打造A公司的企业文化。

（3）企业礼品公关策略

××网与一些薪资水平较高的企业合作，用平台的有机食品定制特色礼包，送给重要客户或者优秀员工，提高产品社会知名度，培养潜在客户。

（4）参加农业博览会

A公司在线下积极参与各大农业博览会，提高产品知名度和业内认可度。

第7章 财务规划（略）

7.1 公司主要会计政策与会计估计说明（略）

7.2 资金状况说明（略）

7.3 公司财务报表分析（略）

7.4 公司偿债能力分析（略）

第8章 风险分析

8.1 信息技术风险

立足于A公司本身，信息技术风险可以简单地分为以下几类：

（1）真实性风险

如果电子商务平台不能保证所获得信息的真实性，那么使用这样的信息就会存在风险。影响信息真实性的因素主要有信息的来源、信息传输过程中的失真、虚假信息等。

（2）实时性风险

如果电子商务平台不能保证信息的及时发布或者信息在传输过程中延时，就会造成信息不及时。对于电子商务平台计算机网络信息系统，传输线路的繁忙、线路故障、网络传输延迟、黑客入侵、系统故障等都可能使获得的信息缺乏实时性。

（3）安全性风险

这些问题包括计算机恶意代码的破坏、黑客入侵、系统的不正确使用等，显然这些问题对信息资源的损坏一定会对信息使用者造成严重影响。

8.2　管理风险

对于 A 公司来说，电子商务平台管理风险主要包括以下三个方面：

（1）沟通风险

这主要是指电子商务交易平台管理者在与其他主体沟通时所采取的沟通方式和沟通渠道中存在的风险。电子商务平台在宣布某项政策和调整规则之前都应充分与多方进行沟通。不恰当的沟通方式和沟通渠道将为电子商务平台本身带来巨大风险。

（2）外部突发事件管理风险

这主要是指电子商务平台管理者在应对公司外部环境带来的突发事件时所采取的措施中存在的风险。例如，政府针对电子商务平台所颁布的一些法规和限制令等。

（3）内部员工管理风险

内部员工管理风险主要源于工作人员职业道德修养不高、安全教育和管理松懈，因而必须加强对内部员工的管理。

8.3　信用风险

对于 A 公司来说，电子商务平台信用风险主要包括以下两个方面：

（1）对卖方信用评价风险

这里主要是指当 A 公司作为第三方电子商务平台为其他企业提供代理运营服务时，在卖方不能按时、按质、按量交割消费者所购的货物，或者不能完全履行与企业购买者签订的购买合同的情形下，第三方电子商务平台能否客观地对卖方信用进行评价所带来的风险。

（2）对买方信用评价风险

这里主要是指当 A 公司作为第三方电子商务平台时，存在消费者个人由于花钱无度而恶意透支，或犯罪分子使用非法伪造的信用卡骗取卖方的货物，或者恶意对商家进行评价，或者通过货到付款购买后无故退货等诚信问题，第三方电子商务平台能否客观地对买方信用进行评价所带来的风险。

8.4　风险应对

（1）加强技术开发，防范信息技术风险

A 公司可以采用信息加密技术，对重要的信息进行加密，对所需要的信息进行实时监控，从而防止信息出现失真、泄漏、迟滞等现象给公司带来不必要的损失。同时，公司还可以采取防火墙技术，通过建立信息防火墙来抵御不法分子的入侵，从而防止重要信息的泄漏和篡改，保证信息的真实性、有效性和完整性。

（2）建立完善的安全管理制度，防范管理风险

A 公司可以建立健全相关沟通制度和安全管理制度，从而更好地实现沟通与交流，促进

公司发展。建立管理风险应对体系，采用科学高效的手段防范管理风险。建立应对突发事件小组，特别用来应对公司遇到的突发事件，从而更好地解决突发事件，最大限度地减少突发事件给公司带来的损失。同时，建立从业人员管理制度，完善公司内部人员管理制度，并严格实施管理制度。

（3）建立健全信用体制，防范信用风险

A公司在身为第三方电商平台时，对提供服务的双方做好相关的身份认证和信息认证，建立健全信用体制，建立双方的信息库，从而防范信用风险。确立信用评价体系，对不符合或者达不到相关体系评级标准的企业不提供第三方服务，从而降低公司承受的信用风险。

附　录　战略合作伙伴B公司简介

B公司是一家专业生产有机绿色食品的企业，致力于为广大消费者生产健康、绿色、安心的食品。

公司坚持"先塑人品，再做产品；出精品，创名牌；打造龙头企业，创造跨越奇迹"的发展理念，专业生产胡麻油（即亚麻籽油）。企业被评为山西省龙头企业、山西省质量信誉等级AA级；D品牌被评为山西省著名商标；产品获国家有机认证和地理标志保护产品认证，被评为山西省名牌农产品，获得第十一届中国国际农产品交易会金奖、第十三届中国国际粮油产品及设备技术展示交易会金奖和第二、三届（中国）山西特色农产品交易博览会金奖。新建加工车间 1 000m^2，购置生产设备20台（套），产品检测设备8台（套）。

目前，亚麻籽油被国内外广泛认同为高端食用植物油。但是，由于当地胡麻油加工长期处于作坊式生产模式，产品没有形成品牌，市场知名度还不够，优质资源优势没有得到充分发挥。所以，该项目实施具有独特的资源禀赋和市场拓展空间。

该公司在当地率先采用现代先进的食用植物油低温、纯物理压榨技术和设备（习惯称冷榨），即原料不经过火炒或蒸炒，直接压榨，与传统工艺（即热榨）相比，产品营养成分没有遭到破坏或挥发，生产成本低、效率高、产品质量好。传统工艺生产的胡麻油α–亚麻酸含量在50%以下，冷榨胡麻油α–亚麻酸含量在53%以上。

资料来源：根据温芝龙老师指导的2016年全国大学生电子商务"创新、创意及创业"挑战赛获奖项目整理而成。

【问题】

1. A公司撰写创业计划书的目的是什么？
2. A公司的创业计划书包括哪些内容？
3. A公司的创业计划书适合采用什么方法推介？
4. A公司创业计划书推介中应注意哪些问题？

第七章 创业融资

学习目的与要求

- 了解创业融资难的原因
- 掌握创业融资的路径选择
- 认识创业融资活动的一般过程
- 掌握各种创业融资方式的差别，制定合理的创业融资策略

学习重点与难点

重点：创新融资；天使投资；风险投资；知识产权融资概念

难点：创业融资的主要渠道及差异；不同阶段创业融资的侧重点与要求

引导案例

知乎的融资

2008 年，周源第一次创业，但由于资金缺乏，创业失败了。2010 年 12 月，知乎网站开放，三个月后（即 2011 年 3 月）就获得了李开复的天使投资，随即获得启明创投的 A 轮千万美元投资。2014 年 6 月，知乎完成由软银赛富领投的 2 200 万美元的 B 轮融资。2015 年 11 月 8 日，知乎获得 C 轮融资 5 500 万美元。新投资方为腾讯和搜狗，由腾讯领投。此前的投资者赛富、启明创投和创新工场也在本轮进行了跟投。2017 年 1 月 12 日，知乎宣布完成 D 轮 1 亿美元融资，投资方为今日资本，包括腾讯、搜狗、赛富、启明、创新工场等在内的原有董事股东跟投，该轮融资完成后估值超 10 亿美元，迈入"独角兽"行列。2017 年 11 月 8 日，知乎入选"时代影响力·中国商业案例 TOP30"。2018 年 7 月，知乎又完成了 2.7 亿美元 E 轮融资，估值近 25 亿美元，是知乎历史上最大的一笔融资。知乎以其开创性的思维，致力于打造具有完美用户体验的知识分享平台，且资金优势巨大。2019 年 8 月 12 日，知乎宣布完成 F 轮融资，总额 4.34 亿美元。本轮融资由快手领投、百度跟投，腾讯和今日资本原有投资方继续跟投，快手和百度首次成为知乎的战略投资方。

思考：
1. 知乎为什么要进行融资？
2. 知乎进行了几轮融资？
3. 知乎不同阶段的融资各有什么特点？

第一节　创业融资概述

获取资金是初创企业生产经营活动的起点。对于初创企业来说，无论是产品研发还是产品生产与销售，都需要大量的资金投入。如何有效计算和筹集资金是创业者极为关注的问题之一，也是保障初创企业顺利经营和可持续发展的基础。

一、创业融资的含义

从广义来看，融资指的是资本在持有人之间流动，以余补缺的一种经济行为，也是资本双向互动的过程，包括资本的融入与融出。它不仅包括资本的来源，也包括资本的运用。狭义的融资主要是指资本的融入，即通常所说的资本来源。

二、创业启动资金需求分析

创业启动资金是指创业项目筹办时，企业运营所需资产的购买及日常各种必要开支费用的开销，一般包括支付场地的相关费用、办公家具、机器设备、原材料、库存商品、营业执照、开业前的广告和促销费、工资、水电费、电话费等费用。

通常情况下，创业启动资金可分成以下三类：

（一）投资（固定资产）

投资（固定资产）是指企业购置的价值较高、使用寿命较长的东西，如企业用地和建筑物、机器设备等。

①企业用地和建筑物主要是指购置的企业用地和建筑物。大学生创业，一般初期资金不足，而购买企业用地和建筑物需要的资金多、成本高，因此这种购买的方式可能性较小。初创企业办公场地一般采取租赁的形式。②机器设备指的是初创企业需要的机器、工具、工作设施、运输设备、办公家具等。

（二）流动资金

流动资金是指企业日常运转时所需支付的资金，如工资、租金、原材料、产品储存、库存现金、银行存款、应收款及预付款、保险费、水电费、办公费、交通费、税费等。

（三）开办费

开办费是指创办企业所需要的一些办证费、验资费、技术（专利）费、加盟费等。

创业者做好需求分析后，就要开始考虑如何根据所创企业的特点选择合适的融资渠道。

三、创业融资难的原因

2018 年全球创业观察发布的中国报告显示，我国的创业指数高于美国、英国、德国等发达国家，在全球驱动创新中扮演着重要角色。为鼓励大学生积极创业，国家出台了一系列相关的扶持政策。例如，放宽注册、准入的标准，给予缴税方面的优惠，为大学生增加了多种创业融资渠道，建设创业基地等。然而，尽管扶持政策对大学生创业有一定的推动作用，但大学生的创业融资仍然面临着众多问题。在"2018 全球青年创业者大会"上，不凡商业曾向公司服务的上万名创业者做过调查，结果显示：74% 的创业公司表示受到市场寒冬的影响，60% 的创业公司遇到融资困难，64% 的创业公司没有完成业务任务。

创业融资难的主要原因是初创企业不确定性大、初创企业和资金提供者之间信息不对称以及资本市场欠发达等。

（一）初创企业的不确定性大

首先，创业本身就是一种机会与风险并存的活动，具有很大的不确定性。创业者的创业机会不可避免地会受外界环境的影响，当外界环境发生变化时，机会也会随之消失。对于创业活动本身而言，由于创业项目尚未实施或刚开始实施，创业项目受外界环境的影响相对于既有企业来说更大，更难判断市场机会的可行性，其市场前景不够明朗。

其次，初创企业盈利能力具有不确定性。多数创业者缺少创业经验，导致其应对内外部环境变化的能力不足，经济性差，难以实现企业营利的稳定性。

再次，初创企业的寿命具有不确定性。创业者一个错误的决策，就有可能使企业遭遇灭顶之灾。亚洲开发银行驻中国代表处副代表兼首席经济学家汤敏指出："中小企业的存活率很低，即便在发达的美国，5 年后依然存活的比例仅为 32%，8 年后为 19%，10 年后为 13%。"在我国，中小企业的寿命往往更短，据统计，我国初创企业的失败率在 70% 左右。国外有学者估计，初创企业在 2 年、4 年、6 年内的消失率分别为 34%、50% 和 60%。

对于投资者来说，投资的目的很明确，就是获利。与既有企业相比，初创企业的不确定性带来的高风险令投资者在进行投资决策时不得不考虑更多因素，相应地增加了初创企业的融资难度。企业创办初期一般来说规模较小，固定资产等有形资产的价值偏低，有效的可供抵押的资产较少；加上初创企业的融资规模偏小，使得投资者的成本较高，这不但表现在事前的资料调查和可行性分析过程中，而且表现在事后对投入资金的管理过程中。因为无论多大规模的投资，对于投资者来说，必经的例行调查和事后的管理工作都不会减少，所以当融资规模较小时，就会导致单位资金的成本升高；同时，初创企业缺少以往可供参考的经营信息，使投资者对于投入企业的资金的安全性判断较为困难，从而限制了企业的资金筹集。

（二）初创企业和资金提供者之间信息不对称

信息不对称是经济生活中普遍存在的现象。创业融资中的信息不对称表现为：相对于投资者，创业者对自身能力、产品或服务、企业的创新能力和市场前景等的了解明显处于信息优势地位。

首先，创业者倾向于对创业信息进行保密。创业者在融资时，往往倾向于保护自己的商业机密及其开发方法，特别是进入门槛低的行业的创业者更是如此。创业者对创业信息的隐藏会增加投资者甄别信息的时间和成本，从而影响其投资决策。

其次，初创企业的经营和财务信息具有非公开性。初创企业或者处于筹建期，或者开办的时间较短，缺乏或只有较少的经营记录，企业规模一般也较小，经营活动的透明度较差，财务信息具有非公开性，使得潜在的投资者很难了解和把握创业者和初创企业的有关信息。

最后，高素质的投资者群体尚未形成。由于中国市场经济发展的时间较短，普通大众的投资理念比较保守，尚未形成一个相对成熟的投资者群体，潜在投资者对行业的认识、直觉和经验等也相对缺乏，使其在选择投资项目时更为谨慎。

创业者、初创企业和投资者群体之间的信息不对称，会导致创业融资时的道德风险和逆向选择。

（三）资本市场欠发达

我国真正意义的资本市场是以20世纪90年代沪深证券交易所的建立为标志。经过多年的发展，沪深证券交易所已成为国家经济调控和企业融资的重要场所，但资本市场仍然有待进一步完善。

首先，擅长从事中小企业融资业务的金融机构和针对初创企业特点的融资产品较少。从当前看，人均金融机构数目偏少，尤其是擅长从事中小企业融资业务的金融机构，加上现有金融机构的创新能力不足，提供的针对中小企业特点的金融产品较少，可供初创企业选择的融资方式有限。

其次，企业上市的要求较高，投入资本的退出渠道不畅。无论主板市场还是创业板市场，对企业上市的要求条件都较高，使相当一部分企业因无法满足上市的条件、投入资本的退出渠道不畅，影响了投资者对初创企业的投入。

第二节　创业融资渠道和过程

融资是创业者绕不开的话题，是每个创业团队的必修课。获取外部资金的支持，是助推初创企业快速成长、抢占市场先机的重要举措。因此，有必要了解各种资金的来源，理解不同资金的要求及期望。倘若不了解这些，创业者在寻找启动资金时就会茫然或不知所措。

一、初创企业的融资渠道

融资渠道是指创业者筹集资金来源的方向与通路。目前，我国社会资本的提供者众多，渠道分布广泛，为初创企业融资提供了广泛的资本来源。初创企业较常见的融资渠道主要包括私人资本融资、机构融资、政府或行业扶持基金融资以及众筹融资等。

（一）私人资本融资

1. 自有资金融资

创业者或创业团队成员的个人积蓄是创业融资最为根本的来源，几乎所有的创业项目都是从自有资金起步的。首先，这表明创业者或创业团队对项目前景看好，对未来前景充满信心。这也是创业者或创业团队日后继续向企业投入时间和精力的保证。投入企业的积蓄越多，创业者或创业团队在日后的生产经营过程中越会对企业加以关注。其次，通过自有资金融资，可以使创业融资的周期缩短，从而缓解企业初创期以及经营过程中的资金短缺问题。

最后，个人积蓄的投入有助于掌控企业的经营权，创业者投入企业的初始资金是对债权人债权的基本保障。如若企业破产清算，债权人的权益优于投资者的权益。在引入银行、天使投资者或风险投资家等外部资金时，创业者的自我融资是一种有效的承诺，传递创业者愿意为创业成功而竭尽全力的信号，这种信号有助于增强投资者的投资信心。

当然，对许多创业者或创业团队来说，个人积蓄的投入虽然是初创企业融资的一种途径，但并不是根本性的解决方案。这种融资方式带来的弊端也是显而易见的，团队成员合伙融资有可能会导致企业经营决策的效率大大降低，并且可能在发展战略和经营方向等方面出现不一致的意见。另外，创业者或创业团队的个人积蓄对于初创企业而言是十分有限的，特别是对于新创办的大规模企业或资本密集型企业来说，几乎是杯水车薪。

2. 人脉融资

创业者在创业初期缺少正规融资的抵押资产，缺乏社会筹资的信誉和业绩，依靠家庭成员和亲朋好友筹集资金的方式就成为获取创业资金的重要渠道。人脉融资由于具有筹资风险低、筹资速度快、不需要担保等优点，成为小微初创企业十分常见的融资方式。虽然从人脉资源中获得非正规的金融借贷资金相对容易一些，但与所有融资渠道一样也有不利因素。如果未来创业失败或者资金链断裂，就有可能会影响双方情感。另外，人脉融资资源有限，难以满足企业后续发展的需要。

为减少或避免事后利益之争，创业者在获得资金前须明确债权融资与权益融资的区别，签订书面协议，规范企业借贷行为，明晰利率和本息偿付计划及红利发放规则，重点商议融资细节中的资金数量、有关条件、投资者的权利和责任，以及创业失败的处理原则等事宜。

3. 天使投资融资

"天使投资"一词源自纽约百老汇，特指富人们资助一些有社会意义公益演出的行为，后来被引申为富有的自由投资者或非正式风险投资机构对原创项目或小型初创企业进行的一次性前期投资，以换取初创企业股权的投资方式。它是风险投资的一种，由富有的家庭和个人直接向企业进行权益投资，是初创企业最初形成阶段（种子期）的一种非组织化的主要融资方式。

天使资本主要有三个来源：曾经的创业者；传统意义上的富翁；大型高科技公司或跨国公司的高级管理者。

天使资本的主要投资人又称投资天使（Business Angel），是创业者的伯乐，也成为推动技术创新和发展的重要动力。合格的投资天使具有以下特征：①有相当的财富积累；②有一定的风险承受能力；③有丰富的管理经验或创业经历；④有成熟的投资心态。

天使投资属于直接权益投资，一般以个人投资的形式出现，往往只对规模较小的项目进行较小资金规模的投资。天使投资者除了向初创企业提供资金，往往还利用其专业背景和自身资源帮助初创企业获得成功，这也是保障其投资的最好方法。天使投资对被投资项目的考察和判断程序通常相对简单，时效性更强。

天使投资的宗旨在于营造良好的天使投资氛围，推动科技创新企业发展。但是天使投资者一定要注意不涉足自己不熟悉的行业，切忌孤注一掷。可以组建或加入地区性天使网络，如当地的天使投资俱乐部等，将分散的投资天使组织起来，建立较为紧密的天使投资人团体；将分散的创业项目统一管理起来，形成规模化的项目群；集中众多投资天使的资金、创业经验、企业管理经验、专业技术经验以及社会关系等各类资源，进行最优化的组合与利用；建立相对稳定的管理机制和投资机制；最好预留一部分后续投入资金，确保在初创企业陷入困境时投资得到保护。

（二）机构融资

1. 商业银行融资

商业银行是金融市场的中心，其主要业务是向符合条件的企业提供各种类型的贷款。银行贷款已成为一种较常用的融资方式。

近年来，创新的贷款形式很多，主要有以下几种：

（1）担保贷款

根据担保方式的不同，担保贷款可以分为抵押贷款、质押贷款和保证贷款。

（2）创业担保贷款

创业担保贷款是银行针对有创业需求、具备一定的创业条件，但缺乏创业资金的就业重点群体和困难人员，给予的贷款。

（3）票据贴现

对于那些缺乏担保条件的小企业，如果手中持有未到期的商业票据，可以向银行申请票据贴现。

（4）综合授信

对一些经营状况好、信用可靠的企业，商业银行授予一定时期内一定金额的授信额度，企业在有效期与额度范围内可以循环使用。

（5）财政贴息贷款

如果初创企业被认定为高新技术企业，属于国家重点支持的电子信息技术、生物与新医药技术、航空航天技术、新材料技术、高技术服务业、新能源及节能技术、资源与环境技术等领域的企业，就可以向商业银行申请财政贴息贷款，从而获得创业资金。

（6）项目开发贷款

拥有重大价值的科技成果转化项目，往往初始投入资金数额庞大，企业自有资本难以承受。这样的高科技中小企业可以向银行申请项目开发贷款。

商业银行对拥有成熟技术及良好市场前景的高新技术产品或专利项目的中小企业，以及利用高新技术成果进行技术改造的中小企业，通常会给予积极的信贷支持。

（7）自助贷款

通过评估企业在银行的质押或抵押物，银行给予企业一定的授信额度，在约定期限内，企业根据授信额度可以反复进行贷款还款操作。

（8）消费贷款

对创业者而言，可以灵活地将个人消费贷款用于创业。例如，利用个人信用卡可解决紧急和突发资金的需求。但是，切忌透支信用。信用是初创企业的生命线，人无信不立，企业无信则亡。

银行贷款目前在大学生创业融资中所占比重较低，主要原因是银行等金融机构在提供贷款时要求提供抵押或担保，而大学生创业初期存在的一个普遍现象是缺乏抵押物，也无法提供有力的担保。另外，银行贷款的手续较为繁杂，导致这种融资方式并不被大学生看好。

2. 非银行金融机构贷款

非银行金融机构是指以发行股票和债券、接受信用委托提供保险等形式筹集资金，并将所筹资金用于长期性投资的金融机构。根据法律规定，非银行金融机构包括银保监会批准设立的信托公司、企业集团财务公司、金融租赁公司、汽车金融公司、货币经纪公司、境外非银行金融机构驻华代表处、农村和城市合作社、典当行、保险公司、小额贷款公司等机构。

3. 交易信贷

交易信贷是指企业在正常的经营活动和商品交易中由于延期付款或预收货款所形成企业间常见的信贷关系。企业在筹办期及生产经营过程中，均可以通过交易信贷筹集部分资金。例如企业在购置设备或原材料、商品的过程中，可以通过延期付款的方式，在一定期间内免费使用供应商提供的部分资金；在销售商品服务时采用预收账款的方式，免费使用客户的资金等。

4. 债权资本融资

一些从事公用事业的企业，或者已经发展到成熟期的企业，现金流一般会比较充足，甚至会有大量资金需要通过对外投资的方式实现较高收益。对于有闲置资金的企业，创业者既可以吸收其资金作为股权资本，还可以向这些企业借款，形成债权资本。这是不同于银行贷款的一种直接融资渠道。只要双方当事人意见表示真实即可认定有效，因借贷产生的抵押也相应有效。

5. 创业租赁

创业租赁（Venture Leasing）兴起于 20 世纪 80 年代末，是专门针对初创企业而开展的一种特殊形式的融资租赁方式。其运作机制起源于融资租赁，但通过创业投资对一般意义上的融资租赁进行了改造，是一种将一般融资的灵活性与创业投资的高收益性有机结合的一种新型融资方式。当初创企业缺乏资金无力购买所有设备时，创业租赁便为解决这一难题提供了捷径。在创业租赁合同中，承租人可以在资产使用寿命期间获得设备的使用权；而出租人可以以租金形式收回设备成本，并获得一定的投资报酬。

与一般融资租赁相比，创业租赁具有以下特点：

1）创业租赁的资金来源是创业投资资金，出租方大多是创业投资公司，少数是创业租赁公司，承租方是初创企业。

2）创业租赁风险较一般租赁融资高，因而租金也较高。

3）是为了防范高风险，出租方通常要派一名代理进驻承租方，有时为了获得足够多的风险补偿，还可以获得认股权。

6. 风险投资融资

风险投资（Venture Capital）是指由专业投资人提供的专门投资于快速成长并且具有很大升值潜力的新兴公司的一种权益资本。经济合作与发展组织的界定是："凡是以高技术与知识为基础，生产经营技术密集的高技术或服务的投资，均可视为风险投资。"风险投资的起源最早可追溯到 15 世纪英国、葡萄牙和西班牙等西欧国家创建远洋贸易企业时期。19 世纪，美国西部兴起创业潮，"风险投资"一词开始在美国流行，并且在推动其科技创新方面发挥了重要作用。

风险投资在我国起步较晚，2005 年"风险投资"开始抢滩中国，世界各地的风险投资纷纷在我国开展业务：软银韩国风险投资公司（现已更名为软银亚洲风险投资公司）成立了一个 6.43 亿美元的基金，IDG 资本在国内新设立了两笔总金额约为 5 亿美元的风险投资基金；Kleiner Perkins Caufield & Byers（KPCB）、Accel Partners、Matrix Partner 三家国际风险投资公司也于 2005 年年底进驻我国。之后，风险投资发展迅速。

风险投资人主要为风险资本家、风险投资公司、产业附属投资公司。被投资人主要是高新技术企业。通过直接投资或提供贷款（或贷款担保）以及投入一部分风险资本购买被投资企业的股权的方式，把投资企业做大，然后通过公开上市（IPO）、兼并收购或其他方式退出，在产权流动中实现投资回报。

初创企业受到多种因素影响，所以成功率较低；而风险投资人大多拥有极为丰富的管理经验，加入初创企业能够极大地提升其管理水平，并有效推动初创企业发展。

对于风险投资人来说，最初进行创业项目投资时，一般要应对四类风险：①人员风险；②技术风险；③市场风险；④资金风险。所以，很多风险投资人对投资收益率要求较高，最低为30%，有时甚至要求达到60%。事实上，无论新产品开发的不确定性，还是市场是否接受产品的风险，都让投资人不得不承担巨大风险，所以风险投资人对目标企业的考察十分严格，一般来说，其所接触的企业中，大约只有2%~4%能够最终获得融资。创业者要提高获得风险投资的概率，需要了解风险投资项目选择的标准。创业项目要想获得成功，一定要具备独一无二的核心竞争力，如受知识产权制度庇护，利用技术壁垒占据市场主要份额等。

前面提到的天使投资也是广义的风险投资中的一种，但狭义的风险投资主要是指机构投资者。

（三）政府或行业扶持基金融资

1. 政府扶持基金与优惠政策

近年来，中央和地方政府提供扶持基金和多项鼓励创业的优惠政策以支持中小企业发展。创业扶持基金的最大优点是融资的成本为零，所以在大学生创业中广受欢迎，但是毕竟资金来源有限并且申请者众多，这导致申请基金时竞争比较激烈且获得支持力度较为有限。政策优惠主要涉及小企业担保基金专项贷款、中小企业贷款信用担保、开业贷款担保、下岗再就业小额扶持贷款、由各地政府主办或由企业主办而由国家"给政策"的创业孵化器等。政府的资金支持一般占中小企业外来资金的10%左右。

2. 中小企业互助基金

中小企业互助基金是为解决抱团自助和危机互助而产生的。这类互助基金多采取"政府支持、企业互助、金融合作"的模式，遵循"共同受益、共担风险、相互制约"的原则，实行会员制管理。

拓展阅读 山西省大学生创业扶持政策

山西省大学生创业扶持政策可概括为"七补一贷"，即从七个方面对大学生创业进行补助的同时，提供小额担保贷款。具体如下：

1. 财政补助

高校毕业生创办小微企业的，自工商登记之日起2年内，可享受缴纳企业所得税、增值税和营业税省级留成100%、市县留成50%的财政补助政策。

2. 社会保险补贴

毕业 5 年内高校毕业生以及毕业学年高校毕业生从事个体经营或者创办小微企业的，可参照就业困难人员灵活就业社会保险补贴政策，给予其最长 3 年的社会保险补贴。

3. 创业实训补贴

企业、社会组织利用自有创业场所、资金、技术、项目、队伍等资源，对高校毕业生开展不超过 6 个月创业实训的，可根据成功创业人数（即在实训结束后半年内领取营业执照并稳定经营 6 个月以上的人数）按每人不超过 5 000 元的标准给予创业实训补贴。

4. 创业项目补助

围绕现代科技、现代农业、现代物流、文化传媒、社区服务等重点行业，组织创业大赛，评选符合山西省产业发展方向、成长性好、潜在经济和社会效益好的优秀创业项目，给予 6 万 ~ 10 万元的一次性补助。

5. 经营场地租金补贴

对高校毕业生自主创业且正常经营 6 个月以上的，按每年不超过 2 000 元的标准给予最长 3 年的经营场地租金补贴。

6. 创业就业补助

对高校毕业生自主创业并带动 3 人以上就业且正常经营 1 年以上的，根据创业带动就业人数按每人不超过 1 000 元的标准给予创业就业补助。

7. 创业园区一次性建设补助

对入驻高校毕业生创业户数占园区总户数 70% 以上、入驻户数 20 户以上且稳定经营 1 年以上的创业园区，按每户高校毕业生不超过 5 000 元的标准给予创建单位一次性建设补助。

8. 小额担保贷款

对高校毕业生自主创业的，可申请最高 10 万元的小额担保贷款。对合伙经营或者组织起来创业的，可将最高贷款额度提高到每人 15 万元。对已经成功创业且带动就业 5 人以上、经营稳定的，可给予最高 50 万元的贷款再扶持。对上述贷款项目，由财政部门按规定给予贴息。

同时，允许全日制在校学生休学创业，凡进入大学生创业孵化基地或者创业园区创业的学生，其进入基地创业的时间可视为参加学习、实训、实践教育的时间，并按相关规定计入学分。

允许全日制在校学生休学创业无疑给了大学生创业者们极大的支持，可以在一定程度上减轻大学生创业者对无暇顾及学业的矛盾和焦虑。对于山西省的大学生而言，如果有澎湃的创业激情，想将心中的想法试着变成现实，那么勇敢出发即可，"七补一贷"和允许休学创业、将创业实践计入学分的利好政策，是鼓励他们迈出第一步的信号。

资料来源：http://www.newjobs.com.cn/Details? newsId = DD313D84C2942F7C（经整理加工）。

（四）众筹融资

众筹（Crowdfunding）即大众筹资或群众筹资，作为一种新兴的创业融资来源，由于可以通过互联网众筹平台筹集资金，因此具有较高的开放性和显著的低门槛性，且筹集资金周期短，回报多样化。如果创业项目本身具有较强的附加值和吸引力，则可为初创企业融资提供强有力的资金支持。

二、初创企业的融资方式

初创企业的融资方式按大类来分主要有两类，即债务融资和股权融资。它们对企业的影响有很大的不同。

（一）债务融资

债务融资是指创业者以发行债券、银行信贷、商业信用、融资租赁等方式向债权人筹集资金的方式。

1. 债务融资的优点

（1）融资速度较快

与股权筹资相比，债务融资不需要经过复杂的审批手续和证券发行程序，可以迅速地获得资金。

（2）融资灵活性大

债务融资可以根据企业的经营情况和财务状况，灵活商定债务条件，控制融资数量，安排取得资金的时间。

（3）资金成本负担较轻

债务融资取得资金的手续费用、利息、租金等用资费用比股权资本要低，而且利息等资金成本可以在税前支付。

（4）可以利用财务杠杆

当企业的资金报酬率高于债务利率时，会增加普通股股东的每股收益，提高净资产报酬率，提升企业价值。

（5）稳定公司的控制权

债权人从企业那里只能获得固定的利息或租金，不能参加公司剩余收益的分配，无权参加企业的经营管理，故不会改变公司的控制权，因而股东不会出于控制权稀释原因反对负债。

2. 债务融资的缺点

（1）不能形成稳定的资本基础

债务资本到期需要偿还，再加上债务往往需要进行信用评级，没有信用基础的初创企业，往往难以取得足够的债务资本。

（2）财务风险较大

债务资本有固定的利息负担，因此企业必须有一定的偿债能力，要保持资产流动性及其资产报酬水平，否则一旦企业经营不顺利或者国家宏观经济状况恶化，债务融资的风险就会迅速暴露，企业资金链条的吃紧或者断裂会让企业停业甚至破产。

（3）筹资数额有限

债务融资的数额往往受到贷款机构资本实力的制约，不可能像发行债券和股票那样一次筹集到大笔资本，无法满足企业大规模筹资的需要。

（二）股权融资

股权融资是指初创企业股东愿意出让部分企业所有权，通过企业增资引进新股东的融资方式。企业通常以发行股票的方式筹集资金，包括配股、增发新股以及股利分配中的送红股（属于内部融资的范畴）。投资者将按所获股权的份额获得相应比例的公司利润和控制权。

1. 股权融资的优点

（1）用途具有广泛性

股权融资既可以充实企业的营运资金，也可以用于企业的投资活动。

（2）企业稳定的资本基础

股权资本没有固定的到期日，无须偿还，是企业的永久性资本，只有企业清算时才有可能予以偿还，有利于企业持续稳定经营。

（3）企业良好的信誉基础

股权资本代表了公司的资本实力，是企业与其他单位组织开展经营业务、进行业务活动的信誉基础，为债务融资（包括银行借款、发行公司债券等）提供信用保障。

（4）企业财务风险较小

相对于债务资本而言，股权资本融资限制少，资本使用上无特别限制。企业可以根据其经营状况和业绩的好坏，决定向投资者支付报酬的多少。另外，股权资本不用在企业正常运营期内偿还，故不存在还本付息的财务风险。

2. 股权融资的缺点

（1）资金成本负担较重

首先，普通股的发行、上市等方面的费用较多；其次，投资者投资于股权特别是股票的风险较高，投资者或股东相应要求的报酬率较高。而股利、红利从税后利润中支付，使股权融资的资金成本要高于债务融资。

（2）易分散企业的控制权

利用股权融资引进新的投资者，必然会导致初创企业控制权结构的改变，分散了企业的控制权。当创业者为了扩大融资规模过度出让股权时，创业者可能会因此失去对公司的控制权。

（3）信息沟通与披露成本较高

投资者或股东作为企业的所有者，有了解企业经营业务、财务状况、经营成果等的权利。企业需要通过各种渠道和方式加强与投资者的关系管理，保障投资者的权益，有些还需要设置专门的部门，用于公司的信息披露和投资者关系管理。

为规范通过互联网开展股权融资活动，我国证监会对股权融资平台进行专项检查，检查对象包括但不限于以"私募股权众筹""股权众筹""众筹"名义开展股权融资活动的平台。检查的目的是摸清股权融资平台的底数，发现和纠正违法违规行为，排查潜在的风险隐患，引导股权融资平台围绕市场需求明确定位，切实发挥服务实体经济的功能和作用。

总体而言，创业融资没有免费的午餐。创业者需要根据自身情况慎重选择，在考虑资金获得途径可能性的基础上，尤其要考虑融资的财务成本和融资对企业控制权的影响。正如乔·克劳斯所言："在早期，新公司的创立者就要在取得成功还是掌握控制权之间做出选择，只要这个选择的目标明确，结果都还不错。"

三、创业融资过程

一般来说，创业融资过程包括融资前的准备、资金需求量的测算、创业计划书的编写、融资来源确定及融资谈判等方面的内容。

（一）做好融资前的准备

尽管初创企业融资较为困难，但创业融资却是初创企业顺利成长的关键。因此，创业者一定要在融资之前做好充分的准备工作，包括对融资过程有一定的了解，建立和经营个人信用，积累人脉资源，学习估算创业所需资金的方法，知晓并了解融资渠道，熟悉创业计划书的结构和编写策略，提高自己的谈判技巧等，以提高融资成功的概率。

这里要强调的是信用的重要性。市场经济是信用经济，信用对国家、社会、个人而言都是重要的资源。信用在创业融资过程中起着很重要的作用。无论从何种渠道筹集资金，投资者都会比较关注创业者个人的信用状况。个人信用记录包括以下四个方面的内容：①个人基本身份信息，包括姓名、婚姻及家庭成员状况、收入、职业、学历等；②信用记录，包括信用卡及消费信贷的还款记录、商业银行的个人贷款及偿还记录；③社会公共信息记录，包括个人纳税、参加社会保险、通信缴费、公用事业缴费以及个人财产状况及变动等记录；④特别记录，包括有可能影响个人信用状况的涉及民事、刑事、行政诉讼和行政处罚的特别记录。因此，为保证融资的顺利进行，创业者应保持良好的个人信用记录。

（二）计算创业所需资金

创业者必须明白，企业所使用的资金都是有成本的，如果在资金使用过程中不能够创造出高于其成本的收益，企业会发生亏损。这并不是说，筹集的资金越少越好，因为任何一家顺利经营的企业都需要基本的周转资金，如果筹集的资金不足以支持企业的日常运转，则企业会面临资金断流，进而导致破产清算。但这也不意味着筹集的资金越多越好，过多的资金所产生的利息会形成资金成本负担。因此，创业者在筹集资金之前，要能够运用科学的方法，准确地计算资金需求量。

（三）编写创业计划书

初创企业对于资金的需求，需要通盘考虑企业创办和发展的方方面面，要对企业有一个全面的筹划。编写创业计划书是一种很好的对未来企业进行规划、体现创业前景的方式，在创业计划书中，创业者需要估计未来可能的销售状况，为实现销售需要配备的资源，进而计算出所需要的资金数额。

（四）确定融资来源

初创企业在明确需要的资金数额之后，需要进一步了解可能的融资渠道以及不同融资渠道的优缺点。根据融资机会的大小以及创业者对企业未来所有权的规划，充分权衡利弊，确定所要采用的融资来源。

（五）展开融资谈判

选定拟采取的融资渠道之后，创业者需要与潜在的投资者进行融资谈判。投资者往往会比较关注资本增值的潜力、资本流动与回收的潜力、未来资本的需求、创业者的能力等方面问题。

在谈判中，创业者首先要对自己的创业项目非常熟悉，充满信心，并对潜在投资者可能提出的问题做出猜想，事先进行情景模拟，准备相应的策略，做到未雨绸缪，运筹帷幄。其次，要选择恰当的谈判时机与场合，做好细节。在谈判中，创业者要抓住时机陈述重点，做到条理清晰，充分考虑投资者利益和关注点。明智的做法是事先向有经验的人士咨询，以提高谈判成功的概率。

（六）签署文件

当风险投资人确定要对项目进行投资、完成投资安排与价值评估后，就会将双方的投资安排落实到具体的法律文件中。不同种类的投资安排所签署的风险投资协议不尽相同，但一般风险投资协议都应具备以下基本内容：①初创企业的经营指标与发展方向；②投资条件、投资方式以及持股比例与价格；③风险投资方参与企业管理的程度与范围，创业者应履行的义务；④风险投资方转让所持初创企业股权的时机、方式与价格；⑤双方违约的处理方式；⑥双方认定的其他内容。

（七）履行协议

签订正式协议后，双方即应履行协议，创业者可以得到资金，以继续其经营计划中拟定的目标。无论风险投资人介入的程度如何，双方的合作与沟通都是比较重要的。

第三节　创业融资策略

一、融资策略类型

（一）与融资类型匹配的融资策略

初创企业在创业过程中所表现出的特征有差异，根据风险的大小与预期收益确定程度两个指标可以分为四种类型：①高风险、预期收益不确定；②低风险、预期收益易预测；③高风险、预期收益较高；④低风险、预期收益不确定。由于最后一种类型对初创企业不具有吸引力，故而忽略。

初创企业特征与融资类型见表7-1。

表7-1　初创企业特征与融资类型

初创企业类型	初创企业特征	适当的融资类型
高风险、预期收益不确定	弱小的现金流，高负债率，低中等成长，未经证明的管理层	个人资金、向亲朋好友融资
低风险、预期收益易预测	一般是传统产业，强大的现金流，低负债率，优秀的管理层，良好的资产负债表	债务融资
高风险、预期收益较高	独特的商业创意，高成长，利基市场，得到证明的管理层	权益融资

（二）与创业阶段匹配的融资策略

初创企业发展大致分为五个阶段，即种子期、启动期、成长期、扩张期和衰退期。初创企业所处的阶段不同，对于融资需求的资金量以及所产生的风险也会不同，因此，创业者要考虑初创企业所处的发展阶段，将不同阶段的融资需求与融资渠道相匹配，有助于提高融资效率，使企业获得所需的创业资金。

1. 种子期融资策略

种子期是企业孕育阶段，企业正在筹建或刚刚组建，创业雏形尚未构建完成，没有有效的管理队伍，不具备相应的法人结构，产品还只是概念、样品或专利技术，没有经过市场检验，具有高度的不确定性。

处于种子期的创业者，通常没有资金积累，缺乏创业需要的资金储备。创业者所需资金主要用于创办企业费用、新产品和技术研发费用，而企业没有任何销售收入和盈利记录，风险承担能力有限。此时，企业的发展前景不够明朗，如果进行股权融资，对于融资者来说风险较大，创业者很难从外部筹集资金。创业者的自有资金、人脉融资、国家创业资金的资助可能是种子期采用较多的融资渠道。除此之外，天使投资者也常为处于起步阶段的企业提供资金，一些富有创意或特殊技术的项目很可能会受到天使投资者的青睐。因此，充分估算创业不同阶段的资金需求量，撰写高质量的创业计划书，争取获得天使投资，为解决企业启动期的资金需求提前做好准备。因为投资者可以以较少的投资获得较多的股权，但需要注意这可能会造成股权结构的变动。

2. 启动期融资策略

经过创业种子期，创业实体的雏形已经确立，企业处于开拓阶段，其主要任务是进行科技成果的转化，使技术或概念变成商业化产品或服务，因此，资金需求量大而急迫。创业者所需资金主要用于设备投资费用、生产运营费用、销售费用等。此时，由于企业成立时间短，业务记录有限，投资机构评估比较困难，银行对初创企业的贷款额度较低，难以满足创业启动资金的需求，加之银行贷款手续相当烦琐，需要很多机构开证明验证，无疑加大了初创企业资金申请难度。因此，担保机构、风险投资机构就成为初创企业这一阶段的重要选择，初创企业可以进一步修改并不断完善创业计划书，合理规划未来销售收入、收益及自由现金流，从而吸引包括天使投资在内的风险投资进行本轮融资。2010年，在杭州成立的"西湖-星巢天使投资基金"是我国首个大学生创业天使投资基金。其基金总规模达到了1亿元人民币，取得了很好的社会效益和经济效益。但是因对未来现金流不能精确预计，对企业价值双方可能存在诸多分歧，故而采用天使投资，双方对股权比例的争夺较为激烈。

3. 成长期融资策略

在成长期，企业已具备一定的规模，管理团队已经成型，销售量增长迅速，企业已有一定的商誉和一定的资本积累，风险降低，容易获得外界认可。企业希望进一步扩大产能，拓展销售渠道，并不断增强自身的创新能力，以获得更多的市场份额，仍需要大量的资金投入。这一阶段由于企业处于发展及营利阶段，建立了商誉，因此融资渠道较多，根据企业的具体情况既可以选择股权融资，也可以选择债权融资；既可以考虑吸引风险投资，也可以选择银行贷款。此外，这个阶段还可以考虑合伙融资这种直接吸收社会投资者或者某些私营企业的融资模式，有利于对现有资源的充分合理利用和提高企业的知名度。这里需要强调的是，合伙人要注意控制好风险与收益，把握好投资的额度。

4. 扩张期融资策略

进入扩张期，初创企业管理与运营已经步入稳步轨道，产品销售进一步扩大，市场占有率迅速提高，企业处于高利润阶段，现金流已基本满足企业大部分需要，资金需求量相对稳定，且企业具备了一定的还款能力。初创企业有了可抵押资产和信用记录，企业的市场前景也相对明朗。但是，新的机会不断涌现，企业仍需要外部资金来实现扩张发展。此时，企业面临的风险显著降低，各种外界融资渠道都乐于进行融资支持。企业可以考虑银行贷款融资，或通过小额贷款公司进行融资，也可以考虑天使融资以及债券、股票等资本市场，为企业提供丰富的资金来源。其中股票以普通股股权投资为主，辅之以优先股、可转换债券、认股权证等形式，不要求控股，倾向联合其他创业投资机构共同投资。例如，创业板上市可以使初创企业更加容易募集到新资金。

5. 衰退期融资策略

进入衰退期，初创企业对于资金的需求已远不如前几个阶段。因此，本阶段创业者可以选择更加灵活的小额融资。小额贷款公司的主要优势在于它能提供银行不愿提供的贷款，这对中小企业有很大的吸引力。小额融资门槛低，担保方式灵活，一旦申请后审批很快，一般3~5天就能发放贷款，有些手续齐全的甚至当天就可以发放贷款。典当融资就是其中一种，其一般有两种方式：一种是抵押；另一种是质押。它具有"随时、随地、随客"的特点，是缓解中小企业融资困境的有效途径，更支持中小企业和个体私营经济的创业与发展。只要有符合条件的当物，就可以使用典当融资，非常方便、快捷、灵活。

二、融资策略应用

（一）深入分析融资收益和成本

创业融资需要考虑成本，资金使用者要支付一定的报酬给资金所有者。因此，创业者需要仔细计算分析，只有资金所产生的收益大于资金成本，才有必要融资。

在资金匮乏时，有些初创企业寻找到民间高利贷，高利贷的资金成本一般情况下都远远高于资金所产生的收益，而且极有可能因利息过高、无力偿还加剧企业危机。有些创业者会申请银行的个人消费贷款来充当企业的运营资金，这种融资方式的资金成本也是非常高的，必须慎重。

（二）确定融资规模和融资期限

初创企业要合理估计企业的融资规模。如果融资过多，有些资金一时没有合适的用处，而资金成本仍要承担，势必增加了融资成本，也造成了资金的闲置浪费，或者可能导致企业负债过多、偿债困难，增加了企业风险。如果融资不足，又会影响业务的正常开展。

资金按使用期限可分为短期融资和长期融资。创业者需要对融资期限进行分析。融资期限过长，融资成本与融资风险会增加；融资期限过短，则有可能会限制企业的发展。

（三）合理选择股权融资与债务融资

股权融资和债务融资是创业者的两种主要融资选择，债务融资使初创企业承担偿还本金和利息的责任，而股权融资使初创企业放弃部分所有权和控制权。

不同发展阶段的初创企业具有不同的融资需求。创业初期，合伙融资或亲情融资、政府扶持基金是许多企业考虑的融资方式。此阶段，初创企业基本没有销售收入，资金来源有限且相对匮乏，风险巨大，风险承担能力有限，而股权投资者愿意承担更大的风险，因此，股权融资是早期尤其是研发及产品开发阶段最好的选择。当初创企业发展到成长期、扩张期时，可考虑风险投资等股权融资渠道，也可以选择银行贷款等债务融资渠道。

由此可见，大多数情况下，债务融资和股权融资两者结合起来才是最适合的。有效的融资组合不仅可以分散、转移风险，而且能够降低企业的融资成本和债务负担。

此外，创业者还必须对融资期限进行分析。融资期限过长，融资成本与融资风险会增加；融资期限过短，有可能会限制企业的发展。

三、资本退出策略

2006 年之后，我国兴起了风险投资热潮。风险投资本身就是资本运作，它的最大特点是循环投资。风险投资的退出就成了影响风险投资发展的关键环节。构建良好的退出机制是创业风险投资取得成功的前提条件和实现手段，风险资本退出的方式有以下几种：

（一）协议转让

协议转让的实质是创业投资者通过非公开市场出售其所持股份，从而退出企业并得到收益。通常选择把股份转让给其他创业投资者的形式，其优点是不影响企业的股权结构，操作程序也较简单。

（二）首次公开发行

首次公开发行又称首次公开上市（IPO），是指将初创企业改组为上市公司，风险投资的股份第一次通过资本市场向公众发行来实现投资回收和资本增值。它是风险投资最常用、获利最高的退出方式。无论风险投资者还是风险企业的管理层都比较欢迎 IPO 退出方式：对于风险投资者来说，IPO 是初创企业经营业绩在市场的一种确认，可以获得相对公允的价格；对于初创企业来说，IPO 则保持公司的独立性，增加声誉，并能获得持续的融资。但不足之处是，IPO 退出周期长、费用高。IPO 大约占美国风险投资退出量的 30%。我国企业则有直接上市、买壳上市、创业板上市和科技板上市四种途径。

（三）兼并收购

兼并收购（简称并购）也是风险资本退出比较常用的一种方式。风险投资人通过并购的方式将自己在风险企业中的股份卖出，从而实现风险资本的退出。兼并收购一般分为两种方式，即一般收购和二期收购。一般收购主要是指创业者和风险投资人将风险企业完全卖给另一家公司，这种方式通常使创业者完全丧失独立性。二期收购是指风险投资人将其所持有的股份卖给另一位风险投资人，由其继续对风险企业进行后续投资，创业者并不退出风险企业。统计表明，采用这种退出方式，风险资本收益率仅为 IPO 的 1/5。

（四）破产清算

当企业陷入危机时，通过清算的方式果断退出。具体的操作方式为：将企业的资产进行公开拍卖，由所得的拍卖款来清算自己所持有的股份。这样做可以最大限度地减少损失，但破产清算一般会导致风险资本受损，收益率较小，因此万不得已时才选择破产清算的退出方式。

（五）股权回购

如果风险企业在渡过了技术与市场风险后，依旧达不到公开上市的条件，则一般会选择股权回购方式退出。它对于大多数投资者来说是一个备用的退出方式，主要包括风险企业回购和管理层收购两种方式。

此外，还有其他退出方式，如托管、置换等。

本章小结

初创企业需要资金来实现创业机会变现。对创业资金进行科学规划和管理,有利于创业者对创业融资有比较理性的认识;对创业融资难的原因进行分析,有利于创业者做好各种准备,降低融资的难度;了解融资渠道和融资方式,可以降低资金成本,将初创企业的财务风险控制在一定范围内;通过对企业不同发展阶段融资需求特点的分析,有利于创业者做出科学的融资决策,保障初创企业实现可持续发展。

复习思考题

1. 如何测算初创企业的融资规模。
2. 你所了解的融资渠道有哪些?
3. 如果你是创业者,你会选择何种方式进行融资?
4. 债务融资和股权融资方式对于创业者而言分别意味着什么?
5. 企业不同发展阶段所进行的融资是否会有所不同? 创业发展阶段与融资渠道应如何匹配?

案例分析　大学生"玩"出千万营业额网店

5 000 元启动资金,业余爱好开出淘宝店

2014 年 3 月,丁奔以业余爱好的心态开了一家卖棉拖的淘宝个人店铺。2015 年 9 月,他已经运营管理着三家天猫店。在不到三个半月的时间里,三家店的营业总额已经近千万元。

2014 年,22 岁的丁奔是浙江工业大学之江学院商学院工商管理专业的学生。用他的话说,开淘宝店也是误打误撞。

丁奔之所以开淘宝店,是因为大学同学的父母是做棉拖批发生意的,可以作为货源。虽然淘宝上卖棉拖的淘宝店已经泛滥,但丁奔一算,合租学校里的小仓库、淘宝押金加部分货款差不多 5 000 元的成本就够了。"投入不多,可以试试看。"

2014 年 3 月,他拉回第一批 12 个款式的 700 双棉拖。"第一步,先找同学朋友以成本价卖,两三天后,慢慢有客户来问价,我干脆就亏本卖,赚人气。"

"棉拖利润低,生意好的时候,一天也就挣三四百元,差的时候就几十元。"丁奔把这个阶段形容为一个人的小打小闹。

但在这期间,他也意识到:小规模的棉拖淘宝店在激烈的竞争中是难以生存下来的,必须依附大的平台。他开始花大量时间钻研网店的运营。

成功的秘诀:态度诚恳 + 有想法

转机发生在 2015 年 9 月。"原先从批发商处进货,要比出厂价贵两三元,没有价格竞争力。"回到老家创业的丁奔,想办法找到了同在台州的拖鞋生产厂家,没想到,厂家也正想找人合作运营电商平台。

"我向厂长提出运营成本由我承担、利润双方均分的合作方案。这相比其他运营团队提出几十万元运营费，再利润抽成的办法，要更有竞争力。"丁奔说，在多次争取后，合作谈成了。

好运在半个月后再次降临。"偶然的机会，我得知还有其他天猫店店主也在这家厂进货，就辗转联系上了对方。"没想到，两人第一次见面就非常投机，聊了十几个小时。这位有2家天猫店、2014年销售额达到100多万元的店主，当即和丁奔提出合作意向。

"其实当时我很矛盾。一方面，怕耽误学业，也怕同时经营3个店，步子太大，风险太大；另一方面，合作对方的天猫店规模大，当时开给我的条件不算好，但我很看重这个学习机会。"但3个月后，丁奔很庆幸自己最终选择了合作。他用坐时光机来比喻合作的好处，这两家天猫店在我运营的3个月里，销售额达到了近700万元。运营过这种规模的天猫店后，他在运营自己那家销售额200多万元的天猫店时，能更好地把握和预判了。"例如我现在会花两三万元一天的推广费来为自己的天猫店做推广，压力很大。如果没有运营过另外两家天猫店，我估计没有这个心理承受力。"

平衡学业和创业，仍是创业大学生的难解题

2014年8月，早报曾报道过杭州电子科技大学研三男生宁沛然创业淘宝，10个月天猫店销售额近2000万元的创业故事。宁沛然当时面临着创业后学业跟不上、毕业有点悬的问题。

而难以平衡学业和创业的问题，同样也困扰着丁奔。因为忙着淘宝创业，他有8门课需要补考。"我也考虑过要不要休学，但现在还是想争取顺利毕业。"

儿子能否平衡好学业和创业，也成了丁奔爸爸的心头大事。"他创业我不反对，但前提条件是学业不能落下太多。要是把握不好度，那就麻烦了。"

之江学院电子商务研究中心副主任陈睿，也就是丁奔创业的指导老师，他告诉记者，丁奔这样的创业型同学，此前学校里并不多见。"我们现在在尽各种努力，例如帮他联系重修，以学校认可的竞赛中获奖等方式，来帮助他毕业。而今后，我们也会制定某些课程有学分替代制等办法，给创业同学更多的支持。"

资料来源：https://www.cnrencai.com/goldjob/story/130543.html（经整理加工）。

【问题】

1. 丁奔主要采用了哪些融资渠道？
2. 怎样才能做出明智的融资决策？

第八章 初创企业创立与成长

学习目的与要求

- 了解初创企业可以选择的组织形式
- 掌握初创企业注册的程序与步骤
- 了解创业与法律意识、社会责任的关系
- 认识初创企业承担社会责任的积极作用

学习重点与难点

重点：个人独资企业；合伙企业；有限责任公司；企业社会责任的概念与特征

难点：初创企业组织形式的选择；初创企业的法律意识与社会责任

引导案例

大学生创业要以法律保护自己的合法权益

——遇到合伙人被强制除名情况应如何解决

2018年，在校大学生李某与孙某弟兄俩共同出资20万元（其中，李某出资10万元，孙某弟兄俩各出资5万元）合伙开办一家食品超市，因李某是在校学生，食品超市具体业务由孙某弟兄俩负责。经营一年多后，该超市赢利10万元，按照当时的合伙协议，李元分得了5万元的红利，孙某弟兄俩则每人分得2.5万元。孙某弟兄俩见该超市利润丰厚，便以"李某在校读书不能全程经营"为借口，将其投资提出并退还，同时强制将李某从该超市除名。李某曾多次找孙某弟兄俩质问，都没有结果。

李某经过法律咨询后意识到应采取法律手段维护自己的合法权益，于是他决定到法院起诉孙某弟兄俩。

所谓合伙企业，是指由两个以上公民按照协议，各自提供资金、实物、技术等，共同劳动的经营实体。在法律上，合伙企业具有下列特征：①合伙需由两个以上公民组成联合经营体；②合伙必须订立合伙协议而成立；③合伙人共同出资、共同经营、共同劳动；④合伙人共享收益，共担风险。

为了更加规范合伙企业，规范合伙人的权利和义务，我国《合伙企业法》对合伙企业的设立、合伙企业的财产、合伙企业的事务执行、合伙企业与第三人关系、合伙人入伙与退伙、合伙企业解散与清算以及法律责任等做了更加详细的规定。该法第四十九条规定："合伙人有下列情形之一的，经其他合伙人一致同意，可以决议将其除名：（一）未履行出资义务；（二）因故意或者重大过失给合伙企业造成损失；（三）执行合伙企业事务时有不正当行为；（四）发生合伙协议约定的事由。"该条第二款还规定："对合伙人的除名决议应当书面通知被除名人。被除名人接到除名通知之日，除名生效，被除名人退伙。"依据该条，李某被孙某弟兄俩除名，显然违反了上述规定的情形，其理由是：①李某并没出现上述法律规定的被除名的行为；②孙某弟兄俩将李某除名，没有通过书面形式通知李某。

《合作企业法》第四十九条第三款规定："被除名人对除名决议有异议的，可以自接到除名通知之日起三十日内，向人民法院起诉。"从本案看，孙某弟兄俩见合伙超市利润可观，就以李某不能全程经营为借口，将其投资退出，并强制将其除名，引起其不服。依据该条款规定，人民法院确认该除名无效，李某的合法权益得以保护。

资料来源：https：//www.360kuai.com/pc/90daa05fa2c398ee3？cota＝4&kuai_so＝1&tj_url＝so_rec&sign＝360_57c3bbd1&refer_scene＝so_1（经整理加工）。

思考：

1. 李某创建新企业的初衷是什么？
2. 设立合伙企业是不是必须签订合伙协议？
3. 选择合伙企业形式创业有何优缺点？
4. 合伙创业当事人如何处理合伙事务？当事人如何退伙？

第一节 初创企业的组织形式

成立企业是创业过程中最关键的环节，成功创建企业是创业的结果。初创企业需要选择一种合理合法的企业组织形式。在创建期，创业涉及的法律问题相当复杂，初创企业必须处理好一些重要问题。对创业者而言，最重要的是认识到这些问题，以免由于早期的法律和伦理失误而给初创企业带来无法估量的代价，甚至使其以失败告终。

一、初创企业设立的法律组织形式

创业者在创建企业前，首先考虑的是最符合企业需求的组织形式问题。企业的组织形式又称企业的法律形态。自1999年8月30日第九届全国人民代表大会常务委员会第十一次会议通过《中华人民共和国个人独资企业法》之后，2018年10月26日第十三届全国人民代表大会常务委员会第六次会议和2006年8月27日第十届全国人民代表大会常务委员会第二十三次会议分别通过了新《中华人民共和国公司法》和《中华人民共和国合伙企业法》。至此，我国企业法律形式基本上与国际接轨。按中外企业有关法律条款的规定，我国企业的组织形式主要有个体工商户、个人独资企业、合伙企业、中外合资企业、国有独资企业、无限责任公司、有限责任公司、股份有限公司等。初创企业一般是小型企业，除股份有限公司外，其他组织形式均可以作为初创企业的选择。

从工商部门统计数据来看，个人独资企业、合伙企业、一人有限责任公司、有限责任公司这几种组织形式比较适合微小型企业。如果创业者最初选择的企业组织形式不适合企业的发展，也可以在经营过程中择时变更企业的组织形式。

（一）个体工商户

依照《个体工商户条例》的规定，个体工商户是指有经营能力并经工商行政管理部门登记，从事工商业经营的公民。个体工商户是个体工商业经济在法律上的表现。

1. 个体工商户的特征

1）个体工商户是从事工商业经营的自然人或家庭。根据法律有关政策，可以申请个体工商户经营的主要是城镇待业青年、社会闲散人员和农村村民。国家机关干部、企事业单位职工，不能申请从事个体工商业经营。

2）自然人从事个体工商业经营必须依法核准登记。个体工商户的登记机关是县、自治县、不设区的市、市辖区工商行政管理部门。个体工商户转业、合并、变更登记事项或歇业，也应办理相关登记手续。

3）个体工商户只能经营法律、政策允许个体经营的行业。

4）个体工商户对其所负债务承担无限责任，即个体工商户个人经营的，其所负债务以个人财产承担；家庭经营的，以家庭财产承担。

2. 个体工商户的优势

1）设立手续简单，费用低。

2）所有者拥有对财产的控制权。

3）可以快速对市场变化做出决策。

4）业主缴纳个人所得税，无须缴纳企业所得税，税负较轻。

5）在技术经营方面容易保密。

3. 个体工商户的劣势

1）创业者对债务承担无限责任。

2）企业发展过多地依赖创业者自身的个人能力。

3）信誉度有限，筹资困难。

4）企业受限于创业者，随着创业者的退出而消亡。

（二）个人独资企业

《中华人民共和国个人独资企业法》规定，个人独资企业是指在中国境内设立，由一个自然人投资，财产为投资人个人所有，投资人以其个人财产对企业债务承担无限责任的经营实体。

1. 个人独资企业设立的条件

创业者设立个人独资企业须满足以下条件：

1）投资人为一个自然人。

2）有合法的企业名称。

3）有投资人申报的出资。

4）有固定的生产经营场所和必要的生产经营条件。

5）有必要的从业人员。

2. 个人独资企业的优势

1）创立容易，结构简单，无最低注册资本限制。财产为投资人个人独有，产权清晰，不会与其他个人或团体产生产权上的纠纷。

2）企业由投资人自由掌控，创业者既是投资者，又是经营者，可按自己的思路来经营和发展自己的企业，可以最大限度地发挥个人的智慧与才能。

3）投资人享有企业的全部经营所得和利润，无须担心他人分享。

4）投资人拥有绝对的权威和完整的所有者权，无须迎合其他持股者的利益要求和对企业经营的干预。

5）不需要缴纳企业所得税，投资者只需要按照盈余数额缴纳个人所得税。

3. 个人独资企业的劣势

1）投资人需要独自承担风险，以其个人资产对企业债务承担无限责任。

2）探索性极强，无经验可循。

3）创业资金筹措比较困难，财务压力大。

4）会受到个人才能的限制。

5）缺乏优秀的管理团队。

6）企业的存续年限受限于投资者的寿命，若投资人死亡且继承人决定放弃继承，则企业必须注销，无法实现企业的延续发展。

（三）合伙企业

依据《中华人民共和国合伙企业法》规定，合伙企业是指自然人、法人和其他组织在中国境内设立的普通合伙企业和有限合伙企业。普通合伙企业由普通合伙人组成，合伙人对合伙企业债务承担无限连带责任。有限合伙企业由普通合伙人和有限合伙人组成，普通合伙人对合伙企业债务承担无限连带责任，有限合伙人以其认缴的出资额为限对合伙企业债务承担责任。

1. 合伙企业设立的条件

创业者设立合伙企业必须具备以下条件：

1）有两个以上合伙人。合伙人为自然人的，应当具有完全民事行为能力。

2）有书面合伙协议。

3）有合伙人认缴或者实际缴付的出资。

4）有合伙企业的名称和生产经营场所。

5）法律、行政法规规定的其他条件。

2. 合伙企业的优势

1）共担风险。由于合伙人之间的责任是连带的，即所有的合伙人对合伙企业的债务都有责任向债权人偿还，不管自己在合伙协议中所承担的比例如何，一个合伙人不能清偿对外债务时，其他合伙人都有清偿的责任。合伙人在风险方面表现为共同分担，可以在遇到困难时一起克服。

2）融资较易。合伙企业可吸纳具有融资优势的个人加入，减弱以至克服初创企业融资难的问题。

3）优势互补。合伙企业的创业者为两人或更多人，只要团队结构合理、优势互补、协调合作，就可以形成团队优势。

3. 合伙企业的劣势

1）普通合伙人依法对企业债务负有无限连带清偿责任，即以普通合伙人自己的所有财产承担清偿责任，加大了风险性。

2）权力比较分散，决策效率低，企业内部管理交易费用较高，一旦产生决策方面的矛盾，易出现中途退场者。

3）外部筹资存在难度。

（四）有限责任公司

有限责任公司是指由 50 个以下股东出资设立，股东以其出资额为限对公司承担责任，公司以其全部资产对公司的债务承担责任的企业法人。

1. 有限责任公司设立的条件

创业者设立有限责任公司应具备以下条件：

1）股东符合法定人数。

2）有符合公司章程规定的全体股东认缴的出资额。

3）股东共同制定公司章程。

4）有公司名称，建立符合有限责任公司要求的组织机构。

5）有公司住所。

2. 有限责任公司的优势

1）创业股东只承担有限责任，风险小。

2）公司具有独立寿命，易于存续。

3）可以吸纳多个投资人，促进资本集中。

4）多元化产权结构有利于决策科学化。

3. 有限责任公司的劣势

1）创立的程序比较复杂，创立费用较高。

2）存在双重课税，税负较重。

3）不能公开发行股票，融资规模受限。

4）产权不能充分流通，资产运作受限。

二、初创企业组织形式的选择考虑因素

选择适当的组织形式，有助于企业配置和利用好本企业资源，实现企业最佳的经济目标。投资者只有选择建立适合自身情况的企业形态，才能有效进行企业的运营管理，获得投资回报。正是基于这样的诉求，企业组织形式才会不断演化，出现许多具体的可供创业者选择的企业法律形态。

通过上述比较，可以看出各种组织形式没有绝对的好坏之分，对创业者来说各有利弊，没有说哪种就一定比另一种更好，创建企业必须依据法律规定选择适合自己的某一组织形式。然而，选择一种合理合法且可行的企业组织形式是一个复杂的过程。因为不同的组织形

式对企业责、权、利的安排不同，并直接影响企业筹资渠道、产权制度、治理结构、责任形式和税收负担等重大问题。一般来说，创业者选择企业组织形式除了了解它们的基本要求及优劣势外，还需要对拟进入的行业、税收负担、创业者的风险承担能力、融资需求、企业控制与管理模式、投资退出机制等影响因素进行综合权衡。

（一）拟进入的行业

对于法律有明确规定的行业，只能按照法律的要求办理；而对于法律没有明确规定的行业，则要根据实务中的通常做法以及创业者的特殊要求来确定组织形式。例如创业资金，根据相关法律规定，个体工商户、个人独资企业、合伙企业对注册资金实行申报制，没有最低限额要求。有限责任公司（有限公司）作为享有法人权利的经营公司，由参加者投入的所有权（即资本份额）组成固定资本份额给予参加者参与公司管理的权利，并按份额得到公司的部分利润，即分得红利，在公司破产时，得到破产份额，并依法享有其他权利。其优点是设立程序比较简单，不必发布公告，也不必公布账目，尤其是公司的资产负债表一般不予公开，公司内部机构设置灵活。

对于近年来比较热门的私募股权基金，法律允许采用的组织形式包括公司制、信托制和有限合伙制，而随着《中华人民共和国合伙企业法》的修订以及考虑进入投资对象的便利程度和退出时的税收筹划（优惠）等因素，越来越多的私募股权基金采取了有限合伙制的组织形式。

（二）税收负担

企业组织形式不同，所缴纳的税种也不同。税收负担对企业影响很大。税收负担也是创业者应该重点考虑的问题。国家为了鼓励一些行业或产业的发展，往往会对这些行业或产业实施税收优惠政策。因此，选择企业的组织形式必须考虑税收负担问题。对公司而言，所产生的营业利润在企业环节上征公司所得税，在进行股东分配时个人投资者还需要缴纳一次个人所得税，即对初创企业的创业者而言，就存在双重纳税的问题。而个人独资企业和合伙企业的生产经营所得只计征个人所得税，其中合伙企业的投资者将全部生产经营所得按照合伙协议约定分配比例，确定各自应纳税所得额，分别征收合伙人分得收益的个人所得税。由于合伙企业及个人独资企业不属于公司制企业，因此无须缴纳企业所得税。一般情况下，投资人在分配所得时所需缴纳的税费比公司制企业低。

由于法律法规对高新技术企业、小微企业等制定了较多的税收优惠政策，各地政府制定了不同的税收减免措施，因此，在充分利用法律与政策空间的条件下，公司制企业反而可能更加节税。

（三）创业者的风险承担能力

创业者自身的风险承担能力是创业者必须考虑的因素之一。初创企业的组织形式与创业者今后承担的风险息息相关。有限责任公司比私营企业风险要小。根据合伙企业法及个人独资企业法的规定，对于普通合伙企业、个人独资企业，合伙人或投资人需要以全部个人财产对企业的债务承担无限连带清偿责任，对投资者无法起到风险隔离的作用。但就公司制企业而言，出资额就是投资人风险及责任的"防火墙"，对公司的亏损及债务，股东个人除非存在出资不实及抽逃出资的情形，否则概不承担出资额以外的责任。鉴于这种情况，创业者在创办企业时要权衡利弊，充分考虑经营风险。

（四）融资需求

由于公司制企业可以使用的融资工具较多，投资者仅需承担有限责任且产权主体多元化，而且融资也不涉及对投资人个人财产的影响，有限责任公司筹资就相对容易些，因此，有较大资金需求的企业可以考虑公司制，以更好地实现在资本市场的融资。在个人独资企业和普通合伙企业中，创业者筹资能力大小取决于经营上的成功和创业者的个人能量，且由于投资人对企业的债务承担无限责任，这两种形式的企业筹集较大资金就相对困难。此外，随着企业的发展，企业会需要更多的资金，所以创业者要考虑未来是否能较容易地筹集资金。

（五）企业控制与管理模式

不同的企业组织形式对参与者的所有权、管理权和风险承担能力有不同的规定，公司制企业可以实现所有权与管理权的分离，投资人可聘用代理人进行经营管理，投资人只需要利用公司权力机构对公司的控制即可实现企业控制，而个人独资企业及合伙企业一般需由投资人投入日常经营管理。

（六）投资退出机制

在创立企业时，创业者也应预想到未来企业所有权转换、继承、买卖的问题。例如，有限责任公司股东出资一经交付公司，即不得主张退股，但却保证出资转让方相对自由地转让出资；而合伙企业出资份额的转让则受到严格限制。个人独资企业与合伙企业一般需要进行解散、清算和注销后方可退出，其退出的便捷性远低于公司制企业。

以上因素都会对投资人在选择企业组织形式时形成影响，必须对各项因素进行综合分析、比较，才能最终选出符合投资人需求的企业组织形式。

第二节　初创企业注册流程与大学生创业优惠政策

注册公司是创业的第一步，创业者应当主动到当地工商行政管理部门办理工商注册手续，只有严格按照法定程序进行工商登记注册，企业经营活动才是合法的，才能受到法律的保护。那么，创业者首先需要明确注册公司的流程，知道自己该做哪些事，需要花费多长时间，然后再结合自身条件去有计划地做足相应的准备。

一、初创企业注册流程

2016 年 6 月 30 日，国务院办公厅发布了《国务院办公厅关于加快推进"五证合一、一照一码"登记制度改革的通知》（国办发〔2016〕53 号），从 2016 年 10 月 1 日起正式实施"五证合一、一照一码"登记制度。"五证合一"后，公司的营业执照、组织机构代码证、税务登记证、社会保险登记证和统计登记证一次性就可以办下来，大大节省了办理证件所需要花费的时间，同时也提高了工商部门的办事效率。"五证合一"后，初创企业的注册流程如下：

（一）预先核准企业名称

按照《企业名称登记管理规定》，企业只能登记一个企业名称，企业名称受法律保护。因此，创建一个企业，企业名称一定要事先考虑好。因为名称一旦确定，改换起来并非那么简单。企业名称起得好，本身就是一个"活广告"，会产生一种无形的魅力。企业名称一般由四部分组成：行政区划名称＋字号＋行业或者经营特点＋组织形式。企业名称应使用符合国家规范的汉字，不得使用汉语拼音字母、阿拉伯数字。例如：上海（行政区划）＋健乐（字号）＋卫生保健（行业）＋有限责任公司（组织形式）。"上海"为行政区划，即确定在我国的哪个地方（县级以上地方行政区划名称）创建一个新企业；"健乐"为字号，主要解决创建的企业区别于其他企业的标识问题；"卫生保健"主要传递企业经济活动性质（即从事行业或经营特点）；"有限责任公司"为企业组织形式，主要传递企业投资人法律责任的信息。

跨省、自治区、直辖市经营的企业，其名称可以不含行政区划名称；跨行业综合经营的企业，其名称可以不含行业或者经营特点。企业名称冠以"中国""中华""中央""全国""国家"等字词，应当按照有关规定从严审核，并报国务院批准。国务院市场监督管理部门负责制定具体管理办法。企业名称中间含有"中国""中华""全国""国家"等字词的，该字词应当是行业限定语。使用外国投资者字号的外商独资或者控股的外商投资企业，企业名称中可以含有"（中国）"字样。

特别值得一提的是，企业名称不得有下列情形：

1）损害国家尊严或者利益。

2）损害社会公共利益或者妨碍社会公共秩序。

3）使用或者变相使用政党、党政军机关、群团组织名称及其简称、特定称谓和部队番号。

4）使用外国国家（地区）、国际组织名称及其通用简称、特定称谓。

5）含有淫秽、色情、赌博、迷信、恐怖、暴力的内容。

6）含有民族、种族、宗教、性别歧视的内容。

7）违背公序良俗或者可能有其他不良影响。

8）可能使公众受骗或者产生误解。

9）法律、行政法规以及国家规定禁止的其他情形。

企业名称由申请人自主申报。一般来说，企业名称很难一个名字就能通过，建议准备若干企业名称。在注册公司之前，申请人可以通过企业名称申报系统或者在企业登记机关服务窗口提交有关信息和材料，对拟定的企业名称进行查询、比对和筛选，选取符合《企业名称登记管理规定》要求的企业名称。

申请人提交的信息和材料应当真实、准确、完整，并承诺因其企业名称与他人企业名称近似侵犯他人合法权益的，依法承担法律责任。

如果名称获得批准，就可以进入下一步。

（二）材料准备和材料提交

如果创业者要创办一家有限责任公司，则需按有限责任公司设立登记提交材料规范的要求，认真备齐材料，然后到所在地的工商行政管理局企业登记注册处正式提交申请。具体材料如下：

1）公司法定代表人签署的《公司设立登记申请书》。

2）全体股东签署的《指定代表或者共同委托代理人的证明》及指定代表或委托代理人

的身份证件复印件；标明指定代表或者共同委托代理人的办理事项、权限、授权期限。

3）全体股东签署的公司章程。

4）全体股东的主体资格证明或者自然人身份证件复印件。

5）董事、监事和经理的任职文件及身份证件复印件；法定代表人任职文件及身份证件复印件。指定代表或委托代理人的证明，代理人身份证及其复印件。

6）股东首次出资是非货币财产的，须提交已办理财产权转移手续的证明文件。

7）住所使用证明。

8）《企业名称预先核准通知书》。

9）公司申请登记的经营范围中有法律、行政法规和国务院决定规定必须在登记前报经批准的项目，还须提交有关的前置审批文件或许可证书复印件。

可选择线上和线下两种方式进行资料提交，线下提交可提前在工商网上进行预约，需5个工作日左右（多数城市不需要提前预约）。申请人可以通过互联网登记系统填写联合申请书，大大节省了现场办理需要花费的时间成本，需要准备相关材料提交商事登记部门，由商事登记部门统一受理，真正实现"一表申请""一门受理"。所需时间：3~5个工作日。

（三）主管部门审查

审查是注册审批工作的关键环节，主要由工商行政管理机关来完成。

市场监管登记窗口在承诺时间（内资2个工作日，外资3个工作日）内完成营业执照审批手续后，将申请资料和营业执照信息传至平台。

质监窗口收到平台推送的申请资料和营业执照信息后，要在0.5个工作日内办理组织机构代码登记手续，并将组织机构代码发送至平台。

国税、地税、统计和社保等部门窗口收到平台推送的申请资料、营业执照和组织机构代码信息后，要在0.5个工作日内分别办理税务登记证、统计登记证和社会保险登记证相关手续，并分别将税务登记证号、统计登记证号、社会保险登记证号发送至平台。

在审查过程中，申请材料不齐全或者不符合法定形式的，企业登记机关会当场或者在5日内一次告知申请人需要补正的全部内容。

如果企业登记机关做出不予登记决定，则会出具《登记驳回通知书》，注明不予登记的理由。一般而言，申请人或者其委托的代理人到企业登记场所提交申请予以受理的，会当场做出准予登记的决定，并出具《准予设立登记通知书》，告知申请人自决定之日起10日内，领取营业执照。

（四）现场领证

经商事登记部门审核通过后，商事主体申请人即可携带《准予设立登记通知书》、本人身份证原件，到工商局领取营业执照，即营业执照、组织机构代码证、税务登记证、社会保险登记证和统计登记证（五证合为一张营业执照）。

（五）刻章

初创企业拿到营业执照后，需要携带营业执照原件、法定代表人身份证原件，到指定部门进行刻章备案。

企业印章又称企业公章，是指刻有企业规范名称的印章，主要包括企业规范名称章以及冠以规范名称的合同、财务、税务、发票等专用章。企业印章非常重要，它盖在文件、合同、票据等书面材料上就代表着企业的意志，具有法律效力。国家对公司公章的权威性也给予保护，企业没有按照国家有关规定刻制、使用和保管印章，给他人造成损害的，应承担相应的法律责任。因此，企业印章必须依法刻制、妥善保管和正确使用。

初创企业刻制印章，须凭工商部门的《刻制公章通知书》和营业执照副本、所刻人名章的居民身份证、公章样式等材料到公安机关指定的刻字社（部、门市）刻制公章。机构章只能刻制一枚，若有必要，可再刻制一枚规范名称的钢印；合同专用章、财务专用章、发票专用章可以刻多枚，但每一枚须用阿拉伯数字予以区分。对于企业内设党、团、工会等机构，按有关组织法的规定，须报经上级机关批准后，持有关批准文件到公安机关指定的刻字社刻制印章。

刻制公章通常在 1 个工作日内完成。法定代表人不能亲自到场领取的，还需携带一份由法定代表人亲自签字或盖章的《刻章授权委托书》前往领取。

（六）税务登记与申领发票

税务登记是纳税人履行纳税义务向税务机关办理的必要的法律手续，是税务机关依据税法的规定对纳税单位和个人的生产经营活动进行登记管理的一项制度。依法纳税是企业的基本义务。

初创企业须在领取营业执照之日起 30 日内申办税务登记，取得税务登记证。纳税人应把税务登记证悬挂在营业场所，亮证经营。

我国税务登记实行属地管理。初创企业应当到生产、经营所在地或者纳税义务发生地的主管税务机关申报办理税务登记，如实填写税务登记表，并按照税务机关的要求提供有关证件、资料。申报税务登记须准备以下资料：

1）填写好《税务登记表》并加盖公章。
2）提供营业执照（副本原件、正本复印件）。
3）法定代表人的身份证原件及复印件。
4）财务负责人会计证、身份证复印件。
5）主管税务机关要求提供的其他资料。

主管税务机关对纳税人的申请登记报告、税务登记表、营业执照及有关证件审核后，即可准予登记，并发给税务登记证。初创企业在领取税务登记证件后，就可以向主管税务机关申请领购发票。

领购的发票种类会随着企业的具体业务情况而有所不同。如果企业的性质属于商品销售类，则应该去国税局申领发票；如果企业的性质是服务类，则去地税局申领发票。以上流程完成后，就可以开始营业了。需要特别注意的是，每个月按时向税务申报税，即使没有开展业务不需要缴税，也要进行零申报，否则会被罚款。

（七）开设银行账户

企业银行账户是企业为办理存贷款业务和进行资金收付活动在银行开设的户头。根据国家现行有关制度的规定，每个独立核算的经济单位之间的资金往来，除了按照规定可以使用现金的以外，其余均须通过银行办理转账结算。

初创企业一般都要开立银行结算账户。

银行结算账户是指银行为存款人开立的办理资金收付结算的人民币活期存款账户，按用途分为基本账户、一般账户、临时账户和专用账户。其中，基本账户是企业办理日常转账结算资金收付和现金收付的账户，企业工资、奖金等现金的支取，只能通过此账户办理。企业只能在银行开立一个基本账户，其他银行只能开立基本账户以外的银行借款、转存业务。当然，初创企业也可以根据企业经营发展的需要，开通网上银行。

开设银行账户的基本程序如下：

1）填写开户申请书，即企业要在银行开立账户，须向选定的开户行提出申请，填写开户申请书。

2）提交企业法人营业执照正本原件及复印件。

3）提供法定代表人身份证原件及复印件。

4）经办人的身份证原件及复印件。

5）提交预留在银行的印鉴。

6）开户银行审查，即开户银行对开户企业提交的开户申请书、有关证明、印鉴卡等文件，根据银行有关规定进行审查。经中国人民银行审查同意后，银行确定账号，发放开户许可证。

近年来，国家为了推动大众创业、万众创新，提高广大民众的创业热情，释放创业带动就业的倍增效应，不断放宽创业尺度，简化办理工商流程，提供孵化园帮助创业者寻找办公场所，改革证照制度，从"三证合一"到"五证合一"，优化登记方式，放松经营范围登记管制，支持各地结合实际放宽新注册企业场所登记条件限制，推动"一址多照"、集群注册等住所登记改革，分行业、分业态释放住所资源。这些举措不仅降低了办理费用，还节省了办理时间，既提高了工商人员的工作效率，又使创业者创办企业变得轻松、便捷。

二、大学生创业的优惠政策

（一）大学生创业的税收优惠

《关于进一步支持和促进重点群体创业就业有关税收政策的通知》规定，持《就业创业证》（注明"毕业年度内自主创业税收政策"）的高校毕业生在毕业年度内（指毕业所在自然年，即 1 月 1 日至 12 月 31 日）从事个体经营的，自办理个体工商户登记当月起，在 3 年（36 个月）内按每户每年 12 000 元为限额依次扣减其当年实际应缴纳的增值税、城市维护建设税、教育费附加、地方教育附加和个人所得税。此税收政策执行期限为 2019 年 1 月 1 日至 2021 年 12 月 31 日。纳税人在 2021 年 12 月 31 日享受本通知规定税收优惠政策未满 3 年的，可继续享受至 3 年期满为止。

（二）创业担保贷款和贴息

根据《国务院关于进一步做好新形势下就业创业工作的意见》的规定，对于符合条件的大学生自主创业的，可在创业地按规定申请创业担保贷款，贷款额度为 10 万元。鼓励金融机构参照贷款基础利率，结合风险分担情况，合理确定贷款利率水平，对个人发放的创业担保贷款，在贷款基础利率基础上上浮 3 个百分点以内的，由财政给予贴息。

（三）免收有关行政事业性收费

毕业 2 年以内的普通高校毕业生部门首次注册登记之日起 3 年内，免收管理类、登记类和证照类等有关行政事业性收费。

（四）免费创业服务

各地高校举办"互联网＋就业指导"公益直播课，建立"全国大学生就业创业指导专家库"，打造大学生就业创业指导"名师金课"。全国许多城市成立大学生创业园，对园区内的大学生创业企业提供培训和指导服务，落实扶持政策，提高创业成功率，延长存活期。如长春市，建立大学生创业就业导师团队，采取政府购买服务的方式，免费为大学生创业提供指导咨询服务。

有创业意愿的高校毕业生，可免费获得公共就业和人才服务机构提供的创业指导服务，包括政策咨询、信息服务、项目开发、风险评估、开业指导、融资服务、跟踪扶持等"一条龙"创业服务。

（五）取消高校毕业生落户限制

全国很多城市加入"人才争夺战"，出台了多项针对大学生的优惠政策，除极少数超大城市外，全面放开高校毕业生落户限制，鼓励在创业地办理落户手续。

（六）高校对自主创业大学生提供多项便利条件

按照《普通高等学校学生管理规定》《教育部关于做好 2021 届全国普通高等学校毕业生就业创业工作的通知》，高校在许多方面对大学生创业提供便利。

1）学生参加创新创业、社会实践等活动以及发表论文、获得专利授权等与专业学习、学业要求相关的经历、成果，可以折算为学分，计入学业成绩。具体办法由学校规定。学校应当鼓励、支持和指导学生参加社会实践、创新创业活动，可以建立创新创业档案、设置创新创业学分。

2）学校可以根据情况建立并实行灵活的学习制度。对有自主创业意愿的大学生，实施弹性学制，放宽学生修业年限，允许调整学业进程、保留学籍休学创业。

3）休学创业或退役后复学的学生，因自身情况需要转专业的，学校应当优先考虑。

4）各地各高校建设一批大学生创业示范基地，继续推动大学科技园、创业园、创业孵化基地和小微企业创业基地，作为创业教育实践平台，建好一批大学生校外实践教育基地、创业示范基地、科技创业实习基地和职业院校实训基地。高校应开辟专门场地用于学生创新创业实践活动，教育部工程研究中心、各类实验室、教学仪器设备等原则上都要向学生开放。

5）各高校要优化经费支出结构，多渠道统筹安排资金，支持创新创业教育教学，资助学生创新创业项目。高校要加强专业实验室、虚拟仿真实验室、创业实验室和训练中心建设，促进实验教学平台共享。

支持高校学生成立创新创业协会、创业俱乐部等社团，举办创新创业讲座论坛，开展创新创业实践。

6）持续推进创业带动就业，加大"双创"支持力度，各地高校会同有关部门落实大学生创业优惠政策；继续举办中国国际"互联网＋"大学生创新创业大赛；组织开展"高校毕业生创业服务专项活动"，推动各类创新业大赛获奖项目成长发展、落地见效，带动更多毕业生实现就业。

如今很多人都有创业的打算，政府也不断优化创业政策，目的就是鼓励更多的人创新创业。这些好的创业政策无疑给创业者提供了更多的机遇，也让创业风险降到更低。

第三节　初创企业的法律意识与企业社会责任

一、初创企业的法律意识

创业者在创建和经营企业的过程中，必须了解和遵守有关法律法规，以确保自身和他人的利益不受非法侵害。与创业有关的法律主要包括《中华人民共和国专利法》《中华人民共和国商标法》《中华人民共和国著作权法》《中华人民共和国反不正当竞争法》《中华人民共和国民法典》《中华人民共和国产品质量法》《中华人民共和国劳动法》等。

我国的社会主义市场经济已初具规模，法律体系较完备。创业者进入市场，须按照市场规则来运作。创业者本身是否具备法律意识和法律理性，以及是否了解和掌握与其创业相关的法律法规是依法创业的关键。从准备筹划设立企业到企业的日常运营，乃至可能面临的解散破产，这一系列行为中的每个环节都有相关法律法规的调整。创业者如果能够在企业初期就对相关法律法规加以了解，尽量规避因法律纠纷给创业带来损失甚至颠覆性的灾难。

具体来说，创业者创立企业需要了解以下法律法规：

（一）规定企业设立、组织、解散的法律法规

规定企业设立、组织、解散的法律法规包括《中华人民共和国公司法》《中华人民共和国合伙企业法》《中华人民共和国个人独资企业法》《中华人民共和国公司登记管理条例》《中华人民共和国企业破产法》等。创业者在设立企业时，必须了解这些法律法规的相关规定，包括设立的条件、组织机构、规章制度等。

（二）规范企业劳动关系的法律法规

劳动法是调整规范企业劳动关系以及与劳动关系有密切联系的社会关系的法律规范的总称。《中华人民共和国劳动合同法》主要规定合同的订立、合同的效力，以及合同的履行、变更、解除、保全、违约责任等问题。合同可以是书面的，也可以是口头的。

此外，创业者还需要了解《中华人民共和国就业促进法》《社会保险费征缴暂行条例》《工伤保险条例》《最低工资规定》等有关的法律法规。企业雇用员工就会涉及劳动关系问题，企业应依法与职工签订劳动合同，避免劳资纠纷问题。

企业除了涉及劳动合同之外，还涉及其他合同，如买卖合同、借款合同、租赁合同、运输合同、保管合同等。

（三）与知识产权相关的法律法规

知识产权是人类智力劳动的产物，是无形的但有市场价值的资产，通过专利、商标、著作权（版权）、商业秘密等形式可以获得保护。与知识产权相关的法律法规包括《中华人民共和国专利法》及其实施细则、《中华人民共和国商标法》及其实施条例、《信息网络传播权保护条例》等。创业者在创立企业的常犯的错误有：没有充分认识知识产权的价值，没有将知识产权作为整体成功计划的一部分，没有采取法律手段有效地保护自己的知识产权，侵犯他人的知识产权。

（四）规范企业市场交易活动的法律法规

规范企业市场交易活动的法律法规包括《中华人民共和国民法典》《中华人民共和国产

品质量法》《中华人民共和国反不正当竞争法》《中华人民共和国反垄断法》《中华人民共和国广告法》《中华人民共和国消费者权益保护法》等。这部分法律法规主要解决企业合法经营、公平交易问题。

（五）　规范国家宏观调控行为的法律法规

规范国家宏观调控行为的法律法规包括《中华人民共和国环境保护法》《中华人民共和国对外贸易法》《中华人民共和国企业所得税法》《中华人民共和国金融法》等。在国家宏观调控视角下，政府是调控者，企业是被调控的对象。企业如果对政府的行为有异议，可以通过行政复议、行政诉讼等途径维护自己的权利。

（六）　与创业纠纷解决相关的法律法规

与创业纠纷解决相关的法律法规包括《中华人民共和国民事诉讼法》《中华人民共和国行政诉讼法》《中华人民共和国仲裁法》《中华人民共和国劳动争议调解仲裁法》等。

二、企业社会责任

初创企业注册成立后，除了要遵纪守法经营之外，还必须积极主动地承担社会责任，为实现相关公众的利益和改善社会环境做出贡献，也才能真正赢得社会认同。

（一）　企业社会责任的内涵与意义

1. 企业社会责任的内涵

企业社会责任是指企业在创造利润、对股东利益负责的同时，还要承担起保护企业利益相关者的责任，保护其权益，以获得在经济、社会、环境等多个领域的可持续发展能力。简单来说，企业社会责任是指企业对其造成的社会、经济和环境影响所担负的各种责任。企业社会责任包含经济责任、法律责任、伦理责任和自行裁判责任四个层次：

1）经济责任是企业应承担的最基本层次的、首要的责任，包括为股东提供投资回报，为员工创造工作环境并提供合理报酬。

2）法律责任是企业应承担的第二层次的责任，即企业经营活动应遵守法律法规，要依法纳税，安全生产，并在国家法律法规允许的范围内经营和发展。

3）伦理责任是企业应承担的第三层次的责任，包括尊重他人，维护员工合法权益，避免对社会造成伤害，在节约资源、保护生态环境等方面承担责任，避免对社会造成伤害，做符合伦理道德规范要求的事情。初创企业要关注社会的均衡发展、和谐发展，支持并参加社会公益事业，促进社会公平，引导消费者健康、科学、合理消费。尽管在企业的经济责任、法律责任中都包含了伦理规范的要求，但社会公众仍然期望企业遵守法律明文规定之外的伦理规范。

4）自行裁判责任是企业应承担的最高一层的责任，这是一种企业自愿履行的责任，法律规范、社会期望甚至伦理规范并没有对企业承担责任提出明确的要求，企业决定具体的创业活动，拥有自主判断和选择权。例如，企业是否参与慈善捐助，是否支持所在地区与社区的发展，是否帮助妇女、儿童及残障人士等弱势群体。

2. 企业承担社会责任的意义

初创企业自觉履行社会责任，对于提升企业形象和竞争力、实现可持续发展意义重大。企业承担社会责任是因为企业是社会的产物，应当对社会的需求做出反应。初创企业自觉地履行社会责任，有助于消费者对企业产品与服务的广泛认可，吸引商机及潜在消费者，提高品牌的影响力，提升产品与服务市场销售的能力；有助于形成有效的社会监督机制，推动初创企业内部组织机构完善，不断规范企业经营行为，增强企业内部团结，维护企业长期的自我利益；有助于推进初创企业主动协调与利益相关者的关系，在社会公众中树立倡导公益、实践公益的企业形象，赢得社会各界的理解、支持与合作，为企业生存与发展带来良好的社会评价，减少或避免公众的批评，改善生存环境。初创企业把承担社会责任看作企业发展的机会，在回报社会、增进社会利益的同时，也有助于经济利益的增加以及自身发展。企业要想谋求更高水平的发展，提升国际竞争力，就应该高瞻远瞩，从长远考虑，拥有成熟的发展策略，即在注重经济效益的同时，重视并肩负起社会责任，有助于企业达到国际标准，拓展海外市场。

（二）企业社会责任的承担

社会责任是企业追求有利于社会长远目标的一种义务。近年来，"企业社会责任"这一理念在企业、媒体、研究机构和政府的推动下已经成为我们日常话语体系的一部分，并且和捐赠、慈善、公益、定价、雇员关系、资源保护以及产品质量等概念一起被公众讨论。具有现代意识的创业者，在企业创立伊始就应充分认识到承担社会责任是企业义不容辞的责任与义务。企业承担社会责任的对象包括股东、员工、消费者、政府、社区、环境等。

1. 企业对股东的责任

股东作为企业的投资者和直接利益相关者，企业对股东最基本的责任是对法律所规定的股东权利的尊重，超出法律规定的伦理底线就会构成企业的不道德行为。企业要对股东的资金安全和收益负主要责任，企业所从事的任何投资必须以能给股东带来利益为基本前提。企业同样有责任向股东提供经营和投资方面的真实可靠信息，保证资本保值增值并进行股利分配，公正合理地对待投资者的利润和附加利润的分配。

2. 企业对员工的责任

员工是企业内部的利益相关者，是企业发展的基石。企业必须采取完善组织管理、建立薪酬激励机制、营造企业文化等措施，提高员工在企业中的待遇、地位和满足感。企业对雇员的基本经济责任和法律责任是企业必须履行的另一伦理底线。在伦理责任方面，企业应做到：①为员工提供安全、健康的工作环境；②依法维护员工的合法权益，为员工按时、足额缴纳社会保险等，合理提高员工的薪酬及福利待遇；③建立员工获得成长与发展的机制，对员工进行培训，为员工提供平等的就业机会、升迁机会、接受教育机会；④为员工提供民主参与企业管理的渠道，为员工提供自我管理企业的机会；⑤在企业内部营造员工、股东及管理者之间相互信任与合作的和谐氛围，激励员工为企业创造更多的价值。

3. 企业对消费者的责任

消费者的购买行为决定着企业价值的实现。企业对消费者的重要责任集中体现在对消费者权益的维护上：①向消费者提供安全可靠、货真价实的产品并履行在产品质量和服务水平等方面的承诺，这是企业对消费者最基本的责任；②尊重消费者的知情权和自由选择权，使消费者尽可能多地了解企业的产品，在公平交易的前提下自由地选择产品。

4. 企业对政府的责任

在现代市场经济背景下，政府要为企业的生产经营活动营造良好的营商环境。企业和政府的关系逐步由单纯的管理、控制走向监督、协调和服务。现代社会中，政府越来越演变为社会的服务机构，扮演着为企业、公民提供服务和维护社会公正的角色，在这种制度框架下，企业作为社会组织或社会公民，对政府的责任表现为：①遵守政府的有关法规与政策规定应承担的责任，合法经营、照章纳税；②企业支持政府的社会公益活动、福利事业、慈善事业，并服务社会。

5. 企业对社区的责任

企业作为社区的重要组成部分，必须积极承担社区责任，并采取适当方式为社区建设做出贡献。具体表现为：①积极支持社区的文化教育事业，热心于环保和公益事业，提供慈善捐助；②济困扶贫，关注弱势群体；③为社区提供更多就业岗位，缓解社区就业压力；④保持社区环境整洁；⑤开办为消费者服务的宣传活动等。

6. 企业对环境资源的责任

生态环境是人类赖以生存和发展的，企业在消除环境污染、保护环境方面肩负着不可推卸的责任：①树立人与自然和谐的价值观，努力做到尊重自然、爱护自然，节能减排，低碳运营，合理地运用自然资源；②以绿色价值观为指导，强化绿色角色意识，实施绿色管理，积极倡导绿色生产和绿色消费，循环发展；③严格自律，把绿色审计作为企业管理的一部分，进行严格的企业自我管理。

（三）企业社会责任的主要特征

1. 对象性

企业要对界定清晰的利益相关者负责。

2. 具体性

企业对利益相关者承担的社会责任是：尽可能地满足利益相关者的利益要求。

3. 有限性

每个企业都有很多利益相关者，每个利益相关者出于自身利益考虑又有着多样化的利益要求。企业资源的有限性使企业不可能完全满足每个利益相关者所有的利益要求，只可能满足其中的一部分。此外，利益相关者的诸多利益要求中，有些是合法的，有些是不合法的。企业通常不会满足利益相关者不合法的利益要求。

4. 层次性

企业管理者需要在全面考虑企业的需要、能力、意愿、各利益相关者的重要性和紧急性、伦理规范等因素的基础上，进行综合权衡。企业社会责任的层次性还可以从另外一个角度进行分析，即考察企业承担社会责任的自愿性以及回报期望。

5. 动态性

由于企业利益相关者可能变化，利益相关者的利益要求也可能随时间和情境不断变化，特定企业的社会责任是动态变化的，但在一定时间内会保持相对的稳定性。

实际上，对于大多数企业来说，资源和能力是有限的，因此需要把注意力聚焦在部分议题上。此外，为了保证企业有动力、有能力持续地创造社会价值，社会责任的践行也需要和企业的发展经营联系在一起。

拓展阅读　从战略高度审视初创企业社会责任的行动

企业在履行社会责任时，需要选择一些与自己的核心业务有交叉的社会议题。其他的社会问题或许由其他行业的公司、非政府组织（NGO）或政府机构来解决更合适。在这一选择过程中，最重要的考量乃是这一社会问题的解决，是否能够提供一个创造共享价值的机会，即在此过程中，社会利益得到保护，而企业的经营能力也得到增强。因此，从战略的高度来审视企业社会责任行动，要注重企业社会责任行动的长期性、方向性和目标性，注重企业的核心竞争力，例如技术、员工、品牌。越来越多的企业开始将社会责任与其经营战略紧密联系，在做公益的同时增强企业的核心能力，树立良好形象。

按照这一理论框架，企业在实际操作中需要根据自身特点对面临的社会议题进行分类。第一类是一般性社会议题，即不受企业运营直接影响，也不对企业长期竞争力具有实质性影响的社会议题。第二类是与价值链相关的社会议题，主要涉及企业在价值链上的生产或经营活动，造成的社会影响，或涉及的利益相关方。第三类是与竞争环境相关的社会议题，即外部环境中能够对企业在当地竞争力形成重要影响的社会议题。

以2020年新冠肺炎疫情为例，许多企业在坚守企业本分的同时当好社会公民，在坚持为社会创造价值的同时也在为自己的明天寻找生机。结合ISO 26000《社会责任指南》，我们一起分析如何体现战略型企业社会责任的精髓。

第一类社会责任行动主要与劳工实践相关。

在疫情发生后，企业采取有效措施保障员工的健康和安全，保障员工的基本生活需要。一位抗疫一线的医生认为，企业老板不用捐东西，再让员工居家办公14天就是对国家最大的贡献。这种责任行为在《社会责任指南》中对应的是"劳工实践"这一核心主题。员工是企业内部重要的利益相关方之一，他们的健康是企业维持经营和提升竞争力的基础。在"劳工实践"这一主题下，《社会责任指南》提出，工作中的健康和安全是非常重要的责任议题之一。值得一提的是，在危机面前，企业展现了应有的担当。

第二类社会责任行动主要与消费者紧密相关。

在疫情面前，许多企业继续坚持为公众提供必需的公共服务，同时为特殊的群体提供专门的服务，保障社会的运行。比如，电信运营单位承诺疫情防控期间欠费不停机服务，保障疫情防控一线人员及疫情高发区用户的正常通信，积极协助政府相关部门免费发送疫情公益短信，甚至减免部分参与防疫防控的医护人员的通信费。这些行为体现的是社会责任框架中"获取基本服务"的议题。类似的社会责任行为在出行、网络服务、餐饮服务等各行各业都能看到。例如，武汉"封城"之时，餐饮企业关门歇业，一些日夜战斗的医护人员靠面包、泡面、蛋黄派支撑。在这种情况下，武汉当地餐饮企业自发组织免费送餐，在外卖平台的协助下，100多家企业加入了驰援一线的战斗，为医生们免费送餐。

第三类社会责任与社区相关。

常见的与社区相关的社会责任议题包括社区参与、教育和文化、就业、技术开发、财富与收入创造、健康和社会投资。与当下情形结合紧密的是社区教育和健康。典型的做法包括促进和支持各个层次的教育，提高教育质量，增加教育机会，提升社区知识水平。还有一类热点议题是确保社区的公共健康。公共健康受到威胁，会对社会产生严重的影响并且阻碍其发展。典型的做法包括促进良好的社区健康水平，例如帮助获得药品和疫苗，鼓励健康的生活方式，阻止不健康的产品和物质，以及推动普及健康知识和疾病防控的知识。此外，为了丰富重点地区民众的居家生活、学习和工作，一些互联网企业为民众送上免费超级会员，给用户提供丰富的内容以及知识平台。这一系列行动发挥了企业的核心业务优势，同时帮助公众获得防疫和其他保健信息，丰富了重点地区民众的居家文化生活。

三类社会责任行动，不但影响个体，更是在企业之间搭起桥梁。

第一类社会责任行动中，平台企业发挥领导作用，提升消费者服务能力和水平，帮助消费者解决相关的合同争议。更重要的是，在此过程中，促进价值链中其他相关方履行社会责任能力的提升。此次疫情影响了很多人的出行计划，整个旅游行业开始处于半歇业的状态。从 2020 年 1 月 21 日起，某旅游预订企业陆续接到退订电话，传统的处理方法是一单一议，接到取消投诉后，再电话联系合作酒店，根据情况判断是否取消。由于取消订单激增，当天该企业就推出新政策，只要是武汉相关的用户，企业就允许无损退订。

第二类决策承担的是企业推动"公平运营实践"的责任。

在这一议题下，《社会责任指南》倡导组织通过其采购和购买决策影响其他组织；通过发挥对价值链的领导力和带动力，推动价值链成员接受和支持社会责任原则和实践。典型做法包括：考虑为中小型组织提供支持，包括提升它们对社会责任问题和最佳实践的认知，并向它们提供额外帮助，以实现对社会负责任的目标，以及采取措施鼓励其他组织采取与本组织相似的社会责任政策。所以，这套企业社会责任的"组合拳"，集中了包括消费者议题和公平运营实践议题的多个社会责任痛点。

第三类责任行动可以说是中国企业的创新责任行为。

在这类责任行动中，中国企业将共享经济推动到了新阶段，发明了"共享员工"的新模式。

疫情期间，不少餐饮企业临时停工、歇业，导致员工无法正常上班，与此同时，零售、物流等保证日常生活相关企业的人力需求逆势增加。此前，某连锁餐饮集团董事长在访谈中透露餐饮行业正在面临至暗时刻，现金流撑不过三个月。在营业收入锐减的情况下，要发出工资、交租金是十分困难的。面对这种情形，某零售企业宣布，自己可以"借用"多家餐饮品牌的员工到店内上岗。短时间内有千名餐饮业的员工开始走上临时的工作岗位，支援在抗疫过程中肩负维持城市基本运作重任的零售企业。

中国大学 MOOC、学堂在线等网络平台开展与高校合作，免费提供平台服务，共享教学。

与此类似，某电商物流公司也设计出了"人才共享"计划，面向受疫情冲击、工作受到短暂影响的人群，提供各类仓内分拣、包装，社区骑手、快递配送等工作岗位。所有报名人员需经在线面试、技能培训、体检后上岗，入职后，公司将提供有竞争力的薪酬。成功入职者采取灵活工作原则，短期上岗，视疫情发展和复工复产情况，可随时返回原工作岗位。

这种通过提供灵活就业机会，帮助受疫情影响的相关企业以及人才渡过暂时困境的做法的确十分有创意。这种借用其他公司的员工，提供暂时就业机会，而且允许员工在疫情结束后返回原来岗位的"共享员工"做法，的确是一种管理创新。未来这一"共享员工"的新型社会责任实践或许也会进入《社会责任指南》，成为危机当中责任企业救助其他组织和个体的新方法。

在疫情面前，受到严重影响的企业，无论规模大小，都在尽力用商业的方式贡献自己的力量。这些社会责任案例让我们看到，除了倾囊相助，在这个与病毒作战的过程中，还有大量的没有被我们充分解读和关注的社会责任故事。正是那些看起来微不足道的个体和善举，汇集交织在一起，构成了我们战胜灾难的坚实社会基础。

资料来源：www.gsm.pku.edu.cn/dba/info/1204/1617.htm（经整理加工）。

本 章 小 结

初创企业可选择的企业组织形式主要有个体工商户、个人独资企业、合伙企业、有限责任公司。初创企业注册需进行预先核准企业名称、材料准备和材料提交、主管部门审查、现场领证、刻章、税务登记与申领发票、开设银行账户。创业者在创建和经营企业的过程中，必须了解和遵守有关法律法规，以确保自身和他人的利益不受非法侵害。企业注册成立后，需主动承担社会责任，才能获得社会认同。企业承担社会责任的对象包括股东、员工、消费者、政府、社区、环境等。初创企业在成长过程中将面对不同的创业风险，创业者需了解各阶段可能出现的风险，并掌握控制与化解风险的策略与技巧。

复 习 思 考 题

1. 不同组织形式的企业各有什么特点？哪类适合你的初创企业？

2. 创业者选择企业组织形式时应该考虑哪些因素？

3. 初创企业的注册流程是什么？

4. 即将创立企业的创业者需要了解哪些法律法规，以保证企业在法律的框架下运营并受到法律保护？

5. 企业注册成立后，为什么还需承担社会责任？需要承担哪些社会责任？

案例分析　李金生的农产品电商创业路

2019年4月20日，南昌海吉星创业孵化园内，南昌大学MBA案例教学现场，不到40岁的李金生正在给南昌大学MBA学员分享他的创业过程和经历。

按年份来说，李金生是这些MBA学员的老学长，他于2013年就读南昌大学工商管理系的MBA，并且此后不断地学习深造，早年的他是名副其实的穷小子，没有学历、没有资金、没有人脉，属于典型的"三无"人员，但如今的他已经是多家公司的董事长、总经理、股东或创始人。在此过程中，李金生经历了什么？他是如何做到"鲤鱼跃龙门"的呢？让我们一探究竟。

1. 草根出身，不屈命运

在南昌市青云谱区海吉星创业孵化园内，我们见到并采访了李金生本人。李金生这人个子不高，平头短发，看似平凡，实则不然，他家中有四个姐姐、两个妹妹，父亲靠着一年不到一万元的收入艰难地养活这一大家人。他两岁时发高烧，导致左脚残疾（小儿麻痹症），生活上一直有些不便，难免会有些自卑。2002年，李金生毕业于民办学校并自考拿到大专文凭，当时的他兴奋不已，因为他成了村里为数不多的大学生。但现实却给他泼了一盆冷水——一张大专文凭换不来体面的工作。迫于生活压力，他背井离乡，拖着一条行动不便的腿跑广州、走深圳，最终却无法逃脱流水线工人的"魔咒"，他不怕吃苦也不在乎一线工人地位的卑微，却受不了流水线工作日复一日机械枯燥式的生活。几乎是一夜梦醒，他决定"从哪里来，回哪里去"，2003年李金生回到南昌的一家公司做销售，一年多的时间就晋升到了销售经理。

一次偶然的火车上的"艳遇"，他认识了现在的妻子陈燕，两人情投意合，很快便坠入爱河。但是，李金生明显感觉到陈燕妈妈对自己的身体条件和生活现状不太满意，作为家长，陈燕妈妈肯定是希望自己的女儿过得好，难免对当时的李金生有些不满意。为了让陈燕妈妈放心地把女儿交给自己，他萌生了创业的想法。

李金生把创业的想法告诉了家里人，却并没有得到家里人的支持，家里人认为他只是农村出来的很普通的一个人，好好地打工赚钱，以后结婚生子就很不错了，没指望他能够荣华富贵，甚至明确告诉他老老实实在家学个谋生的手艺，比如开个理发店养家糊口。但是，李金生并不服输，他想证明自己是可以成功的，自己不是一辈子开理发店的命，他想改变自己的命运。深圳工作几年的生活经历锻炼了他，年轻的他有着一股冲动与激情，于是，他开始了自己的创业之路……

2. 机会+缘分，初入农产品电商

李金生选择农产品电商这一领域缘于他之前在深圳做市场营销及信息化业务时，参与了农产品信息化这一业务，对农产品电商这一领域有初步的了解，并结识了一些相关领域的朋友，积累了一些人脉。他当时觉得江西在农产品这一领域虽然品种多、产量大，例如赣南脐橙、南丰蜜橘等，但是销售市场做得不好，仅限于简单的买卖交易。他是农民出身，对农产品有所了解，再加上政府推进精准扶贫，对农产品市场开发与销售这一领域有相应的扶持政策，会给予创业者一定的补贴，于是他毅然开始了自己的创业旅程。

任何创业都要经历很多痛苦和磨难，李金生也一样。刚开始的时候，他吃过不少亏，也上过不少当。2006年的春天，一场大雨让出行变得十分困难，李金生接到客户的送货电话，他和妻子陈燕披上雨衣骑着老式的电动摩托车就出门了。谁知道刚骑出不远，雨衣就被卷入摩托车车轱辘里面，加上天冷路滑，两人从车上甩下来，李金生半天时间动弹不得，陈燕的脚也血流如注。朋友闻讯赶来，将两人送到医院检查，所幸并无大碍。

李金生的第一桶金缘于"贵人的相助"，本质上是他对客户真诚，懂得感恩，所以客户很信赖他。2015年，李金生给外甥找了份差事，那便是在与其合作人李彬共同投资的水果蔬菜店里管账。这个水果蔬菜批发项目中，李金生与合伙人李彬一起投资了100多万元，他外甥在这个水果店负责对每日的进货账单和交易账单进行核对管理，每日的现金都由他外甥负责保管，次日再存入银行。然而，他外甥因沉迷赌博，挪用了30多万元的货款，最后导致资金链断裂，水果蔬菜批发店也无法继续经营下去，李金生投入的资金石沉大海，他却主动赔付了客户的货款和李彬的本金。李彬退出了该项业务，李金生重新寻找合伙人重整旗鼓，第二年销售额便达到了2500万元，盈利了100多万元。让李彬怎么也没想到的是，李金生竟"稀里糊涂"地给了他5%的分红，李彬非常感动，于是两人又重新站到了一条战线

上，合作成立了江西省老李头农产品电子商务有限公司，决心"重整河山"。2016年，观察敏锐的李金生做了战略转型，他整合了麾下的农产品批发零售团队、电商团队、冷链物流团队等，贯通线上线下批发市场，合力打造江西省农产品电商平台。

3."一个好汉三个帮"，选对伙伴很重要

宋显琼"宋哥"是李金生在南昌大学读MBA时的同学，也是李金生江西省金麦穗现代农业投资有限公司的合伙人之一。他俩在读书期间甚是投缘，你称我"宋哥"，我唤你"金生"。宋哥欣赏金生的勤奋务实，金生膜拜宋哥的理性稳重。

三年研究生没读完，兄弟携手创业便成了事实。宋哥的思维很开阔并且富有远见，他能把李金生从埋头做事的"山脚"领到登高望远的"山顶"。李金生的"棋"下得很大，2015年他依托全国农产品批发市场把触角延伸到了江西各地；他利用长期负责农产品市场车辆管理的便利，组建了多条江西省内农产品冷链物流专线；他整合黑猪肉、野猪肉等高档肉类生产基地，建立自营连锁店和加盟连锁店；他开通"江南优品"网上商城，卖"老李头生鲜""八蛋一星"……忙得不亦乐乎，这段时间他从生产、物流到销售等各个领域都有所涉及。2015年年底，宋哥找到了李金生，他对李金生说："金生啊，我们是时候改变一下这种广而不精的发展模式了，学习上做加法，而事业要开始做减法了，专注地做好一件事情，只关注广度、不关注深度是走不远的。我们能不能尽全力打造江西农产品行业第一品牌，让人们享受更低价、更优质、更安全的农产品？"宋哥的话深深地触动了李金生，两人连夜聚集核心人员召开会议，确定了公司的经营策略。

随后，李金生做了四个大动作：①建设辐射江西各农产品批发市场、大型超市、食品加工企业的销售渠道；②开设生鲜连锁自提体验店；③与外部电商平台合作，建立销售网络；④升级"江南优品"智慧农业新零售平台，采集数据，完善产品质量和服务质量系统管理。从田埂上走出来的李金生下决心要做江西农产品的"红娘"，助力江西农业的产业化、品牌化。

4.跨入农产品电商之渐入佳境

短短三个月时间，李金生和宋哥一起驱车跑遍了江西所有的县市，构建了"从田间地头到餐桌"的全循环服务链。接下来，他们又通过"江南优品"农业新零售平台打造产品DNA追溯系统，对农产品的种植到销售等环节全程跟踪，用一张"产品出生证"将农产品品质、认证信息及质量检测报告呈现在消费者面前。这种全新的商业模式很快得到了供应商、门店和社区社群的响应，截至2018年8月，公司已在南昌市区建立电商社群300个，设立10多个"江南优品"共享网点。另有等待加盟的社区门店100多家，申请进入平台的供应商也多达50家。

李金生在农产品电商这一领域的最终目标是以江西省金麦穗现代农业投资有限公司为依托，实现农产品电商的现代化，为了这个目标，他和他的团队一直在努力。

资料来源：http://www.cmcc-dut.cn/Cases/Detail/3884（经整理加工）。

【问题】

1.在什么样的动机驱使下，李金生萌发了自主创业的念头？

2.李金生初次创业，他是如何探索出自己的创业之路的？

3.李金生在创业之初遇到了哪些机会？他是如何筛选这些机会的？

4.促成李金生创业成功的关键因素有哪些？

第九章 | 初创企业管理

学习目的与要求

- 掌握初创企业的内涵与特性
- 了解初创企业管理的内容
- 理解初创企业成长过程中面临的挑战
- 掌握初创企业成长管理策略

学习重点与难点

重点：企业成长过程中面临的挑战

难点：初创企业管理的内容；初创企业成长管理策略。

引导案例

初次创业，我失败了！

1997 年，计算机销售刚刚开始火爆起来，吴阳、兰寿、秋付和我（邱鼎）商量着到漳州做计算机销售。我们算了一下，大概每个人筹集 5 万元才行。但是，当我们说出自己的想法时，家长们无不大吃一惊，在此情况下的结果是可想而知的：我们没有一人能够完成筹款任务。原先的一揽子计划搁浅了，我们算是第一次体会到计划执行起来的艰巨性。

一、创业准备

1999 年 4 月，我进入深圳市宝安区沙井镇一家公司开发部上班，工作是多媒体音箱及遥控器的开发。在这段时间，我知道了怎样将一种设想变为产品，知道了什么是品质及成本控制。

2000 年 3 月，我给同学吴阳打电话，他在漳州开了一个制作网页的公司，因为现在计算机市场上多媒体音箱销得相当火，几乎每个买计算机的人都会配一个这样的产品，于是我便试着问他能否把他公司的业务转到多媒体音箱上来。令我感到惊喜的是，他竟然也觉得多媒体音箱是一个好的项目。

吴阳这几年都在做与计算机有关的事，对计算机的周边产品非常熟悉。而我经过这一年的努力，在音箱这种产品上，从设计到生产都能一个人负责下来。而且，在这一年中我也接触了大量的供应商，并与它们保持着良好的关系，能找到重要元器件最直接的供应商，所以在成本控制上也会有优势。从这种产品来说，我觉得自身的条件是相当成熟的。

接下来，我们开始考虑钱的问题。得到吴阳父亲的支持，我们有了5万元的启动资金。

二、产品：计划离实际有多远

当时我们把产品定位在中高档次、成本在200元以内的4.1音箱上。4.1音箱即2个前置音箱、2个环绕音箱、1个低音音箱。这种音箱在市面上的零售价都在350元以上，而品牌好一点的，零售价是450元，更好的在500元以上。如果把原来产品所用的塑胶壳换成木质的，品质不会输给它们。所以，我们认为把产品的零售价定在380元，应该是一个消费者可以接受的价格。如果我们把出厂价定为260~280元，既可保证经销商的利润，也能使我们有一定的利润空间。基于以上几点，我们认为音箱不会有销路问题。5万元不算多，但我们可以用这些钱在买完一些基本的仪器设备后再生产100套产品，等这些产品卖出后我们继续做第二批、第三批，如此慢慢地把规模做大。

在几许兴奋与不安中，我们的多媒体音箱项目算是真正开始了。但很快，一些问题接踵而来。比如，我们对周边的配套市场不熟，一些极普通的电子元器件，在深圳赛格电子市场一抓一大把，而在漳州却找遍了都寻不见，只好托人从深圳买回来；过于相信一些供应商的口头承诺，等拿到货时才发现其规格与自己的要求相距甚远，但因为没有签订合同，算是吃了哑巴亏……

经过一个半月的努力，我们的4.1音箱终于面世了。在产品的包装纸盒上，我与吴阳产生了分歧。当时一篇文章介绍，将来产品包装的趋势是"无成本包装"，意思是把包装成本降至最低，因为这些成本最终还是落到消费者头上，也造成一些资源的浪费，从环保的角度出发，"无成本包装"将是产品包装的必然方向。所以，我极力主张用单色印刷的纸盒。而吴阳却觉得用彩印比较好，因为色彩鲜艳的外表比较容易引起消费者的注意，新产品上市，又一点儿名气都没有，这样包装对打开销路有好处。

事后证明吴阳是对的。因为我们在后来产品销售的过程中发现消费者对彩色包装的产品更感兴趣，特别是那种偏中高档的。最终，出于对成本的考虑，我们用的是单色印刷。

一个完整的产品在费尽周折之后总算可以摆在消费者面前，而我们的钱也不多了。做这100套产品所花的钱远远地超出了我们的预算。比如，做低音炮箱体，成本是35元一个，但是如果我们一次性做200个，28元就可以，一咬牙，下了200套的订单；对于散热器，如果在市场上买，一片得3.5元，但找厂家的话，一片只要2.5元，但问题同样出现在用量上，对厂家来说，最少也必须定做1000片，于是我们又咬了一次牙；购买变压器时，由于供应商弄错了规格，当时又没有签订合同，我们不得不重新订了一批，如此种种，为了降低成本，许多事情我们当时是根本没有预料到的，现在却是不得已而为之。等100套产品做完时，我们只剩1万元左右了。采购上的失策，让我们原来的资金预算没有了任何意义。

三、销售：压力、努力、现金

我们都急着把这些产品卖出去。之前我们的职责就已分配好，我负责产品方面，吴阳负责销售。所以在产品出来的第二天，他就抱着一套音箱去厦门湖滨南电子城找经销商了。其实，在我们的产品出来之前，他就联系了一些客户，所以我们对他的厦门之行充满了无限期待。但是，他回来之后反映的情况却令我们失望。

这次他去找了两家经销商，其中一家对我们产品的质量相当满意，但由于我们的音箱不具有屏蔽性，所以没有签约；另一家虽然音箱业务做得很大，经营的品牌有好几种，但要求必须压货，即它可以销售我们的音箱，但是只能在产品售出后才能给我们货款。这对于急于周转资金的我们来说，是一种难以接受的选择！

吴阳又去了三次厦门，在电子城一家一家地问过去，但结果都差不多。资金一天天地减少，我们每天的费用，包括房租、水电、伙食，平均也得100元，而产品没销售出去，资金就无法周转。我们分析推销失败的原因时想，吴阳性格内向，是不是没有很好地和客户解释清楚我们产品的优缺点呢？于是决定由我出马！

因为几家大的音箱代理商已经拒绝过我们的产品，当我再抱着音箱去找它们时，它们似乎很反感。于是，我去了吴阳以前没去过的地方。经过两天的努力，终于有一家经销商答应进我们40套的货，而且可以付60%的货款，其余月结。我们总共做了100套产品，所以压力一下子小了许多。

四、结局和反思

虽然产品陆陆续续地在卖出，但资金回笼也并非我们想象得那么快，慢慢地我们快撑不住了。等音箱基本售完，货款陆续回来后，我们也只剩下1.5万元左右了。这主要是由于销售成本上的估计不足，一些客户不讲信用也让我们白花了不少路费。我们原打算在做完第一批产品之后做第二批的计划，然而这在现实面前变得没有一点儿可行性。

后来，我们终于没能坚持下去！我的满怀激情的第一次创业，算是为自己的人生添加了一次失败的经历。我为这次创业做了一个总结：

1) 没有良好的心理承受能力，永远别想自己当老板。

2) 资金是创业最基本的要素。没有资金，好的设想只能是一种设想。

3) 做一个产品，最终目的是把它推销出去。如果不能把它送到消费者手中，之前所有心血都是白费，不管产品有多好！可以说，之前所做的一切都是为最终的销售而服务。

4) 在推销之前要想好销售策略，否则，等发现问题时，市场已不属于你的了。

如果还有第二次机会，我想我会以一种更成熟的心态去对待它。以上这些经验教训，我会铭记一生的。

资料来源：http://www.docin.com/p-61219320.htm（经整理加工）。

思考：

1. 从上面的案例中，你得到了什么启示？

2. 邱鼎在初创企业管理中面对风险时是如何处理的？

3. 考虑到资金的重要性，企业应如何管理有限的资金？

第一节　初创企业管理概述

一、初创企业

（一）初创企业的内涵

根据生命周期理论，企业注册后，一般遵循创立初期、成长期、成熟期、衰退期四个阶段顺序发展。全球创业观察报告中的初创企业是指成立时间在 42 个月以内的企业。通常这类企业成立时间不长，处于创立初期或成长期。

初创企业是指创业者利用商业机会，通过整合资源所创建的一个新的具有法人资格的实体，它能够提供产品或服务，以获利和成长为目标，并能创造价值。初创企业能否生存或健康成长至关重要，这既关系到初创企业的成败，又关系到企业今后能否持续发展。在最初几年一般利润较少，增长较慢。下一阶段利润迅速上升，随后企业利润和增长开始趋于稳定。此后的公司情况有赖于企业维持销售水平的能力，并开始新一轮的循环。初创企业是处于发展早期阶段的企业。

初创企业是成熟企业必经的一个阶段，也是企业商业模式的摸索阶段。初创企业建立起来并不代表着一劳永逸，"万里长征"才刚走了第一步。由于根基不是很牢固，初创企业随时都面临倒闭危险。众所周知，九成以上的初创企业都会夭折，只有不到一成能存活下来。很多失败通常是企业在初期管理上的不成熟所致。因此，创业者必须清晰地了解：初创企业有怎样的特殊性？是哪些因素在驱动初创企业成长？初创企业成长又面临哪些挑战？创业者该为初创企业成长做哪些准备？如何进行初创企业的成长管理。

任何一个大企业都是由初创企业演变而来，如微软公司、苹果公司等，现在取得很好发展的企业曾经都是初创企业，都是在不断的发展中逐渐强大，一步一步发展到现在的。一个企业能否走向辉煌，取得优异的成绩，与其在初创企业阶段的管理有着密切的联系。

（二）初创企业的特性

1. 初创企业具有高成长性和高风险性

初创企业区别于成熟企业的重要特点之一在于：初创企业由于规模较小，受技术环境变化、商业模式变革、竞争对手打压、内部管理缺陷等的影响，在许多方面都处于劣势，呈现出"易变""不稳定""高死亡率""充满风险"等特点。但初创企业会处于超常规发展阶段，通常经营机制灵活，同时在产品、技术或业务的某些方面具有一定的独特性和领先性，对区域市场和细分行业的竞争能够保持良好的适应和应对，因而以一种非线性、高增长的态势快速成长。也就是说，初创企业的成长呈非线性特征，可能是爆发式增长，也可能是昙花一现，甚至彻底失败。

2. 初创企业管理是以生存为首要目标的"生存管理"

初创企业在创立初期的首要任务是在市场竞争中生存下来，让消费者认识和接受自己的产品或服务。在这个阶段，生存是第一位的，一切围绕生存而运作，应避免一切危及生存的做法。要尽快找到客户，把自己的产品或服务卖出去，挖掘到第一桶金。只有这样，初创企业才能在市场中找到立足点，才有生存的基础。企业里的大多数人，包括创业者在内，都要出去销售产品，这就是所谓的"行动起来"。在这一阶段，企业是机会导向的，有机会就做出反应，而不是有计划、有组织、定位明确地开发利用自己所创造的机会。

3. 初创企业具有灵活性和创新性

保持敏锐的观察力和良好的适应力是企业创新的原动力，也是初创企业快速发展的核心动力。与成熟企业相比，初创企业的机制灵活，以目标为导向，轻分工、强协作，创业者与团队成员相互融合成为一个整体，反应速度快、灵活且充满活力。这主要是因为初创企业的突出优势在于高层管理者更贴近客户，更敏锐地感受到市场的变化并能及时进行调整，以抗衡成熟企业的规模经济。与此同时，初创企业为了适应快速变化的竞争环境，需要保持较强的创新性。初创企业在发展过程中会遇到众多挑战，很多管理上的问题在书上和前人的经验中找不到答案，只有保持敏锐的嗅觉和创新的热情，敢于创新，善于创新，才能更好地发展。

4. 寻求社会高程度认同

社会高程度认同对初创企业的可持续发展有着重要作用。社会高程度认同能够帮助初创企业快速在消费者心中建立良好形象，扩大企业的影响力。尤其对于初创企业而言，社会认可度还是投资者考察成长企业的重要指标。

企业注册成立后，除了遵纪守法之外，还需要积极承担社会责任，获得善待员工、为客户创造更高的价值、主动接受社会监督、自觉保护生态环境等方面的社会认同。

二、初创企业管理内容

管理是伴随着企业整个生命周期的企业活动，在企业发展中发挥着至关重要的作用。通过协调人力、物力和财力资源，使整个组织活动更加富有成效。其目的在于强化组织凝聚力，加强部门间合作，提高组织的执行力，有利于企业的长远发展。一般而言，初创企业管理技能主要包括企业战略管理、人力资源管理、财务管理、营销策略、风险管理等。

（一）战略管理

战略管理是指企业为了实现其经营目标，在考虑其内部条件和外部环境后，对企业未来的发展所进行的方向性谋划。初创企业的战略管理过程也许是被非正式地实施，也许由业主或管理者一人实施，但它同样会显著地促进或阻碍企业的发展。

初创企业的战略管理包括两个重要阶段：战略分析与选择、战略实施与控制。

1. 战略分析与选择

战略分析是指对企业现在、将来发展和生存的某些关键因素进行分析，对企业建立战略行动的约束条件进行研究，从而了解企业所处的环境和相对竞争地位，确定企业的使命和目标；了解企业所处的环境变化，这些变化将带来机会还是威胁。这个阶段直接决定了企业选择何种战略，对企业发展的影响是全局性、长期性、系统性的。常用的战略分析工具有SWOT分析法、内部因素评价法（IFE矩阵）、外部要素评价法（EFE矩阵）、竞争态势评价法（CPM矩阵）、波士顿矩阵法等。通过上述科学分析方法，企业可选择适合自己的优势战略。常用的战略类型有发展型战略、稳定型战略、收缩型战略、成本领先战略、差异化战略和集中化战略。

2. 战略实施与控制

经过前期的战略分析与选择，企业就可确定最优的发展，接下来的重点就是将战略转化为具体的行动，同时将战略实施成效与预定的战略目标进行对比，检测二者是否存在明显的偏差，是否符合原定目标，如果发生了偏离，则应根据实际情况采取有效措施进行控制和纠正，以保证企业战略目标的实现。

（二）人力资源管理

创业初期，人力资源管理的主要特点体现在由于规模小，组织结构层次简单，决策权在主要的创业者手中，决策过程简单，在用人机制上，创业者有充分的自主权。但创业者不能把初创企业想象得过于简单。人力资源管理必须科学化。人力资源管理是通过招聘、甄选、培训、报酬等管理形式对组织内外相关人力资源进行有效运用，满足组织当前及未来发展的需要，保证组织目标实现与成员发展最大化的一系列活动的总称。人力资源管理主要包括组织设计、员工招聘、员工培训等方面。

1. 组织设计

组织设计主要包括以下五个方面：

（1）组织结构

一个组织所具有的结构表现为组织内部各部门、各个层次及岗位，以及各个岗位之间、组织成员之间的信息沟通和相互关系的排列方式。企业组织结构的类型有直线型、职能型、直线－职能型、矩阵型、事业部型等。没有任何一种组织机构模式对所有企业都适用。企业设置组织结构必须结合自身企业的文化背景、发展战略、经营策略等多方面的实际，选择最适合本企业的组织结构模式。

（2）计划、评估和评价制度

组织所有活动都反映出企业的目标，企业必须清楚地说明这些目标如何达到，以及目标如何评估和评价。

（3）奖励

组织成员对组织的忠诚和责任心以及工作的积极性都与其获得的奖励有关。一般来说，有效的奖励手段包括晋升、股权奖励、表扬、带薪休假等。

（4）选拔员工

创业者需要针对组织的各个岗位制定不同的选拔标准，并且在选拔程序上做到公开、公平和公正。

（5）培训

脱产或者不脱产的培训都需要详细说明。培训的形式既有技能培训，也有素质培训。尤其是随着知识经济的迅速发展，培训对技能提升和技术进步尤为重要。

2. 员工招聘

企业在初创期和高速成长期的员工流动性更大，这也是初创企业面临的最大问题，即如何选择合适的创业队伍并保持稳定。初创企业想要招聘到能用又能留下来的员工，必须在观念上有所突破，不能囿于传统惯性招聘思维模式。为此，要做到以下几个方面：

1）对人才需要有清晰的定位，忌小材大用、大材小用，以够用为原则。

2）不同层次的人才通过不同的渠道招聘。

3）招聘的员工要拥有良好的人格和品质。

4）工作丰富化在创业初期往往比学历更重要。

3. 员工培训

除了选对人，还要对员工进行技能和素质的培训。员工培训是人力资源管理的重要一环，是一种重要的人力资本投资形式。通过培训，企业员工可以明确自己的任务、工作职责和目标，提高知识水平与技能，培养并提升与实现企业目标相适应的素质和业务能力，在员工个人素质提高的同时为企业创造最大价值。

进行员工培训需要注意以下几点：

1) 只有创业者自身进行人力资源培训，才能正确地培训员工。

2) 制订员工逐步发展的培训计划，营造学习型组织氛围。

3) 注重员工人格的培养，对员工进行创业精神培育。

4) 加强员工价值观念和团队合作精神的教育和培训。

5) 注意控制培训成本。

（三）财务管理

根据"生存第一、现金为王"的原则，初创企业必须有一个健全的财务管理系统。否则，当企业开始成长时，会发现自己处于财务危机之中，并可能因此使成长遭到挫折。财务管理是指企业为实现良好的经济效益，在组织企业的财务活动、处理财务关系过程中所进行的科学预测、决策、计划、控制、协调、核算、分析和考核等一系列管理工作的全称，其主要特点是对企业生产和再生产过程中的价值运动进行管理，是一项综合性很强的管理工作。有的初创企业规模太小，甚至没有自己的财务系统，但必须有财务原则。财务管理是一项具有特殊性的管理活动，主要包括筹资、投资、运营等方面。

对于初创企业来说，企业运营管理是财务管理的重点。企业运营就是对运作过程的计划、组织、实施和控制，是与产品生产和服务创造密切相关的各项管理工作的总称。简而言之，运营管理就是把人员、设备、资金、材料、信息、时间等有限资源合理地组织起来，最大限度地发挥它们的作用，以求达到经营性目标。

一般来说，企业在对运营状况进行分析时，可以通过以下几种途径来实现：

1. 按照提供的资料进行分析

要进行运营状况分析，首先要提供分析资料，主要包括内部资料和外部资料。内部资料最主要的是企业财务会计报告，财务报告是反映企业财务状况和经营成果的书面文件，包括会计报表（资产负债表、利润表、现金流量表）、附表、会计报表附注等；外部资料是从企业外部获得的资料，包括行业数据、其他竞争对手的数据等。

2. 按照运营目的进行分析

（1）财务效益分析

财务效益是指企业资产的收益能力。资产收益能力是会计信息使用者关心的重要问题，通过对其分析能够为投资者、债权人、企业经营管理者提供决策信息。财务效益分析指标主要有净资产收益率、资本保值增值率、主营业务利润率、盈余现金保障、成本费用利润率等。

（2）偿债能力分析

偿债能力是指企业用其资产偿还长期债务和短期债务的能力。企业偿债能力的强弱，是企业经济实力和财务状况的重要体现，也是衡量企业能否稳健经营以及财务风险大小的重要尺度。偿债能力分析的主要指标有资产负债率、已获利息倍数、现金流动负债比率、速动比率等。

（3）资产运营状况分析

资产运营状况是指企业资产的周转情况，反映企业对经济资源的利用效率。资产运营状况分析的主要指标有总资产周转率、流动资产周转率、存货周转率、应收账款周转率、不良资产比率等。

（4）发展能力分析

发展能力是指企业扩大规模、壮大实力的潜在能力。发展能力关系企业的持续生存问题，也关系投资者未来收益和债权人长期债权的风险程度。分析企业发展能力的指标有销售增长率、资本积累率、3年资本平均增长率、3年销售平均增长率、技术投入比率等。

3. 按照分析的对象进行分析

（1）资产负债表分析

资产负债表是反映企业所拥有的资产、所承担的债务以及投资者或创业者在企业中所拥有的权益的一种财务报表。资产负债表好比一张静态图片，它能反映公司财务状况的好坏。

资产负债表主要从资产项目、负债结构、所有者权益结构方面进行分析。资产项目分析有现金比重、应收账款比重、存货比重、无形资产比重等。负债结构分析有短期偿债能力分析、长期偿债能力分析等。所有者权益结构分析即分析各项权益占所有者权益总额的比重，说明投资者投入资本的保值增值情况及所有者的权益构成。

通过资产负债表，可以看出公司资产的分布情况、负债和所有者权益的构成情况，评价公司资金运营是否顺畅、财务结构是否合理；分析公司资产流动性或变现能力，以及长、短期债务数量及偿债能力，评价公司承担风险的能力；利用该表提供的资料还有助于计算公司的获利能力，评价公司的经营绩效。

（2）利润表分析

利润表主要从盈利能力、经营业绩等方面进行分析，主要分析指标有净资产收益率、总资产报酬率、主营业务利润率、成本费用利润率、销售增长率等。

利润表能够反映企业在某一时期的经营成果。与资产负债表不同，利润表可以被视为一个动态的画面，它显示了企业的资金来源以及在一段时间内的花费，从这个表中能找出经营管理中的不足，便于企业制订更有效的企业经营计划，从而获得利益。

（3）现金流量表分析

现金流是财务管理中的一个重要概念，是指企业在一定会计期间按照现金收付实现制，通过一定的经济活动（包括经营活动、投资活动、筹资活动和非经常性项目）而产生的现金流入、现金流出及其总量情况的总称，即企业一定时期的现金及现金等价物的流入和流出的数量。

由于现金流量表所涉及的是现金的流入和流出，因此现金流量表的编制需要事先准备好现金支付表和现金来源表。现金支付表用于记录流出企业的现金，它明确了企业支出的各种类型以及各列项目所需的现金计划。现金来源表用于记录流入企业的现金，它能帮助创业者估算将会有多少现金流入企业并明确这些现金的来源。

现金流量表主要从现金支付能力、资本支出与投资比率、现金流量收益比率等方面进行分析，分析指标主要有现金比率、流动负债现金比率、债务现金比率、股利现金比率、资本购置率、销售现金率等。

（四）营销策略

营销策略一般可以分为两大类：①基于 2000 年之前产生的经典理论，主要包括 4P 策略、4C 策略、4R 策略；②互联网时代基于平台式经济发展产生的创新性营销策略，如关系营销、体验营销、数据库营销等。

1. 4P 策略

美国密歇根大学教授杰罗姆·麦卡锡（Jerome McCarthy）在 20 世纪 60 年代提出"产品（Product）、价格（Price）、渠道（Place）、促销（Promotion）"四大营销组合策略，即 4P 策略。他认为，一次成功和完整的市场营销活动指的是以适当的价格、适当的渠道和适当的传播促销推广手段将适当的产品和服务投放到特定市场的行为。4P 理论的提出是现代市场营销理论最具划时代意义的变革，从此，经营管理成了企业管理的一部分。

2. 4C 策略

4C 理论由美国营销专家罗伯特·劳特朋（R. F. Lauterborn）教授于 1990 年提出。它以消费者需求为导向，重新设定了市场营销组合的四个基本要素：消费者（Customer）、成本（Cost）、便利（Convenience）和沟通（Communication）。该策略强调企业首先应该把追求客户满意放在第一位，产品必须满足客户需求，同时降低客户的购买成本，产品或服务在研发时就要充分考虑客户的购买力，然后要充分注意到客户购买过程中的便利性，最后还应以消费者为中心实施有效的营销沟通。

3. 4R 策略

2001 年，美国的唐·E. 舒尔茨（Don E. Schultz）提出了关系（Relationship）、反应（Reaction）、关联（Relevancy）和报酬（Rewards）的 4R 策略。4R 营销理论以关系营销为核心，注重企业和客户关系的长期互动，重在建立客户忠诚度。该策略既从企业的利益出发，又兼顾消费者的需求，是一个更为实际、有效的营销策略。

4. 关系营销

关系营销是企业为实现自身目标和增进社会福利而与相关市场建立和维持互利合作关系的动态过程。关系营销把营销活动看成一个企业与消费者、供应商、分销商、竞争者、政府机构及其他公众发生互动作用的过程，正确处理企业与这些组织及个人的关系是企业营销的核心，是企业经营成败的关键。

实施关系营销是一项系统工程，必须全面、正确地理解关系营销所包含的内容，要实现企业与客户建立长期稳固关系的最终目标，离不开建立与关联企业及员工良好关系的支持。企业与客户的关系是关系营销中的核心，建立这种关系的基础是满足顾客的真正需要，实现顾客满意，离开了这一点，关系营销就成了无源之水、无本之木。要与关联企业建立长期合作关系，必须从互惠互利出发，并与关联企业在所追求的目标认识上取得一致。高福利并不一定能实现企业与员工的良好关系，真心关怀每个员工才能有效激发他们的工作热情和责任心，从而为实现企业的外部目标提供保证。

5. 体验营销

体验营销以拉近企业和消费者之间的距离为重要经营手段，成为企业获得竞争优势的新武器。但体验式营销并非适用于所有行业和所有产品，产品只有具备不可察知性，其品质必须通过使用才能断定的特性，才可以运用这种方式。

体验营销（Experiential Marketing）是从消费者的感官、情感、思考、行动和联想五个方面出发，重新定义、设计的一种思考方式的营销方法。这种思考方式突破传统上"理性消费者"的假设，认为消费者消费时是理性与感性兼具的，消费者在消费前、消费中和消费后的体验才是购买行为与品牌经营的关键。比如，当咖啡被当成"货物"贩卖时，1 lb（1 lb≈45 kg）卖300元；当咖啡被包装为商品时，一杯可以卖15元；当其加入了服务，在咖啡店中销售时，一杯要35～100元；但如能让顾客体验咖啡的香醇与生活方式，一杯就可以卖到150元甚至好几百元。星巴克（Starbucks）真正的利润所在就是"体验"。

现代网络通信技术和生产技术的电子化、自动化、机械化，为体验营销的推行提供了良好的平台。借助现代计算机网络技术，可以大大提高消费者体验的参与度。从戴尔公司的直线营销为终端消费者提供个性化、人性化的网上订制服务，到杰克·韦尔奇的"无边界管理"，无不体现了"沟通零距离"的企业、顾客互动的体验营销新景观。企业应充分利用现代网络技术提供的便捷方式，建立顾客与消费者之间的网络系统。

6. 数据库营销

数据库营销（Database Marketing）是为了实现接洽、交易和建立客户关系等目标而建立、维护和利用顾客数据库与其他顾客资料的过程。它是在互联网（Internet）技术与数据库（Database）技术发展上逐渐兴起和成熟起来的一种市场营销推广手段。通过收集和积累消费者大量的信息，经处理后预测消费者有多大可能去购买某种产品，以及利用这些信息给产品精确定位，有针对性地制作营销信息，达到说服消费者去购买产品的目的。

数据库营销在我国刚刚开始，但是随着信息技术的飞速发展以及计算机网络的广泛应用，会有越来越多的企业采用数据库营销这一现代化的营销方式，因为在未来激烈的市场竞争中，没有什么比了解消费者习惯和爱好更为重要了。

（五）风险管理

1. 创业风险

（1）创业风险的定义

创业风险是指创业过程中存在的各种风险，即由创业环境的不确定性、复杂性，以及创业者、创业团队、投资者需要承担的负债、资源投入、新产品和新市场的引入、新技术的投资等风险的能力和实力的有限性，而导致创业活动偏离预期目标的可能性。而承担风险的同时也代表着把握机会。高报酬往往意味着高风险。彼得·德鲁克在《创新与企业家精神》一书中指出，成功的创业者不是盲目的风险承担者。他们采用各种方法降低风险，以加强竞争地位。因此，创业中做好风险管理非常重要。创业风险主要是指在创业过程中所面临的三个问题：①可能造成的损失；②损失造成的影响；③这些损失的不确定性。

（2）创业风险的特点

1）客观存在性。在创业过程中，由于内外部环境的不确定性，变化的环境因素会对创业活动产生正面或负面的影响，导致创业活动可能偏离预期目标，所以创业风险的存在是客观的。它要求创业者认识企业成长发展规律及其风险，并以科学的方法应对创业过程中的各种风险。

2）不确定性。创业的过程往往是指创业者一个"创意"或创新技术市场化的过程。在这一过程中，创业者面临来自外部和内部的各种难以预知的变化，如政策和法规的变化，市场竞争对手的排斥，供应商或消费者的变化，出资方资金不及时到账，创业团队成员目标不同而散伙等导致创业的失败。

3）相对性。创业风险总是相对于项目活动主体而言的。同样的风险对于不同的主体有不同的影响。创业者的风险承受能力主要受收益的大小和投入的大小影响。

4）可变性。当创业的内部与外部环境发生变化时，必将引起创业风险的变化，主要包括创业过程中风险性质的变化、风险后果的变化以及出现新的风险三个方面。

5）可识别性和可控性。风险是可识别的，因而也是可以控制的。首先可根据过去的相关资料判断某种风险发生的可能性与造成的不利影响的程度；然后通过适当的对策回避风险，或降低风险发生的损失程度。

（3）**创业风险的构成和来源**

构成风险的要素包括风险因素、风险事件、风险损失三个方面。

1）风险因素。风险因素是指增加风险事故发生的频率或严重程度的任何事件。风险因素从形态上可分为物的因素和人的因素。例如：生产线上的关键设备故障为物的因素；而违反法律、合同或道义上的规定，给他人造成财产损失或人身伤害为人的因素。

2）风险事件。风险事件也称风险事故，是指酿成事故和损失的直接原因和条件。风险事件既是风险因素综合作用的结果，也是产生风险损失的原因，还是风险损失的媒介物。

3）风险损失。风险损失是指非故意的、非预期的和非计划的经济价值的减少和灭失，包括直接损失和间接损失。直接损失包括财产损失、收入损失、费用损失等；间接损失包括商业信誉、企业形态、业务关系、社会利益等损失，以及由直接损失而导致的二次损失。

（4）**创业风险的类型**

1）技术风险。技术风险是指由技术方面的要素及其变化（如新技术研发失败、核心技术被新技术替代、现有工艺无法满足产品生产条件等技术因素）导致创新失败的可能性。

2）市场风险。市场风险是指市场主体从事经济活动所面临的盈利或亏损的可能性和不确定性。初创企业提供的产品或服务，无论根本性的创新、改进性的创新还是模仿性的创新，对消费者来说，都是陌生的和没有实际体验过的。因此，经营业绩会随着市场风险的变化而有较大变化。

3）经济风险。经济风险是指因资金不能适时供应等各种难以预料和无法控制的因素，导致企业在一定时期、一定范围内所取得的财务成果与预期目标发生偏差，使企业蒙受经济损失或失去获得更大收益的可能性。

4）管理风险。管理风险是指初创企业的决策人员和管理人员在经营管理中出现管理不善而导致公司盈利水平下降，从而产生投资者预期收益下降的风险。

5）政治风险。政治风险是指由于战争、国际关系变化或有关国家政权更迭、政策改变而导致创业者或企业蒙受损失的可能性。

2. 风险管理的基本流程

彼得·德鲁克指出，成功的创业者不是盲目的风险承担者。他们通过市场调查、风险评估等方法降低不确定性，增强市场竞争力。风险管理是指企业围绕总体经营目标，通过企业管理的各个环节和经营过程执行风险管理的基本流程。风险管理要对企业各种风险进行统一、集中的识别、排序和控制，需要建立科学的全面风险管理流程，保证企业全面风险管理工作的有序性和有效性。全面风险管理基本流程的主要工作具体包括以下四个方面：

（1）收集风险管理初始信息

对与本企业风险和风险管理相关的内外部初始信息进行广泛、持续不断的收集。这些初始信息主要包括各地各级政府的相关创业优惠政策、国家相关法律法规、财务风险、市场风险、运营风险和法律风险等。企业对收集的初始信息应进行必要的筛选、提炼、对比、分类、组合，以便进行风险评估。

（2）进行风险评估

风险评估是指对收集来的风险管理初始信息、企业各项业务管理及其重要业务流程进行的评估，具体包括风险识别、风险分析和风险评价三个步骤，其目的在于查找和描述企业风险，评价所识别出的各种风险对企业实现目标的影响和风险价值，并给出风险控制的优先次序等。

（3）制定风险管理策略

风险管理和控制主要是在风险分析的结果上采取必要的应对手段，最大限度地减小损失的频率和幅度，或使这些损失更具有可预报性。为降低初创企业的风险，常用的风险应对策略有风险规避、缓解、转移、自留以及这些策略的组合。

1）风险规避。风险规避是指通过有计划的变更消除风险或风险发生的条件，保护目标免受风险的影响。风险规避比较适用于以下两种情况：①某种特定风险发生的可能性和造成的损失程度相当高；②其他风险防范措施所需要的成本高于该项活动所产生的经济收益。

为尽量避免经济损失，创业者应当在创业活动开展之前就采取相应的措施，以达到规避风险的目的。

2）风险缓解。风险缓解是指通过风险控制措施降低风险的损失频率或影响程度，目的在于消除风险因素和减少风险损失。其主要措施包括降低风险发生的可能性、控制风险损失、分散风险以及采取一定的后备措施等。

3）风险转移。风险转移是指企业为避免承担风险损失而有意将损失或与损失相关的收益转移给其他企业的方式。

4）风险自留。风险自留又称承担风险，是指由创业者自身承担风险损失。风险自留是以一定的财力为前提条件而使风险发生的损失得到补偿的方式。风险自留可能使创业者面临更大的风险，因而该策略更适合应对风险损失后果不严重的风险。

5）风险应对组合策略。风险应对组合策略是指根据实际情况综合运用风险规避、风险缓解、风险转移、风险自留等策略，以降低风险发生的概率或者减少风险事件发生后所造成的企业损失。由于创业环境是复杂的，因此更多时候是同时面对多种风险。

（4）风险管理的监督与改进

企业在对重大风险、重大事件、重大决策和重要管理与业务流程实施风险管理措施后，应该对上述各项风险管理工作实施情况进行监督，检测方案的有效性和实施效率，并根据检测结果及时纠正偏差，提升风险管理水平。

第二节　初创企业成长管理

一、初创企业成长面临的挑战

初创企业的数量很多，但能够实现成长的企业并不多，其中实现快速成长的企业则更少，其原因在于初创企业的成长会遇到各种限制和障碍，会面临各种发展陷阱和挑战。

（一）内部管理复杂性的增强

初创企业的快速成长体现为市场的快速扩张、客户数量的规模化增加、员工人数的大幅增长等，会吸引各种组织（包括竞争对手、潜在投资人、管制机构、新闻媒体等）的注意力，同时也需要获取更多的资源以支撑其成长，这就使得企业内部的管理工作会在短时期内变得多且杂乱。尽管创业者开始在组织内部设立职能部门和管理组织，制定各种必要的规章制度和流程，试图强化职责分工和协调配合，逐步进行管理授权和分权，然而由于企业规模的急剧扩张、创业团队管理技能的不足、缺少有管理经验的员工、部门分工不够科学合理等，企业内部管理往往显得杂乱无序，问题容易演变为危机，创业者需要花费大量的时间用于"救火"。部门间的协调配合和"救火式"的管理方式融合在一起，增加了企业整体管理的复杂性。

环境的复杂性加大了企业的经营风险，同时对企业的经营管理工作提出了一系列新要求。首先，决策能力的提升。创业者的一项经营决策失误往往会导致整个企业经营的失败。其次，组织运作的规范性与灵活性的兼容。企业要加强基础管理和规范化管理，但绝不能以丧失灵活性和对环境的适应能力为代价。最后，处于成长过程的初创企业所要面临的挑战。所以，对不确定性引起的复杂性进行管理，是初创企业成长过程中面临的主要问题。

（二）创业团队管理能力的不足

创业者和管理者的素质和能力是有差异的，而且思维方式也不同。创业者是机会导向的，对资源约束考虑较少，而管理者更多是资源驱动的，会基于所掌控的资源约束去追求机会；创业者的责任是创建企业，而管理者的责任是维持和壮大企业；创业者要引进新产品或服务，管理者要协调生产产品或服务。随着初创企业的成长，创业者要从事的管理工作越来越多，其面临的管理压力也越来越大，这就要求其具备越来越高的管理技能，逐步从"创业者"向"创业管理者"转变，但并不是所有的创业者都能顺利地实现这种角色的转变。从企业成长和企业家成长之间的互动关系来看，企业家管理是企业持续成长的必要条件，管理能力不足则是企业成长的最大障碍，这也叫"彭罗斯效应"。对于初创企业而言，企业家管理一部分要用于现有业务的运作和优化，另一部分要用于扩张性活动，如开发新产品、新市场等。如果管理能力的增长跟不上企业规模扩张的步伐，就会出现管理危机。

（三）外部环境不确定性的增加

企业的快速成长吸引了众多竞争对手的进入，改变了行业的竞争状况，让初创企业的市场环境变得更加不确定。行业内的大企业开始注意初创企业所在的细分市场，凭借资金、技术、品牌和成熟的销售网络等种种优势向成长中的中小企业发起挑战或进行打压。行业内众多"跟风"创业的小企业则"搭便车"，对产品既不进行创新，也不进行广告投入，只是一味地模仿，利用低成本、低价格和地域性优势抢占市场。众多竞争对手的加入，使得消费者有了更多的选择，竞争变得越来越充分，一度的"蓝海"逐渐变为"红海"，产品价格可能迅速下降。这就迫使初创企业不得不加大产品创新力度，调整市场战略，进行地域市场扩张，进入新的细分市场或开始尝试多元化经营等。快速进行地域市场扩张必然会受到各地文化、法律和市场环境的影响。这些情况都增加了企业活动所面临的不确定性，进而使企业面临的经营环境变得更加复杂。

（四）市场容量的限制

市场是企业得以生存和发展的土壤。一旦企业实现了初期的快速成长，很快就会有其他的竞争企业模仿跟进，竞争会变得越来越激烈。此外，先进入的企业成长速度越快，跟进的企业就越多，初创企业就会在更短的时间内面临更激烈的竞争，信息发达和市场开放使这种规律更加明显。一方面，在市场容量有限的前提下，众多竞争对手的加入会阻碍初创企业的成长；另一方面，初创企业是在行业内的细分市场开始创业和经营的，随着企业规模的增长，创业初期的区域市场容量将无法支撑企业快速发展的需要，创业者必须寻求扩张。扩张的路径主要有两条：地域扩张和产业延伸。地域扩张往往受到各地文化、法律和市场环境的影响；产业延伸则会面临资源不足、管理分散等多元化经营的相关障碍。如果创业者不能很好地解决这些问题，市场容量的局限性就会变得明显，最终像一堵墙一样阻碍企业继续扩张和成长。

（五）人力资源和资金的约束

初创企业的成长还面临极大的资源约束，尤其是人力资源和财务资源的缺口。伴随着业务快速发展，初创企业迫切需要吸引大批人才的加入，虽然初创企业良好的创业氛围和广阔的发展前景也能打动一部分人，企业也有充分的用人自主权，但总体而言，由于初创企业发展的不确定性和高风险性、能够提供的薪酬难有竞争力、管理不够规范、办公环境较差、企业的社会声望不高等，多数初创企业对优秀人才的吸引力不足，导致较大的人力资源缺口。同样，为了支撑企业的快速成长，初创企业有了新的需要，如不断增加固定资产投资、招聘更多员工、加大研发投入、建立销售网络和强化营销推广等，这样就要有更多的资金投入，同时日常管理运营费用也大幅增加，但在创立初期和成长期，多数初创企业的自由现金流入不足，而且不够稳定，无法满足企业快速成长的需要，导致较大的资金缺口。

（六）持续创新和战略规划能力的不足

富于创新是推动企业成长的主要动力。企业创立之后，创业者关注的核心问题是销售和生存，他们将大量的精力和资源都投入到市场拓展和融资中，初创企业初期创新的推动力会随着消费者熟悉程度的增强和创业者投入资源的减弱而减弱。与此同时，知识产权保护不力，竞争对手模仿行为的增多，也可能让初创企业创新激励下降和减弱。因此，在缺乏资金、技术、人力资源和组织保证的情况下，如何保持初创企业持续创新的动力、能力和活力至关重要。同样，由于创业的机会导向性和初创企业的生存压力，多数创业者更加注重行动而非战略思考，甚至许多人认为初创企业和中小企业没有战略，也不需要战略。但事实上，缺乏战略是制约企业成长的关键因素。战略的缺乏往往导致初创企业随波逐流，小富即安，对未来的发展方向茫然不知所措，核心竞争力无法有效塑造，甚至被大企业或同行挤在角落里苦苦挣扎，发展遇到了瓶颈却无法有效突破。因此，创业团队能否拥有出色的战略规划能力直接决定了初创企业能否快速成长，以及能否持续成长。

（七）创业者角色转变及团队建设的滞后

随着初创企业的发展，应适当弱化核心创业者在企业经营中的决定性作用，更好地发挥团队的力量，把创业者个人的贡献转化成团队的成绩，将创业者成功的经营思想转化成企业文化的一部分，将企业融入社会整体之中，使企业的发展与社会的发展同步。

二、初创企业成长管理策略

创业初期的企业往往处于高风险期，抵抗内外部风险的能力都很弱。因此，企业在创业初期管理的主要任务是设法保证自身存活。初创企业成长是一个动态的过程，即通过变革创新和强化管理等手段整合资源并促使资源增值，进而追求持续发展的过程。创业管理除了需要为成长做好准备，还需要结合初创企业的管理特性，了解企业成长规律，掌握企业成长管理的技巧和策略，以保障企业快速、持续发展。

（一）注重整合外部资源

市场环境日新月异，对企业来说，既是挑战也是机遇。环境变化使各种问题层出不穷，但同时机会也接踵而至。机会稍纵即逝，任何企业的资源结构都不可能适合于所有情况，也没有企业总是能够在第一时间找到合适的新资源，于是通过整合外部资源，快速应对新情况是初创企业成长的利器。

初创企业在创业过程中往往会遇到人力、物力、财力相关资源匮乏的情况，仅仅依靠自身的力量，发展速度缓慢，所以要学会借助别人（包括竞争对手、合作伙伴、政府部门、社会团体等）的优势，通过发挥资源的杠杆效应来发展壮大自己，这是快速成长的有效策略。一项调研表明，融资方式的选择是影响中小企业经营的一个重要因素，如何选择融资方式，怎样把握融资规模以及各种融资方式的利用时机、条件、成本和风险，对企业的生存和发展都至关重要。通过上市获得短缺资源并迅速扩大规模是企业实现成长的捷径之一。

初创企业的成长是靠资源积累实现的，但若积累的资源没有有效地被企业利用，而是被企业中的个人（无论创业者、高层管理人员还是普通员工）占有，必将威胁企业自身的继续成长。这些未被有效利用的资源不仅包括一般的财务资源、客户资源和办公设备，还包括人力资源。在企业成长的过程中，当创造和整合的资源越来越多时，创业团队的重点就变为如何管理好整合的资源，从注重"资源的开发"到注重"资源的有效利用"，需要采取必要的措施，管理好客户资源、有形资产和无形资产，并使现有资源的使用价值最大化。例如，IPO虽然可以为企业募集大量资金，提高企业的知名度，增强市场影响力，扩大资本存量市场，使企业迅速得到发展壮大，但是如果企业对这些外部资源不进行整合和充分利用，不能为企业创造价值，那么初创企业最终也会走向失败。

（二）管理好初创企业持续成长需要的人力资源

美国著名管理学家托马斯·彼得斯认为："企业或事业唯一真正的资源是人，管理就是充分开发人力资源，以做好工作。"在创业要素中，人是最核心的要素。人力资源是任何企业中最宝贵的资源，是企业的核心资产，经济学家称之为第一资源。

企业根据创业战略分析人力资源供给与需求状况，并制定相应的政策和措施，确保在需要的时间和需要的岗位上可获得各种需要的人才，创造良好的人力资源环境，使人与事相结合，事得其人，人尽其才。快速成长企业的创业者并不一定要受过高等教育，但他们要雇用一大批有能力的下属，通过构建规模较大的管理团队来让更多的人参与决策。

(1) 提供良好的工作环境

良好的工作环境包括有竞争力的薪酬待遇、良好的工作条件以及健康保险等。初创企业的员工需要承担企业破产的风险，企业要解除员工的后顾之忧，使其全身心地投入工作中。同时，企业内部要有相对的公平性。良好的工作环境还包括一些不太明显的特征，如为员工提供明确、持续的指导，并为他们提供开展工作所必需的各种资源。只有这样，企业才能吸引优秀人才的加盟。

(2) 提供广阔的成长空间

成长机会使员工感到安全，它的表现形式多种多样，如晋升空间、学习培训机会、持续的工作指导和支持、管理技能的发展和提升等。对于不同的员工，成长机会代表着不同的事情，或者是晋升，或者是工作丰富化。但企业需要改变一个观念，即为员工提供稳定的工作和适度的养老金，员工就会感到安全。员工的安全感来自他们在学校或工作中掌握的各种技术与能力，企业为员工提供的学习技术和能力的机会越多，就越能鼓励员工提升自己，同时，企业为员工提供的保证未来安全的帮助也就越大。

(3) 实施经营成果分享计划

初创企业所能提供的薪酬水平很难比得上成熟的大企业，更为不利的是，初创企业有失败、兼并和被收购的倾向。事实上，初创企业的员工总是承担企业的一部分经营风险，一旦企业破产，就会影响他们的生活质量。所以，只有让员工分享企业的成功才是激励员工最好的办法。一些优秀的初创企业采用股权激励计划，激励员工勤勉尽责地为企业长期发展服务。这也是吸引特殊人才和专业人才的人力资源配置方法之一。

(三) 注重用成长的方式解决成长过程中出现的问题

任何企业在成长过程中都会遇到各种各样的问题，直接而且有效的办法是用成长的方式解决成长过程中出现的问题，其本质是推动并领导变革，进而促使组织发展。从快速成长企业的实际经验来看，企业在以下几方面往往表现得更为突出：

(1) 注重在成长阶段主动变革

创新和变革是推动企业乃至社会发展的主要力量，但需要付出成本。企业应在创业初期明确发展战略，制定、实施战略决策，因为变革成本低，将精力集中于影响企业经营绩效的那些关键因素和环节，注重自身的发展方向与未来环境的适应性，积极主动地应变，利用环境变化中存在的各种机会，使自身在变化的环境中发展壮大，进而减轻来自内外部的变革阻力。

(2) 善于把握变革的切入点

变革不可能一下子全面铺开，需要科学地把握切入点，层层深入。创业者要善于改变管理方式、管理制度、组织机构，否则就难以驾驭和掌控企业，更不用说持续经营。所以，在企业管理中要正确把握企业成长的各个阶段，针对各个阶段不同的特点和企业实际情况进行重点管理，采取新的管理方式和手段，平稳转折，实现突破。这种策略有以下几个好处：①变革的成本比较小，能够发挥探测性研究的功效。②见效快。变革的阻力主要是人们对未来发展的顾虑，对变革成功的可能性持有疑虑。把握好切入点，从局部推进变革，往往可以在短期内取得效果，进而增强人们对变革的信心。③这种方式的变革容易控制，不至于造成失控。

（3）重视人力资源的开发

对于一个新创立的企业，需要的是合理的人力资源配置，注重人才积蓄，采取更为积极的人力资源政策，注重从内外部广泛挖掘人才，这对变革的成功乃至企业发展来说是最重要的。如果配置不合理，一方面可能使某些人员富余，另一方面又造成需要的人才严重短缺，使创业过程中人力资源的成本加大，工作效率降低，甚至使企业夭折。

（4）注重系统建设

在创业初期，迫于生存压力，企业一切以顾客和市场为中心，这样做的本质是单纯以获取资金为目的，并不是真正意义上的市场导向。企业在创立初期容易忽略经营系统的建立和发展。经营系统是企业开展日常经营管理工作的"平台"，成功企业的重要任务之一就是建立辅助这些日常经营活动的体系——经营系统。为了有效地工作，企业不仅要从事生产或服务，而且要合理地管理基本的日常经营活动，主要包括会计、制表、采购、做广告、招聘人员、培训、销售、生产、运输等。随着企业在规模上的扩大，特别是当规模超过了其组织的有效运作范畴，经营系统就会承受越来越大的压力。

（四）提升复杂环境下的战略规划能力

研究显示，在企业成长过程中，大部分资源要素都具有边际效用递减的特征，即随着资源拥有量的增多，对企业成长的贡献程度都有减弱的趋势，尽管有的资源要素在企业成长初期阶段的重要性不断增强。唯一不具有这种特征的是战略规划，随着企业的成长，战略规划的作用不仅没有减弱，反而不断增强。

明确的战略规划对企业创立初期的快速成长起到了重要作用，但这一时期创业者制定的战略规划显然具有这些特点：①明显的销售导向，一切以在短期能够拥有顾客并迅速扩大销售量为核心；②缺乏系统的分析，更多地凭借创业者及其团队对产业的理解，凭借他们的胆识甚至运气；③战略规划具有战术性。从对企业发展和资源配置的作用来看，战略规划具有战略的特征；从大企业的实践或者理论角度来看，战略规划明显表现为战略的持续性和系统性不足，具有明显的战术特征。

此时，创业者及其团队面临的内外部环境因素在数量上要比创业初期多得多，环境因素的变化及其交互作用的动态性更为复杂，甚至可能比大企业所面临的环境更为复杂。因此，此时战略规划的重点是要把握对复杂环境的应对。

（五）学习并提升技能

创业是在不确定环境中建立组织并创造价值的过程。在这一过程中，最重要的任务和功能是学习。创业势必要经历挫折和失败，但有挫折和失败经历的创业者能够在后续的创业活动中获取成功的比例并不高，有的甚至是屡战屡败，原因可能有很多方面，但学习能力差，无法把经历转化为经验和能力，则是其中的重要原因。学习是企业成长管理的重点，否则创业者很快就会遇到企业成长的瓶颈甚至阻碍。

初创企业的创立与成长本质上是一个学习的过程。学习是创业的核心，一位卓有成效的创业者也必定是一位优秀的学习者。他会从一切事物中学习，比如：向客户学习，向供应商学习，向竞争对手学习；向员工学习，向合作伙伴学习，向其他创业者学习。同时，他也能够从经验中学习、从行动中学习；他不仅能从成就中获得经验，更重要的是也能从失败中汲取教训。借助学习，创业者一方面从过去的经历中培养洞察力，增强和丰富实践智慧；另一方面将这种深度的思考作用于未来行动。

创业过程给创业者提供了独特的学习场所。大企业里的变化是小变化，初创企业里的变化是大变化。某些重要"事件"或"插曲"对于促进创业学习与初创企业成长有着举足轻重的作用。创业者的学习经历大多建立在亲身体验的基础上，并且主要通过"做中学"的方式来实现。创业学习更多表现为经验学习、情境学习和关键事件学习，在行动中总结规律，分析问题的深层次原因，丰富知识，提升技能。值得注意的是，创业学习不能停留在对过去的总结和反思上，更重要的是指导未来，并在未来的发展中保持领先。

（六）从过分追求速度转变为突出企业的价值增加

当企业过分追求速度，带来的问题往往是销售收入增长很快，但利润没有增长，企业的价值没有得到增值。因此，当企业成长到一定程度时，就需要向价值增加快的方面转移和延展，以获得最大的价值增加。正如初创企业快速发展的核心精髓是价值创新，企业在快速扩张时也要对所在行业提供的传统顾客价值进行"颠覆式"创新，通过重点打造顾客在意的价值要素，而在其他要素上提供适当价值，剔除不必要的要素，不仅能够为顾客提供卓越的价值感受，还能使企业以低成本的方式实现盈利，获取差异化和低成本的双重好处。

（七）形成稳定的核心价值观和文化氛围

企业价值观是企业在长期生产经营活动中逐渐形成的，由企业管理者和员工共同分享的价值观念，是企业文化的核心内容，是企业生存和发展的内在动力。企业一般以口号、标语等形式，将自身的价值观传递给员工，使员工明确企业的目标，领悟企业的精神，并努力把企业的价值追求内化为生产经营的实际行动。作为企业文化精髓的价值观，是企业正确处理企业与员工之间、企业与客户之间、企业与市场之间等一系列关系问题的准则，其主要表现为企业对企业宗旨、企业精神、企业经营理念、员工价值观等方面的价值判断。

企业价值观的固定性保证了企业发展的稳定性，也便于企业管理者与员工掌握企业发展过程中的关键点。快速成长企业的创建者非常热爱自己所从事的事业，他们审时度势，树立符合社会发展的价值观念，并倾注全部心血使企业的价值观延续下去。

企业文化氛围是由企业员工对企业的使命和愿景的期望以及创业者的目标、理念和态度共同形成的，是企业应对成长过程中出现的一系列问题的关键。一个企业要想发展起来，不仅要靠硬件设施，还要靠文化软件设施。因此，一个企业要发扬团队精神，也不能只靠口号、标语，还要靠企业文化。企业价值观是企业文化的核心，构建企业文化的关键是确立并发展企业价值观。初创企业的企业文化建设应注意全面构建企业物质文化、制度文化和精神文化。而大多数快速成长企业都有比较固定的企业价值观，用以支持企业的健康发展。

对小企业而言，创业者建立企业文化，既是艰苦创业的需要，也是初创企业能够迅速健康成长的需要。企业文化的雏形对今后企业文化的发展影响重大。初创企业要想成长起来并保持长期竞争优势，创业者自身价值素养、观念意识是十分关键的，这种取向将直接影响企业的发展。

持续的创新与变革是企业成长的强大驱动力，也是企业快速成长的基本生存方式。但如果不注意管理，创业精神会随着时间的推移而慢慢减弱，乃至消亡。许多初创企业无法快速成长，其至无法生存发展，其根本原因就在于创业者创业精神退化，小富即安，从而使自己的企业变为"老小树企业"，10 年、20 年过去，企业的业务和规模一直在原地踏步，就像是贫瘠荒坡上的一棵陈年小树，任时间推移，却怎么也长不大，最后慢慢变老，直至腐朽。因此，对于追求成长的初创企业而言，创业团队务必要通过创业精神的保持和发扬，源源不断地给企业的成长注入创新与变革的基因，使其不因企业的成长而减弱，而是不断地迎接挑战，进行二次创业、三次创业等。

本 章 小 结

初创企业的管理是每个创业者都要面临的问题。初创企业在创立初期应以生存为首要目标，创业者需了解初创企业的内涵与特性。初创企业成长的推动力量包括创业者（创业团队）、市场和组织资源等。初创企业成长管理需要注重整合外部资源，追求外部成长，及时实现从创造资源到管好、用好资源的转变。

企业发展是一个成长过程，且企业在各个阶段所具备的特征存在差异。因此，创业者知晓初创企业成长的驱动因素，注重用成长的方式解决成长过程中面临的挑战，掌握初创企业成长管理的技巧、重点与行为策略，以及可能遇到的风险和化解技巧。

总的来看，管理活动是伴随企业终生的。创业者要对初创企业管理有明确的认识。

复 习 思 考 题

1. 如何理解初创企业的内涵与特性？
2. 初创企业管理的内容有哪些？
3. 结合你准备创业的项目，分析成长过程中可能会面临的挑战有哪些。
4. 结合你准备创业的项目，分析如何合理使用初创企业成长管理策略。

案例分析　悦管家的创业之路

2012 年 12 月 12 日，上海悦管家网络科技有限公司（以下简称悦管家）以 50 万元资本金注册成立，定位于互联网家政公司。截至 2019 年 9 月，悦管家发展出"家庭管家"和"企业管家"两大服务板块，服务超过 60 万个家庭用户和 500 多个企业客户，其中包括首届进口博览会、国家奥体中心、爱彼迎（Airbnb）等。悦管家现已成为一家小有名气的"互联网＋生活服务"平台。

悦管家团队之所以选择家政服务业创业，是因为：①从市场角度看，近年来，我国家政服务业快速发展，市场规模增速每年超过 20%，在悦管家团队看来，服务业是属于消费升级最直接受益的行业，万亿的市场容量，就算只占 1%，也是百亿规模了，故上升空间巨大。②从需求角度看，随着城乡居民收入水平不断提高，消费能力不断增强，加之新型城镇化、人口老龄化和三孩政策等多种因素的综合影响，家政服务需求不断提升。③从竞争角度看，家政服务企业数量庞大、规模较小、集中度低，为公司发展预留了想象空间。④从产品服务角度看，存在规范性不够、极其分散、效率低下、优质的服务人员稀缺、没有统一的管理等问题，并且家政服务缺少创新，整体服务品质和客户满意度不高，有提升服务的要求。

公司成立之初，几位创始人只有董事长李尉一人进行了全职创业。不同于其他家政小作坊，李尉将培训服务员作为重点，赚钱排在其后，并在家政业服务水平提升方面开始了艰难的探索。

2013 年仲夏，位于中山公园附近长宁区开放大学的家政服务培训教室落定，李尉是唯一的老师。教室面积仅 $100 m^2$，最多能同时容纳 80～100 人。2013 年—2014 年，李尉对超过 4000 名家政从业人员进行了专业技能培训，包括服务标准、服务技能、服务形象及礼仪、沟通技巧等，帮助初入家政行业、只知道擦玻璃和拖地板的人成为高质量、高效率、多技能的家政服务能手。通过提高服务者的知识水平和竞争力，将家政服务转变为有门槛、高水平、令人尊敬的行业，吸引更多年轻人加入。

2012 年—2014 年，李尉的工作重心落在培训和开店上，集中主攻服务供应链的上游，对普通家庭和别墅家庭两类目标客户只采用了微博、微信和小广告进行推广，公司的营业收入增长缓慢。虽然创始股东进行了一轮增资，但公司资金池还是逐渐见底，悦管家迎来了第一次转型和融资的关键点。

2014 年冬天，眼见公司账户资金见底，创始股东开始讨论外部融资问题。经过一系列讨论、尝试和沟通，创始股东张大瑞的合伙人金巍决定投资悦管家。2015 年 3 月 24 日，金巍管理的基金按照 5000 万元估值投资了 500 万元——这是悦管家自成立以来的第一笔外部融资。

外部融资成功后，悦管家选择投身 O2O 创业浪潮，将纯线下开店的模式转变为线上引流、线下服务输出的 O2O 家政服务模式。2015 年 6 月 2 日，"悦管家 Life"App 上线，悦管家正式开启家政服务的互联网探索之路。悦管家 O2O 服务云平台连接上游服务者和下游用户，通过与百度、58 同城等合作引流来的用户可以通过平台浏览服务种类，包括日常清洁与消毒、深度清洁、空调清洁及管家服务，以及了解服务包含的具体内容和价格。

一方面，悦管家对服务人员进行系统培训，其管理及培训体系共分了三个层级、四大项以及 19 套流程标准操作规程（SOP），从职业技能培训、生活服务关怀、成长晋升标准等多个维度对服务人员展开培训，把对服务品质的把控展现得淋漓尽致。另一方面，李尉也意识到改变和培养家政服务的上游服务人员和行业管理者才是这个行业发展的核心，在人力资源建设上大胆探索。悦管家的人力资源建设主要分为针对管理运营团队的核心岗位人员培养和针对服务实施的基层岗位人员培养两部分。对于前者，悦管家主要通过期权和有限合伙股权的方式给予激励。而对于人员数量相对较大的后者，悦管家采用了关键岗位遴选与使用机制，依靠大专院校、社会组织、精准扶贫等渠道招募服务团队候选人员，并自建培训与考核体系，候选人员通过考核后即可提高自己的服务星级，学习更多技能，创造更多收入。

然而，悦管家进入 O2O 领域时尽管已经过了市场最疯狂的时期，但补贴似乎成了互联网产品推广的标配。竞争对手通过补贴短时大量获得用户，从而使运营数据变得十分"好看"，更因此顺利地吸引到了融资。

李尉为了使公司摆脱困境，决定对悦管家实行战略补贴。基础保洁服务由原来的 59 元 2 小时下降至 39 元 2 小时，每小时的服务单价降低了 10 元。悦管家平台也从每小时服务产生3.5元的盈利变成了每小时服务产生6.5元的亏损。这一轮跟风补贴共持续了5个多月，补贴的投入高达200万元。

但是，在供应链不完善、品牌和口碑尚未完全建立、客户认知和黏性较低的情况下，接下来的路该怎么走，成了悦管家发展的关键问题。

在这个重要节点上，悦管家的管理决策团队迎来了一位新成员——刘珺。刘珺在百货零售业已从业20多余年，经验丰富，对服务业有着深刻的理解。刘珺认为，在大平台合并、外部资本停止持续注入、补贴逐渐消失的时候，悦管家的现金流及成本－收益的管控越发显得重要，现金流是企业生存和扩张的基本条件。

刘珺在成为悦管家CEO之后做的第一个决定就是"取消补贴，及时止血"，"砍掉"不赚钱的业务，在下一轮融资之前，节省和储存"弹药"。当同业依旧在补贴用户时，悦管家选择停止补贴。大家一起度过了最艰难的时期。在取消补贴之后的第四个月，C端（消费者）保洁服务的月订单恢复到调整前的万单水平。这也是悦管家在O2O退潮、资本寒冬环境下幸存的第一步。

刘珺和团队决定开拓发展B端（企业用户商家）业务，主要包括民宿保洁、酒店保洁、公寓保洁以及办公物业保洁。B端业务所需要的专业服务能力比C端更加丰富，例如，办公物业保洁的面积大、服务过程不能影响职员的正常工作、服务过程中还会经常伴有绿植养护等清洁以外的增值服务。B端业务因为其服务时间正好与C端业务的高峰期互补，所以悦管家平台的服务人员能在接单状态下被大概率分配到适合的订单，可以实现服务员在不同部门之间的共享时间。

2017年1月，机缘巧合，刘珺发现膳食餐饮领域也是一个有着巨大需求市场、天花板无限高的行业领域，而且餐饮的可复制性也非常高。公司在漕河泾开发区开了第一家园区餐厅，依托无油烟的中央厨房，为开发区的上班族提供健康的餐食。但由于用户对食物不满意，第一家悦管家餐厅失败了。通过总结经验教训，悦管家从德国采购了先进的微厨设备，通过设备升级，将饭菜口感提升到了一个更高档次。通过中央工厂的预处理和标准操作流程供应食材，厨师在现场只需要掌握火候和精加工。这一方式极大提高了供应效率，企业可以灵活订购菜品，解决了过去团餐供应中容易出现的口味单一、购买烦琐等问题。悦管家还采用"万众创新"的互联网思维鼓励厨师开发新菜品，并给予一定的销售提成，提升了厨师的积极性。为了提升用户体验，悦管家还在园区食堂引入了人脸识别技术，用科技改变基础体验。企业服务也成为悦管家向新城市复制扩张的切入点。

刘珺和团队参考稻盛和夫提出的阿米巴模式开发了"云店"合伙人发展模式。与加盟不同的是，合伙人虽然对"云店"有较大的管理权，但却与总部共用悦管家管理云平台，需要与总部保持积极和必要的沟通，悦管家的管理团队在人事、行政和财务上通过内部平台对"云店"进行支持，两者相辅相成、互补回馈。

通过创业团队持续的努力，2015年—2019年，悦管家的月流水增长了近200倍。"数据驱动"让悦管家在资本市场冷热不匀的情况下，对每个项目、每个产品、每个地区的业务按照数据模型进行财务决策，不断迭代确保更优化的投入产出比，创造了远高于其他互联网公司的投资回报率。"C2C＋B2B，时间共享"的模式也受到了投资人的认可，悦管家在2017年前后分别以估值2亿元和2.5亿元拿到了数千万元的投资。

2019 年 12 月，悦管家实现了单月盈利，管理团队还没来得及庆祝，就碰到了 2020 年 1 月的新冠肺炎疫情，直接导致 2 月的营业额跌到 2019 年同期的 30%。面对困境，悦管家把保洁业务向消毒业务拓展，迅速进行微创新，使得 3 月营业收入恢复到 2019 年同期的 80%。

2020 年 5 月 1 日，《上海市家政服务条例》的出台，也让悦管家看到了巨大的发展机遇。劫后余生，李蔚和刘珺又在思考"后新冠时代"家政服务市场的发展了。

资料来源：https：//baijiahao. baidu. com/s？id = 1667929426317332150&wfr = spider&for = pc；https：//baijiahao. baidu. com/s？id = 1603026587921849227&wfr = spider&for = pc；https：//baijiahao. baidu. com/s？id = 1675507074436294259&wfr = spider&for = pc（经整理加工）。

【问题】

1. 悦管家创业之初面临的主要问题是什么？
2. 成长中的悦管家是如何面对环境变化给企业带来的冲击的？
3. "后新冠时代"会给家政服务市场需求端造成什么样的影响？
4. 初创企业迅速成长为什么必须具有持续创新的能力？

第一章　创业型经济与创业

引导案例

1. 你认为雷军的创业成功取决于哪些因素？

①知识、才华和能力，这是改变人生最有效的途径；②梦想和欲望，这是事业提升的核心驱动力；③对于时机和趋势的选择，这比单纯努力更为关键；④专注。

2. 雷军的创业属于什么类型的创业？经历了哪些过程？

基于创业目的为机会型创业，基于创业方式为冒险型创业，基于创业主体为自主创业。过程为：①第一次创业，雷军和同学创办三色公司；②1991年年底，在中关村与求伯君结识，随后加盟金山软件；③2010年4月，创办小米科技。

3. 雷军的哪些精神值得你学习？

忠诚、勤劳、互联网精神、企业家精神等。

4. 雷军的创业与传统的创业模式有哪些不同？

雷军的创业为互联网创业。互联网创业的商业模式是，先投入资金，把用户量做大，后面再依靠大量的用户慢慢赚钱。而传统创业的商业模式是，一开始销售产品就能带来利润，然后通过扩大规模来赚更多的钱。

复习思考题

1. 为什么要研究和学习创业？创业和创新之间的关系是什么？

之所以要研究和学习创业，是因为创业对一个国家和地区的经济发展具有巨大的推动作用：创业能够调节社会资源合理配置，促进资源优化分配；创业能够促进科技进步和繁荣市场；创业能够帮助创业者实现人生价值；创业能够缓解就业压力。

创业和创新之间的关系是：创新是创业的灵魂，创新的价值在于创业，创业推动并深化创新。创新和创业既相互促进又相互制约，是密不可分的辩证统一体。创新是创业的灵魂，而创业是创新的载体。创业者只有通过创新才能使所开拓的事业生存、发展并保持持久的生命力。

2. 创业有哪些类型？你喜欢哪种或哪些类型的创业？为什么？

创业类型的划分方式有很多，从创业动机、创业方式和创业主体的性质对创业类型进行划分：根据创业目的，可将创业分为机会型创业和生存型创业；根据创业方式，可将创业分为四种基本类型，即复制型创业、模仿型创业、安定型创业和冒险型创业；根据创业主体，可将创业分为自主创业和公司创业。

可以根据自己的判断，选择自己喜欢的创业类型并说明理由。

3. 创业的一般过程有哪些？

产生创业动机，识别创业机会，整合有效资源，创建初创企业，提供市场价值，收获创业回报。

4. 创业过程包括不少具体的活动，但创业者从识别创业机会到创建企业的时间一般都很短，这是为什么？

这是因为机会稍纵即逝。

5. 为什么创业精神对于创业成功与否起着至关重要的作用？

创业精神的作用主要体现在三个领域：①个人成就的取得。这主要是指个人如何做好目前的工作，成功地创建自己的企业。②企业的成长。这主要是指如何使整个组织重新焕发创业精神，以具有更强的竞争力并创造高成长。③国家的经济发展。国家的经济发展能够帮助人民变得富强。创业精神的力量能够帮助个人、企业，乃至整个国家或地区在面对 21 世纪的竞争时走向成功和繁荣。

案例分析

1. 你认为，在互联网经济时代，创业呈现出哪些新变化？

互联网经济时代已经改造及影响了多个行业，当前大众耳熟能详的创业项目如电子商务、互联网金融、在线旅游、在线影视、在线房产等行业都是互联网的杰作。创业借助"互联网＋"正在全面应用到第三产业，形成了诸如互联网金融、互联网交通、互联网医疗、互联网教育等新业态，而且正在向第一产业和第二产业渗透。同时，创业依靠"互联网＋"行动计划对传统产业变革，帮助传统产业提升。

互联网＋商务＝电商，互联网与商务相结合，利用互联网平台的长尾效应，在满足个性化需求的同时创造出了规模经济效益。

未来网络创业将重点应用在以云计算、物联网、大数据为代表的新一代信息技术与现代制造业、生产性服务业等的融合创新。

2. 结合案例，谈谈创业精神对创业的意义。

无数企业的兴衰告诉我们，现行的管理经验并非是企业早年得以增长的要素，而恰恰是导致它们衰败的原因，企业成功的基础是创业精神。由此可见学习和培育创业精神的重要性。

第二章　创业者与创业团队

引导案例

1. 马化腾具有哪些创业素质？

资源、想法、技能、知识、才智、关系网络、目标。

2. 马化腾的创业素质和能力是如何培养出来的？

团队意识、学习意识、实践意识、张扬个性、自信心；责任感与决策力，领导力，执着于创业机会，对风险、模糊和不确定性的容纳度，超越别人的动机。

3. 马化腾为什么能成功创业？

马化腾有顽强的意志和坚韧不拔的毅力；创业团队的成员能够进行合理组合，每个人都有自己非常明显的优势。

4. 案例中的创业团队是如何组成的？

根据每个人的优势组合而成的。

5. 案例中的创业团队有什么特点？

合理组合、股权合理分配。

复习思考题

1. 如何理解创业者？创业者是天生的吗？创业者素质是可以通过学习和教育获得的吗？

狭义上，创业者指的是企业的创办者，即组织、管理一个公司或企业并承担风险的人。广义上的创业者，目前有两种界定方法：一种是从人们在工作中扮演的角色的角度，将创业者定义为创业活动的全部人员，包括创业活动的发起者、领导者与创业活动的跟随者；另一种是从人们所从事工作性质的角度，将创业者定义为主动寻求变化，对变化做出反应，并将变化视为机会的人，包括企业创办者、企业内部创业者、个体劳动者、自由职业者、项目合作者等从事具有创新性活动的人。创业者不是天生的。创业者素质是可以通过学习和教育获得的。

2. 作为创业者，你认为自己应具备的必备能力有哪些？结合自身情况，分析自己欠缺哪些能力。

创业者的必备能力有创新能力、商机识别能力、商机评估能力、创意执行能力、筹资能力。

3. 通过本章的学习，你认为大学生创业需要培养哪些技能？

责任感与决策力，领导力，执着于创业机会，对风险、模糊和不确定性的容纳度，创造力，自我依赖和适应能力，超越别人的动机。

4. 分析自身的素质特征，运用短板理论和长板理论阐释如何在创业过程中扬长避短。

"短板理论"的逆定律是"长板理论"。两个理论的不同之处在于，长板理论是提倡扬长避短，短板理论提倡取长补短。素质特征可从专业性、稳定性、内在性、整体性和发展性等方面分析自身的优劣势，从而达到扬长避短、取长补短的效果。

5. 创业团队的关键要素有哪些？

创业团队的关键要素有目标、成员、定位、权限、计划。

6. 如果你要创业，你将组建怎样的创业团队？

创业团队分为星状创业团队、网状创业团队和虚拟星状创业团队。

（1）星状创业团队。这种创业团队中存在一个核心人物充当领袖式的角色。这种团队形式往往是核心领导者掌握了较强的技术或较好的创意后，产生创业想法，并据此选择相应成员加入该创业团队，这些团队成员在团队中大多是实施者的角色。

（2）网状创业团队。这种创业团队没有一个明确的领导。它是由一群基于经验、友谊和共同兴趣而有相同目标的人经过共同协商组成的团队。在初创企业中，每一位成员都要找准自己在团队中的定位，并尽到协作的职责。

（3）虚拟星状创业团队。这种团队类型是前两种创业团队的中间形态。这种创业团队存在一个核心领导人物，但该成员地位的确立是团队成员协商的结果，因此，在某种意义上来说，核心领导者只是整个团队的代言人，他并没有领袖的绝对权威，但具有一定威信，能够主导整个团队运行，做决策时需要充分考虑其他成员的意见。

7. 如何成功地管理创业团队？

（1）以团队理念为核心。重视团队理念，形成团队理念，塑造团队文化。

（2）设置创业团队的组织结构。权责分明，合理分工。

（3）优化创业团队的运作机制。做好决策权限分配，建立有效的激励机制，建立合理的股权分配机制。

案例分析

1. 为什么唐僧能成为团队的领导者？

唐僧作为创业项目核心团队成员，有崇高的信念、坚韧的品性和极高的原则性，不达目的不罢休，拥有很强的团队领导能力、沟通能力和决策能力，有自我实现需求，这些因素使他成为一个优秀的领导者。

2. 结合案例，谈谈你对"创业最重要的不是点子，而是对时机的把握和拥有良好的团队"这一观点的看法。

创业过程理论中最重要的三个要素是创业机会、创业资源和创业团队。创业能否成功，取决于三个因素：天时、地利、人和。创业者最关心的就是创业机会，什么是创业机会？如何才能把握住创业机会？整个世界都是在动态向前发展着的，而创业机会稍纵即逝。在这种情况下，如何才能识别和掌握创业机会？时机很重要。成功的创业者都具备一种敏锐的嗅觉，能够在创业机会出现时，果断而迅捷地出手，通过创业而把握住机会。所以，对于时机的把握能力，往往决定了创业者能否获得最终的成功。如果时机不成熟，或者好的时机已经过去，那么，创业的难度就会加大，失败的可能性也会提高。

"一个篱笆三个桩，一个好汉三个帮。"团队是个人实现最大价值的前提和保障，对创业者而言，创业团队也是实现创业目标的基本条件。

3. 结合案例，谈谈你对创业成功与创业团队关系的看法。

当今创业，由于外部环境复杂多变、竞争程度加剧，已经不再是单打独斗的时代，而是群狼作战、团队创业的时代了。越来越多的创业活动是以团队形式开展的。这是因为团队创业具有整合资源能力强、抵抗风险能力强和发展后劲大等优势，能在创业过程中发挥关键作用。这具体表现在以下几方面：①借助团队力量，放大资源；②有助于提升初创企业的决策质量；③提高绩效。

4. 结合案例，谈谈组建团队有哪些注意问题。

明确创业目标，制订创业计划，招募团队成员，明确权责划分，构建制度体系，团队调整融合。

第三章　创业机会识别与评价

引导案例

1. 星网测通的创意来自何处？

测量是卫星研制的基础和运行的基石，是卫星互联网产业链的关键一环，致力于解决卫星出厂、上天、发挥作用的问题。

2. 星网测通是一个好的创业机会吗？你是如何判断的？

卫星测量是刚需，市场巨大。星网测通从一开始就有了清晰的定位，解决了卫星通信测量中的"测不准""测不快""测不了""测不起"的瓶颈问题，具有极高的推广价值。

3. 结合案例，分析宋哲团队是如何识别创业机会的。

工信部调研显示：2019 年，全球卫星产业规模为 2860 亿美元，其中测量市场占比约为 5%。据此可知，通信卫星测量市场规模可达千亿元人民币。然而，作为一个高度专业的细分领域，卫星测量没有得到应有的重视，测量仪"精度不足""效率低下""功能单一""价格高昂"。发明系列测量仪，解决了制约我国通信卫星发展的关键问题。

复习思考题

1. 简述创业机会的来源与特征。

创业机会的来源包括技术机会、政治和制度机会、社会和人口结构机会以及产业结构机会。有效的创业机会一般具有四个本质特征：稀缺性、时效性、持久性、获利性。

2. 你觉得识别创业机会是一个过程吗？为什么？

创业机会的识别是一个思考和探索互动反复，并将创意进行转变的多阶段的复杂过程。我们可将创业机会的识别具体分为准备阶段、孵化阶段、洞察阶段、评价阶段、阐述阶段五个阶段。一个创业计划的成功正是因为多个阶段的发展，从而高效地推动创意转化为机会。

3. 当某类创业机会的市场需求已经识别，但资源和能力还不具备时，你要如何促成这类创业机会形成创业项目？

一方面进行有效资源整合；另一方面尽快提升创业能力。

4. 创业机会的识别方法有哪些？

市场数据信息收集与研究法、环境趋势分析法、问题分析和顾客建议法、创意法。

5. 如何科学合理地评价创业机会？

价值性，可实现性，时效性，关键资源性。

案例分析

1. 李京阳是如何找到创业机会的？

2015年，李京阳拉上实验室里一起摸爬滚打的铁哥们儿王贤宇、印明威、包长春、海日汗，成立清航装备公司，开始制造无人机之旅。经过周密调研，他们得知，原来我国尖端无人直升机研制落后于美国近半个世纪，军用无人直升机更是空白，需求极为迫切，于是瞄准这一领域研制军用产品。

2. 案例中，李京阳是如何分析并转化创业机会的？

传统的直升机设计中，主旋翼不能耦合，既提供推力又提供升力，通过查阅国内外相关文献，他们决定突破常规，采用功能解耦，以交叉旋翼提供升力，并增加新式尾桨，保证推力，即所谓的交叉双旋翼复合推力尾桨无人直升机。

团队研制的世界首架交叉双旋翼复合推力尾桨无人直升机，具有载重大、操控稳、突防快的优势，载重相比传统构型提高了约30%，速度相比同级机型提升了约100km/h，打破了国外在复合推进高性能直升机领域近半个世纪的垄断，填补了国内空白。公司还完成了直升机三大动部件核心技术突破，并构建了直升机软硬件测试体系，开展了旋翼空气动力学实验分析、计算流体动力学（CFD）模拟仿真分析并拥有核心技术，旗下两款型号均以竞标第一名的成绩获陆军装备预研和科研经费支持，并列入全军武器系统采购网。

3. 本案例对你有何启发？

创业者要寻找到切实可行的创业项目，就要知道怎样去发现创业机会。创业机会是创业活动的逻辑起点，是创业初始最关键的活动之一。整个创业过程是通过创业机会来展开的，没有创业机会的发现和识别，整个创业就无从展开，创业机会识别是创业成功与否的决定性因素。

第四章　商业模式

引导案例

1. 三只松鼠是如何发现线下市场痛点的？

21世纪初，强大的线下销售渠道以定销模式诞生了一大批品牌，但是这些品牌所依托的传统商超、批发市场以及街边专卖店无法在短期内实现品牌效应。互联网的出现对整个企业带来了产业链的重塑，通过专业的物流、低成本的零售、产业链IP化等手段，连接上游的供应商以及下游的消费者，最终实现了整体业务的闭环，拉近了人与商品的距离。

2. 三只松鼠从哪些环节进行了商业模式创新？

三只松鼠打通了产品的整条供应链，得以全面参与研发和生产，形成了三只松鼠独特的"造货"模式。2019年，三只松鼠在"双十一"启动大会以及大联盟发布会上创新性提出了大联盟的概念，这是一个商业模式的巨大创新。它本质上以联盟方式为主，首先解决了传统意义上甲乙双方的交易关系，其次解决了生产力和生产关系之间的变化。

3. 三只松鼠靠什么赚钱？

三只松鼠主要以坚果产品销售为核心收入。

复习思考题

1. 什么是商业模式？它与盈利模式有何区别？

商业模式是指创业者以价值创造为核心，能把初创企业运行的内外资源（资金、原材料、人力资源、作业方式、销售方式、信息、品牌和知识产权、企业所处的环境、创新力等）有机整合起来，形成一个完整的高效率的具有独特核心竞争力的运行系统，并通过最优实现形式（产品和服务）满足客户需求，实现客户价值，同时使系统实现持续盈利目标的整体解决方案。盈利模式是商业模式的构成要素。

2. 商业模式设计的基本原则有哪些？

持续盈利、利益关联者价值最大化、资源整合、创新、融资有效性、组织管理高效率、风险控制、合理避税与成本控制。

3. 根据你所熟悉的创业项目，依次在商业画布九个空格中增加相关内容。

可参照案例分析乐高公司商业画布。

4. 在网络经济环境中，创业者如何进行商业模式创新？

重整价值链，重新定位产品或服务，挖掘资源潜能，重建价值网络，创造多种盈利模式。

5. 如何理解商业模式对于创业成功与否起着至关重要的作用？

在对创业机会进行识别与评价后，就要开发商业模式。商业模式简单来说就是企业或公司以什么样的方式来盈利。构成盈利的这些服务和产品的整个体系称为商业模式。如果创业者进行了成功的可行性分析，明确了有潜力的产品或者服务，开发商业模式阶段需要考虑的就是如何围绕它制定核心战略，构建合作网络，建立顾客关系，配置独特资源，以及形成价值创造的方法。作为企业存在的最基本要素，商业模式已经成为挂在创业者和风险投资者嘴边的一个名词。好的商业模式是企业成功的保障。未来的竞争将是商业模式的竞争。

案例分析

根据乐高这个风靡全球的玩具品牌，分析其核心价值和卖点，依次在商业画布 9 个空格中增加相关内容。

乐高商业画布见下表。

乐高商业画布

重要合作 （中国市场以腾讯在视频和游戏领域的合作为主）	关键业务 （塑料积木）	价值主张 （限制积木大小，但不限制想象力）	客户关系 （注意力放在核心产品上）	客户细分 （儿童）
	核心资源 （简单、耐用、种类丰富）		渠道通路 （分配渠道畅通）	
成本（从创意设计到商业化过程引入成本控制，如为得宝系列新版火车减掉一个齿轮结构节约了一半的成本）			收入来源（乐高积木和授权）	

第五章　创业资源

引导案例

1. 丘兆瀚在创业过程中是如何利用各种资源并进行整合的？

丘兆瀚在创业过程中，针对经验少、资金不足等问题，充分利用学校的人脉资源组成团结、有效率的创业团队，聘请营销专业指导教师当顾问、寻求赞助商赞助设备，实现了小微企业的成功创业。

2. 在"大鱼吃小鱼、快鱼吃慢鱼"的时代环境下，如何充分有效地利用身边资源？

在"大鱼吃小鱼、快鱼吃慢鱼"的时代环境下，谁反应快、谁行动力强，谁就能走在市场前列。从创业视角看，大部分创业者开始创业时都存在资源贫乏、经验不足的状况。即使创业前资源准备足够充分，创业者也不可能预见创业中出现的所有问题。"万事俱备，只欠东风"不太适合创业者。当机会来临时，创业者可以通过整合资源来实现创业。资源整合是创业者通过协调各种资源之间的关系获取所需的资源，匹配有用的资源，把互补性资源搭配在一起，使资源之间形成一种独特的联系，创造竞争对手无法模仿的价值。

3. 丘兆瀚创业是不是仅仅为了赚钱？他还做了哪些事？为什么？

创业之初，丘兆瀚通过做书籍团购、上门推销电热棒、与他人合作创办工作室等积累了丰富的经验，接近和掌握更多的信息资源、人脉资源、市场资源、经营管理资源等，为日后的创业奠定了良好基础。

4. 结合案例，谈谈如何理解资源整合的重要性。

创业者一开始创业不可能也没有必要拥有所需的全部资源，为克服资源和经验不足等"新创缺陷"，创业者需要在充分利用自身资源的基础上，创造性地将外部资源"为我所用"，进而得到创业所需的一系列资源。通过整合外部资源来实现自己的创业理想。

复习思考题

1. 结合创业实际，谈谈什么是创业资源。

对于创业者而言，凡是对创业有所帮助的要素都可以归为创业资源的范畴。因此，创业资源的内涵可以表现为创业者在创业过程中可获取与开发利用的有助于实现目标的各种要素以及要素的组合。

2. 创业项目资源有哪些类别？

按性质分类，创业资源可分为人力与技术资源、资金资源、实物资源、社会资源、信息资源与政策资源。

按存在形态分类，创业资源可以分为有形资源和无形资源。有形资源是具有物质形态的、价值可用货币度量的资源，如组织赖以存在的自然资源以及建筑物、机器设备、原材料、产品、资金等。无形资源是具有非物质形态的、价值难以用货币精确度量的资源，如信息资源、关系资源、权力资源以及企业的信誉、形象等。

按参与程度分类，创业资源可以分为直接资源和间接资源。直接资源是直接参与企业战略规划的资源要素，如财务资源、管理资源、市场资源、人才资源、科技资源等。间接资源是不直接参与创业战略的制定和执行的资源，如政策资源、信息资源等。

按重要性分类，创业资源可分为核心资源与非核心资源。核心资源主要包括人力与技术资源，是创业机会识别、筛选和运用三大阶段的主线。非核心资源主要包括资金资源、实物资源和环境资源。这些资源是初创企业成功创办和持续经营的基本资源。

按来源分类，创业资源可以分为内部资源和外部资源。内部资源是创业者或创业团队自身所拥有的可用于创业的资源，如创业者自身拥有的可用于创业的资金、技术、创业机会信息等。外部资源来自外部机会的发现，是创业者从外部获取的各种资源，包括从朋友、亲戚、商务伙伴或其他投资者处筹集到投资资金、空间、设备或其他原材料等。内部资源的拥有状况（特别是人力与技术资源）会影响外部资源的获得和运用。

3. 影响创业者进行资源整合的因素有哪些？

影响创业者进行资源整合的因素主要有：①创业导向。它是创业者在经营、实践和决策的过程中所采取的创新、承担风险、抢先行动、主动竞争和追求机会的一种态度或意愿。②创业者资源禀赋。它是创业者所具有的与创业相关的自身素质和外在关系的总和，主要包括创业者的经济资本、社会资本和人力资本。它能够为创业行为和初创企业的生存与成长提供有价值的资源。③创业者资源整合能力。它是指在创业过程中，以人为载体，在资源整合过程中所表现出的对资源的识别、获取、配置和利用的主体能力。④创业团队。初创企业把创意变成产品/服务，把产品/服务市场化、产业化是一个艰苦的过程，必须组建一个富有凝聚力和创新精神的创业团队，借助团队就可能拥有创业所需的各种知识和经验，人脉关系网络可以放得更大，能够有效地增加创业者的社会资本，提高创业成功的概率。⑤外部环境条件和政府政策支持。创业水平和创业资源受到外部环境因素的影响极大，尤其是政府的法规政策。创业环境好的地方一般会呈现较高的创业活动水平，而政府创业政策作为创业环境的重要内容是直接影响一个国家和地区创业活动水平的重要因素。

4. 简述从哪些途径可以获取创业资源。

可以通过市场途径和非市场途径获取创业资源。

市场途径是指通过支付全额费用在市场购买相关资源，包括交易换取（购买）与合作换取（联盟和并购）。交易换取是指通过交易形式，以企业自身所拥有的资金或实物的代价来换取企业所需资源的方式。合作换取是指通过合作方式，以双方或多方的共同投入来换取分享未来利益的方式。获取外部资源的关键在于拥有资源使用权或能控制和影响资源配置。

非市场途径是指通过资源吸引和资源积累，用最小的代价甚至无偿获取资源。由于起步阶段的创业者/创业团队往往囊中羞涩，很难通过支付全额费用购买的方式获取创业所需的各种外部资源，因此非市场途径——通过社会关系用最小的代价获取创业资源成为创业者首选，甚至无偿获取创业资源成为可能。

5. 创业资源的整合策略是什么？

基于对初创企业资源整合实践的分析和总结，学者们提出了创造性整合、步步为营、拼凑、杠杆效应四种被普遍接受的资源整合策略。

（1）创造性整合。创造性整合是指在资源束缚条件下，创业者为了解决新问题、实现新机会，发现已有资源的新用途，利用新途径创造出新的独特服务和价值。例如乔布斯对苹果手机的观念创新。成功的创业者大多是资源整合的高手，创造性地整合资源是他们成功的关键因素之一。

（2）步步为营。"步步为营"是指创业者在资源约束的前提下，在每个阶段投入最有限的资源，稳扎稳打。它尤其适用于初创期。创业者一方面要有能力设法将资源的使用降到最低，以至将成本降到最低，进而降低管理成本；另一方面要能够自主、自立、自强，以便减少对外部环境的依赖，达到降低经营风险的目的，加强对所创事业的控制。这实质上体现的是一种能力，一旦具备这种能力，创业者就会向成功步步靠拢。

（3）拼凑。拼凑是指在资源束缚下，创业者通过对手头有限资源的创造性整合和利用，创造出独特的服务和价值。从创业角度看，拼凑主要是指尽量运用手边的资源，凑合着用达到创业者的目的。创业者在进行资源整合时，有所为有所不为，即创业者要学会慧眼识"物"，善于识别资源、积累经验、完善制度，从而建立一种有效的应对办法，同时还要有动手的能力，及时运用身边的资源去解决问题，善于拼凑的企业也因此逐步走上正轨。

（4）杠杆效应。杠杆效应是指用较小的力气通过支点撬动较大的物体，后引申到其他领域，意指用较小的投入获得较大的产出。对创业者而言，教育背景、相关经验、个性品质、专业技能、信誉、资格等个人能力和素质最容易产生杠杆效应,实现在全社会范围资源使用的最大效用。对创业者来说,由于资金缺乏、时间紧迫,因此最合适的杠杆就是创业者个人的素质和能力,善于利用一切可以利用资源的能力。杠杆效应能以最少的付出或投入来获取最多的效益。

案例分析

1. 蒙牛的资源最初从何而来?

蒙牛一成立,处于"无市场、无工厂、无奶源、无品牌"的"四无"状态,随之开始资源整合。

蒙牛和一些由于经营不善即将倒闭的小规模的乳制品工厂合作,用它们的工厂、工人和生产设备,自己进行经营管理,做蒙牛的品牌,采取"逆向经营"的模式成功解决设备问题。

整合农村信用社,蒙牛与政府联手打造农村扶贫工程。农民到信用社贷款买牛,蒙牛品牌做担保;他们的奶牛产出的牛奶,由蒙牛负责包销。就这样,蒙牛以最少的成本,既解决了奶源问题,又赢得了扶贫的好名声。

蒙牛创业之初的广告是"向伊利学习,为民族工业争气,争创内蒙古乳业的第二品牌",这一做法既让内蒙古当地的老百姓认识了蒙牛,又很谦虚地说向竞争对手学习,承认了竞争对手的地位,这样便不会受到竞争对手的打压,使一个不知名的品牌很快跻身全国前列。

蒙牛的一系列做法成功整合了人力与技术资源、资金资源、社会资源、品牌资源与政策资源等。

2. 你从蒙牛资源的整合过程中得到什么启发?大学生若准备创业,则如何有效地整合资源?

通过蒙牛资源整合过程,作为创业者的大学生应该认识到,创业过程实际上也就是创业者建立、整合和拓展资源的过程。在这个过程中,创业者需要平衡取舍,对创立企业所需的资源进行识别、控制、利用和开拓。

首先,创业者要明白自己的资源整合能力以及企业所拥有的最初资源。创业者要有辨别真伪的能力,不能对所有资源都兼收并蓄。与此同时,要厘清哪些是战略性资源、哪些是一般性资源。之后,还要对资源的数量、质量、可利用程度进行分析。要做到这些,通常要求创业者具备一定的行业知识和社会关系网络。

其次,为了提高创业绩效,创业者需要尽可能利用手头资源和自身能力去获取并控制那些尚无法得到的资源。例如可以通过资源联盟的形式,联合其他组织对一些难以或无法自行开发的资源共同开发。

再次,在完成了对资源的获取和控制后,创业者需要不断挖掘、利用创业资源。运用科学方法对各种类型的资源进行细化、配置和激活,将有价值的资源有机融合起来,使之具有较强的系统性和价值性。注意协调各种资源之间的关系,匹配有用的资源,剥离无用的资源,使资源相互匹配、相互增强、相互补充,使之转化为企业内部的独特优势,从而为企业赢得市场,提高创业绩效。

最后,进一步开发潜在资源为己所用;进一步识别企业自有资源和外部资源,拓展资源的范围和功能,从而为下一步的资源识别、获取、配置和利用奠定基础。这也是企业持续竞争优势的源泉。

第六章　创业计划书

引导案例

1. 初创企业为什么要撰写创业计划书?

创业计划书作为书面文件,全方位描述与创立初创企业有关的内外部环境条件和要素,旨在阐述商机的意义、要求、风险和潜在收益,以及如何抓住这个商机。它涵盖初创企业创立过程中所涉及的市场营销、生产与运营、产品研发、管理、财务、关键风险以及一个完成目标任务的时间表。创业计划书有助于创业者厘清创业思路,明晰企业发展蓝图,客观理性地评判创业行为,也往往决定了投资交易的企业是否有兴趣合作。只有让投资者看懂创业者的创业计划书，了解企业发展前景，才能让投资者做出正确判断，使融资需求成为现实。创业计划书是大多数初创企业融资必备的"敲门砖"，好的创业计划书会为企业融资顺利铺路。

2. 投资者更青睐什么样的创业计划书？

首先，好的创业计划书通常包括产品/业务、商业模式、行业和市场、竞争分析、创业团队、运营、财务和融资规划。投资者通过创业计划书会对创业项目及创业团队产生第一判断，这个判断包含了对创业团队基本素质、态度、逻辑能力等多方面的印象。其次，整个创业计划书的框架要求结构清晰，而不是简单地照搬"别人家"的创业计划书框架或模板。最后，创业计划书的页数不宜过多，内容尽可能精简高效，每个字都必须具备价值，切忌堆"豆腐块"。

3. 创业计划书写作的技巧有哪些？

创业计划书写作的技巧表现为：①简洁易懂，直切主题。一份完整的创业计划书页数最好控制在25～35页。②条理清晰，详略得当，重点突出。③尽量用数字"说话"。④注意格式和细节。⑤通过征求创业团队以外人士及专业顾问的意见，不断地对创业计划书进行修改，以增强计划的可读性和规范性。

复习思考题

1. 创业计划书的撰写原则有哪些？

创业计划书编制的原则包括：①可靠性原则，即必须切合实际、实事求是，切忌过分夸张、言过其实。②全面性原则，即尽可能全面地涵盖各个方面以及创业者的思想。③简洁性原则，即在叙述上语言要平实干练，尽量避免深奥的专业术语，力求通俗易懂，开门见山。④规范性原则，即创业计划书的排版力求做到规范，装订力求做到整齐美观。⑤突出关键原则，即对投资者所关注的重点进行阐述。⑥可接受性原则，即撰写创业计划书时能够使投资者接收到创业热情高、专业经验丰富、人脉资源广、创新能力强、专业知识优势互补的创业团队信号。⑦可实施性原则，即一份高质量的创业计划书既有助于创业者成功实施创业蓝图，又有助于初创企业获得良好的融资能力和更多的创业资源。

2. 创业计划书应包括哪些内容？

创业计划书应包括产品介绍、商业模式、市场分析、发展规划、竞争分析研究、团队介绍、财务规划与预测、融资需求、退出机制等内容。

3. 创业计划书推介的技巧有哪些？

（1）做好推介准备。①创业者在推介计划成本前应尽可能多地搜集推介对象的信息，创业者要针对不同的推介对象，准备他们比较关注的内容。②创业团队最好就可能被问的问题提前做准备，尽量避免措手不及。③尽可能多地了解演讲场地的情况，尽量避免因不熟悉场地或紧张而引起项目介绍找不到重点、材料和演示工具准备不足、时间把握不好等问题。④最好多带几份创业计划书备用。

（2）掌握路演技巧。①利用PPT演示创业计划书。②掌握演讲技巧。首先，要严格控制好时间，避免超时，争取在最短的时间内讲出最有价值的内容。其次，运用好数据说明。再次，着装要得体，语速、语调、手势动作等要表现出自信积极的态度。最后，要顾及投资者的感受，注意观察、判断其兴趣点并及时做出调整。③掌握答辩技巧。不要啰里啰唆，不要软弱回避，不要针锋相对，不要语无伦次，前后不搭。

案例分析

1. A公司撰写创业计划书的目的是什么？

A公司撰写创业计划书的目的是吸引投资者的关注，让投资者看懂初创企业的发展思路和今后的发展前景，有助于投资者做出正确的判断，使融资需求成为现实。

2. A公司的创业计划书包括哪些内容？

A公司的创业计划书包括公司简介、创新模式、项目特色、市场分析、产品介绍、盈利模式、发展规划、运营管理、团队介绍、财务规划与预测、风险管理等内容。

3. A 公司的创业计划书适合采用什么方法推介？

A 公司的创业计划书适合采用路演方式，利用 PPT、Word 或 PDF 形式相互配合实施推介。

4. A 公司创业计划书推介中应注意哪些问题？

应注意突出项目特色、团队情况、运营实施情况、财务规划与盈利状况以及风险管理等推介对象比较关注的问题。注意训练自己言简意赅的表达能力。

第七章　创业融资

引导案例

1. 知乎为什么要进行融资？

企业创立与发展存在资金需求。案例中，知乎根据自身所处不同创业发展阶段的融资需求，以及不同融资渠道所能提供的资金数量、所产生的风险程度等特点，将不同阶段的融资需求和融资渠道进行匹配，从而提高融资效率，获得所需创业资金。

2. 知乎进行了几轮融资？

在天使融资的基础上，知乎又进行了 A ~ F 轮六轮融资。

3. 知乎不同阶段的融资各有什么特点？

知乎融资的每一个轮次都代表了企业特殊的发展阶段。比如，天使轮看人，A 轮看产品，B 轮看数据，C 轮看收入，上市看利润。

天使轮阶段，企业用户、收入、利润都较少，但核心团队基本成型，项目有了方向，产品有了雏形，这时候的融资金额相对较少。

A 轮融资阶段，企业有产品、有充分的数据，商业模式已经经过验证，融资金额增加。

B 轮融资阶段，企业的商业模式相对成熟，有数据，项目进入细分领域，企业在同类模式中成为领先者，融资金额大幅增加。

C 轮、D 轮融资阶段，通常战略投资人开始活跃。

E 轮、F 轮融资等一般属于巨型项目融资，通常是金融巨头参与。

复习思考题

1. 如何测算初创企业的融资规模？

创业者必须明白，企业所使用的资金都是具有成本的，如果在资金使用过程中不能创造出高于其成本的收益，则企业会发生亏损。这并不是说，筹集的资金越少越好，因为任何一家顺利经营的企业都需要基本的周转资金，如果筹集的资金不足以支持企业的日常运转，则企业会面临资金断流，进而导致破产清算。但这也不意味着筹集的资金越多越好，过多的资金所产生的利息会形成资金成本负担。因此，创业者在筹集资金之前，需了解企业运营所需资产的购买及日常各种必要开支费用的开销，一般包括支付场地的相关费用、办公家具、机器、原材料、库存商品、营业执照、开业前的广告和促销费、工资、水电费、电话费等。能够运用科学的方法，通过核算分析，准确地计算资金需求量。

2. 你所了解的融资渠道有哪些？

融资渠道主要有私人资金融资（包括自有资本融资、人脉融资及天使投资融资）、机构融资、政府或行业扶持基金以及众筹融资等。

3. 如果你是创业者，你会选择何种方式进行融资？

如果我是创业者，会考虑创业项目和产品与服务的具体特点来进行融资。在创业初期，企业正在筹建或刚刚组建，创业雏形尚未构建完成，没有有效的管理队伍，不具备相应的法人结构，产品还只是概念、样品或专利技术，没有经过市场检验，具有高度的不确定性。通常没有资金积累，缺乏创业需要的资本储备。这时所需资金主要用于创办企业费用、新产品、技术研发费用，而企业没有任何销售收入和盈利记录，风险承担能力有限。此时，企业的发展前景不够明朗，如果进行股权融资，对于融资者来说风险较大，创业者很难从外部筹集资金。创业者的自有资金、人脉融资、国家创业资金的资助可能是种子期采用较多的融资渠道。当核心团队基本成型，项目有了方向，产品有了雏形，也可以积极争取天使轮。当有了产品和充分数据，商业模式经过了验证时，企业可以争取 A 轮融资及 B 轮融资等。这时，债权融资等形式也可以考虑。

但是，创业者需要根据自身情况慎重选择，在考虑资金获得途径的可能性基础上，尤其要考虑融资的财务成本和融资对企业控制权的影响。

4. 债务融资和股权融资方式对于创业者而言分别意味着什么？

债务融资是指创业者以发行债券、银行信贷、商业信用、融资租赁等方式向债权人筹集资金的方式。它具有融资速度较快、融资灵活性大、资本成本负担较轻、稳定公司控制权等优点。

股权融资是指初创企业股东愿意出让部分企业所有权，通过企业增资引进新股东的融资方式。通常以发行股票的方式筹集资金，包括配股、增发新股以及股利分配中的送红股（属于内部融资的范畴）。投资者将按所获股权的份额获得相应比例的公司利润和控制权。它具有用途广泛、使用过程稳定、财务风险性小等优点。

但是两者也都有缺点。债务融资不能形成稳定的资本基础，到期需要偿还，再加上债务往往需要进行信用评级，没有信用基础的初创企业，往往难以取得足够的债务资本。债务资本有固定的利息负担，因此企业必须有一定的偿债能力，否则企业资金链条的吃紧或者断裂会让企业停业甚至破产。受到贷款机构资本实力的制约，筹资数额有限。

股权融资则由于普通股发行及上市等方面的费用较大、投资者或股东的报酬率较高等使资本成本负担较重。而利用股权融资引进新的投资者，必然会导致初创企业控制权结构的改变，分散了企业的控制权。此外，监管严格，需定期向投资者或股东发布企业经营业务、财务状况、经营成果等方面的信息。

创业者需要根据实际情况在考虑资金获得途径的可能性基础上做出慎重选择，尤其是要考虑融资的财务成本和融资对企业控制权的影响等。正如乔·克劳斯所言："在早期，新公司的创立者就要在取得成功还是掌握控制权之间做出选择，只要这个选择的目标明确，结果都还不错。"

5. 企业不同发展阶段所进行的融资是否会有所不同？创业发展阶段与融资渠道应如何匹配？

初创企业发展大致分为五个阶段，即种子期、启动期、成长期、扩张期和衰退期。初创企业所处的阶段不同，对于融资需求的资金量以及所产生的风险程度也会不同。

种子期是企业孕育阶段，企业正在筹建或刚刚组建，具有高度的不确定性。创业者很难从外部筹集资金。创业者的自有资金、人脉融资、国家创业资金的资助可能是种子期采用较多的融资渠道。除此之外，一些富有创意或特殊技术的项目很可能会受到天使投资者的青睐。

经过创业种子期，创业实体的雏形已经确立，企业处于启动期，其主要任务是进行科技成果的转化，使技术或概念变成商业化产品或服务，因此，资金需求量大而急迫。担保机构、风险投资机构就成为初创企业这一阶段的重要选择。

在成长期，企业已具备一定的规模，管理团队已经成型，销售量增长迅速，风险降低，容易获得外界认可。企业希望进一步扩大产能，拓展销售渠道，仍需要大量的资金投入。这一阶段由于企业处于发展及盈利阶段，建立了商誉，因此融资渠道较多，既可以选择股权融资，也可以选择债权融资；既可以考虑吸引风险投资，也可以选择银行贷款。此外，这个阶段还可以考虑合伙融资这种直接吸收社会投资者或者某些私营企业的融资模式。

进入扩张期，初创企业管理与运营已经步入正常轨道，产品销售进一步扩大，市场占有率迅速提高，企业处于高利润阶段，现金流已基本满足企业大部分需要，资金需求量相对稳定，且企业具备了一定的还款能力。但是，新的机会不断涌现，企业仍需要外部资金来实现扩张发展。此时，各种外界融资渠道都乐于进行融资支持，企业可以考虑银行贷款融资或通过小额贷款公司进行融资，也可以考虑天使融资以及债券、股票等资本市场，为企业提供丰富的资金来源。

进入衰退期，初创企业对于资金的需求已远不如前几个阶段。因此，本阶段创业者可以选择更加灵活的小额融资。

总之，考虑初创企业所处的发展阶段，将不同阶段的融资需求与融资渠道相匹配，有助于提高融资效率，使企业能够获得所需创业资金。

案例分析

1. 丁奔主要采用了哪些融资渠道？

丁奔主要采用了私人资本融资、人脉融资、交易信贷等融资渠道。

2. 怎样才能做出明智的融资决策？

（1）高风险、预期收益不确定的初创企业。它的特征是弱小的现金流、高负债率、低中等成长、未经证明的管理层，融资决策是个人资金、向亲朋好友融资。

（2）低风险、预期收益易预测的初创企业。它的特征是强大的现金流、低负债率、优秀的管理层、良好的资产负债表，融资决策是债务融资。

（3）高风险、预期收益较高的初创企业。它的特征是独特的商业创意、高成长、利基市场、到证明的管理层，融资决策是权益融资。

第八章　初创企业创立与成长

引导案例

1. 李某创建企业的初衷是什么？

李某创建企业的初衷是看准了食品超市的市场，准备把它做成事业，实现自我价值。

2. 设立合伙企业是不是必须签订合伙协议？

合伙企业成立的条件就是要有书面的合伙协议。

3. 以合伙企业的形式创业有何优缺点？

选择合伙企业形式创业的优点主要有：①可以共担风险。一个合伙人不能清偿对外债务时，其他合伙人都有清偿的责任。这样在风险方面表现为共同分担，合伙人可以在遇到困难时一起克服。②融资较易。合伙企业可吸纳具有融资优势的个人加入，减弱以至克服初创企业融资难的问题。③优势互补。合伙企业的创业者为两人或更多人，只要团队结构合理、优势互补、协调合作，就可以形成团队优势。

但是，合伙企业也存在缺点，主要有：①普通合伙人依法对企业债务负有无限连带清偿责任，即以普通合伙人自己的全部财产承担合伙债务的清偿责任，加大了风险性。②权力比较分散，决策效率低，企业内部管理交易费用较高，一旦产生决策方面的矛盾，易出现中途退场者。③外部筹资存在难度。

4. 合伙创业当事人应如何处理合伙事务？当事人如何退伙？

合伙协议约定合伙期限的，在合伙企业存续期间，有下列情形之一的，合伙人可以退伙：①合伙协议约定的退伙事由出现；②经全体合伙人一致同意；③发生合伙人难以继续参加合伙的事由；④其他合伙人严重违反合伙协议约定的义务。

合伙人违反上述规定退伙的，应当赔偿由此给合伙企业造成的损失。若合伙协议规定了合伙期限，未出现法定退伙情形而退伙，应当承担由此给合伙企业造成的损失。

复习思考题

1. 不同组织形式的企业各有什么特点？哪类适合你的初创企业？

不同组织形式企业的特点见下表。

不同组织形式企业的特点

组织形式	个体工商户	个人独资企业	合伙制企业	有限责任公司
依据法律	《个体工商户条例》	《中华人民共和国个人独资企业法》	《中华人民共和国合伙企业法》	《中华人民共和国公司法》
业主数量	一个自然人或者家庭	只能是一个自然人	2人或2人以上自然人或法人	1人以上自然人或法人股东
注册资本	无最低注册限额的限制			
成立条件	1. 有相应的经营资金 2. 可以起字号	1. 投资人是一个自然人 2. 有合法的企业名称 3. 有投资人申报的出资 4. 有固定的生产经营场所和必要的生产经营条件 5. 有必要的从业人员	1. 有2个以上合伙人。合伙人为自然人的，应当具有完全民事行为能力 2. 有书面合伙协议 3. 有合伙人认缴或者实际缴付的出资 4. 有合伙企业的名称和生产经营场所 5. 法律、行政法规规定的其他条件	1. 股东符合法定人数 2. 股东共同制定章程 3. 有符合公司章程规定的全体股东认缴的出资额 4. 有公司名称，建立符合有限责任公司要求的组织机构 5. 有公司住所
经营特征	资产属私人所有，可以雇帮手或学徒。业主既是所有者，又是劳动者和管理者	财产为投资者个人所有。业主既是投资者，又是经营管理者	依照合伙协议共同出资、合伙经营，共享收益、共担风险	丰富的内部组织架构形式、股权所有权流动性较强、对外融资方式多样等
利润分配	利润归个人或家庭所有	利润归投资者个人所有	合伙人按合伙协议分配。但合伙协议不得约定将全部利润分配给部分合伙人或者由部分合伙人承担全部亏损	按股东出资比例分配利润
债务责任	以个人或家庭全部财产作为责任财产承担无限清偿责任	投资人以其个人资产对企业债务承担无限责任	普通合伙人对合伙企业债务承担无限连带责任，有限合伙人以其认缴的出资额为限对合伙企业债务承担责任	每个股东以其所认缴的出资额对公司承担有限责任

2. 创业者选择企业组织形式时应该考虑哪些因素？

创业者选择企业组织形式时应该考虑以下因素：①拟进入的行业。对于法律有明确规定的行业，只能按照法律的要求办理；而对于法律没有明确规定的行业，则要根据实务中的通常做法以及创业者的特殊要求来确定组织形式。②税收负担。企业组织形式不同，所缴纳的税种也不同，因此，选择企业的组织形式必须考虑税务问题。③创业者的风险承担能力。企业组织形式不同，在经营过程中所承担的风险也不同。根据合伙企业法及个人独资企业法的规定，对于普通合伙企业、个人独资企业，合伙人或投资人需要以全部个人财产对企业的债务承担无限连带清偿责任，对投资者无法起到风险隔离的作用。④融资需求。不同的企业组织形式，融资能力、融资成本存在差异性。⑤企业控制与管理模式。不同的企业组织形式对参与者的所有权、管理权和风险承担能力都有规定，公司制企业可以实现所有权与管理权的分离，而个人独资企业及合伙企业一般需由投资者投入日常经营管理。⑥投资退出机制。在创立企业时，创业者也应预想到未来企业所有权转换、继承、买卖的问题。以上因素都会对投资人在选择企业组织形式时形成影响，必须对各项因素进行综合分析、比较，才能最终选出符合投资人需求的企业组织形式。

3. 初创企业的注册流程是什么？

初创企业的注册流程是：预先核准企业名称—材料准备和材料提交—主管部门审查—现场领证—刻章—税务登记与申领发票—开设银行账户。

4. 即将创立企业的创业者需要了解哪些法律法规，以保证企业在法律的框架下运营并受到法律保护？

创业者创立企业需要了解以下法律法规：①规定企业设立、组织、解散的法律法规。这包括《中华人民共和国公司法》《中华人民共和国合伙企业法》《中华人民共和国个人独资企业法》《中华人民共和国公司登记管理条例》《中华人民共和国企业破产法》等。②规范企业劳动关系的法律法规。《中华人民共和国劳动法》《中华人民共和国劳动合同法》《中华人民共和国就业促进法》《社会保险费征缴暂行条例》《工伤保险条例》《最低工资规定》等有关的法律法规。企业除了涉及劳动合同，还涉及其他合同，如买卖合同、借款合同、租赁合同、运输合同、保管合同等。③与知识产权相关的法律法规。这包括《中华人民共和国专利法》及其实施细则、《中华人民共和国商标法》及其实施条例、《信息网络传播权保护条例》等。④规范企业市场交易活动的法律法规。这包括《中华人民共和国民法典》《中华人民共和国产品质量法》《中华人民共和国反不正当竞争法》《中华人民共和国反垄断法》《中华人民共和国广告法》《中华人民共和国消费者权益保护法》等。这部分法律法规主要解决企业合法经营、公平交易问题。⑤规范国家宏观调控行为的法律法规。这包括《中华人民共和国环境保护法》《中华人民共和国对外贸易法》《中华人民共和国企业所得税法》《中华人民共和国金融法》等。⑥与创业纠纷解决相关的法律法规。这包括《中华人民共和国民事诉讼法》《中华人民共和国行政诉讼法》《中华人民共和国仲裁法》《中华人民共和国劳动争议调解仲裁法》等。

5. 初创企业注册成立后，为什么还需承担社会责任？需要承担哪些社会责任？

初创企业注册成立后，除了要遵纪守法经营，还必须积极主动地承担社会责任，为实现相关公众的利益和改善社会环境做出贡献，才能真正赢得社会认同。

企业社会责任包含经济责任、法律责任、伦理责任和自行裁判责任四个层次。①经济责任是企业应承担的最基本层次的、首要的责任，包括为股东提供投资回报，为员工创造工作环境并提供合理报酬。②法律责任是企业应承担的第二层次的责任，即企业经营活动应遵守法律法规，要依法纳税，安全生产，并在国家法律法规允许的范围内经营和发展。③伦理责任是企业应承担的第三层次的责任，包括尊重他人，维护员工合法权益，避免对社会造成伤害，在节约资源，保护生态环境等方面承担责任，做符合伦理道德规范要求的事情。④自行裁判责任是企业应承担的最高一层的责任，这是一种企业自愿履行的责任，法律规范、社会期望甚至伦理规范并没有对企业承担责任提出明确的要求，企业决定具体的创业活动，拥有自主判断和选择权。

企业承担社会责任的对象包括股东、员工、消费者、政府、社区、环境等。

案例分析

1. 在什么样的动机驱使下，李金生萌发了自主创业的念头？

不服输的性格是促使李金生创业的内部因素，此外，还有一些外部因素。他能创业成功不是靠运气，而是靠自己的努力与坚持。李金生的创业动机主要表现为以下三点：

1）他的父亲靠着微薄的收入养活一家人，他想靠自己的努力改变家里的生活条件。

2）由于自身条件和当时的生活条件都不好，陈燕母亲对他不是很满意，不放心把女儿交给他，他非常想得到陈燕母亲的认同。

3）没有人相信农村出身的他可以创业成功，甚至家里人认为学一个简单的谋生手艺维持生活就足够了。例如理发，在家里开个理发店就很不错了，而他并不相信自己只是开理发店的命，想要改变别人对他的看法，掌握自己的命运。于是，李金生凭借不服输的性格开始了创业之路。

李金生对自己的生活条件不满意，为了提高生活水平开始创业，属于"生存需求型"驱动的创业；其中，伴随着他想要掌握自己的命运，改变他人对自己的看法，获得别人的认可，实现创业想法，属于"事业成就型"驱动的创业。

2. 李金生初次创业，他是如何探索自己的创业之路的？

首先，李金生的教育文化和生活背景以及身边朋友对他的定位，激起了他想改变现状的决心。经过深圳几年来工作和生活的历练，李金生下了说干就干的创业决心。

其次，基于他对农产品电商的了解，以及积攒的人脉资源，再加上国家相关政策的扶持，李金生毅然开启了他的创业之路。

最后，经过几次资源整合，选对了合作伙伴，企业慢慢步入正轨，并且确定了企业未来的发展方向，为实现农产品产业化构造宏伟蓝图。

3. 李金生在创业之初遇到了哪些机会？他是如何筛选这些机会的？

李金生在创业之初遇到的机会可以分为主观感知到的机会和客观存在的机会。李金生之前在深圳做市场营销及信息化业务时，接触到了农产品信息化，使其对农产品电商这一领域产生了兴趣。他发现农产品电商在自己的老家江西市场空缺很大，可以运用"互联网＋现代农业"来对江西各个小商户进行平台资源整合，从而打造相对完善的农产品电商平台。从这个角度来看，在江西进行创业应该会大有所为。这是李金生在创业开始时主观感受到的机会。

李金生是农民出身，从小就对各类农产品相当熟悉。而且，李金生是一个充满冒险性、合作性、不服输精神的人。因为结婚后丈母娘对他的不认可，而他又想让妻子和自己过上好日子，更激发了他的这些精神，让他敢于迈出创业的第一步。同时，国家大力推行精准扶贫政策，正与农产品的采购、销售结合到了一块儿，加之江西又是农业大省，这几点正是李金生创业开始时客观存在的机会。在这样的综合大背景下，李金生开始了他的创业之路。

4. 促成李金生创业成功的关键因素有哪些？

李金生创业成功的因素有很多，包括强烈的创业动机、恰到好处地抓住创业时机、合理选择创业团队、选择合适的创业项目及环境等。其中最关键的有以下两点：

（1）充分了解和提升自己。他分析自己不甘于永远做一个打工人，坚定地想通过创业来改善自己及全家的生活水平，但是他知道自己有一些方面不擅长，所以他选择在自己感兴趣且熟悉的农产品电商领域不断钻研，在创业的同时也不停地学习，使自己及企业越来越好。

（2）选对了团队，用好人。李金生的核心管理团队几乎都是从知根知底的合伙人里选择出来的。团队成员之间因为相互了解，就少了许多内耗，使企业有更多的资源投入需要的地方。通过目标管理，使每个人都有明确的目标，也有了奖惩的依据。这样可以充分发挥优秀人才的作用，并且达到了利益相关者均受益的理想状况。

第九章　初创企业管理

引导案例

1. 从上面的案例中，你得到了什么启示？

首先，要有心理承受力。初创企业具有高风险性，没有良好的心理承受能力，永远别想自己当老板。

其次，要有资金做支撑。资金是创业最基本的要素。没有资金，好的设想只能是一种设想。

再次，做好市场调研。缺乏对市场的分析评估会导致企业没有应对危机的心理准备和能力。

最后，做好市场规划。做一个产品，最终目的是把它推销出去。在推销之前要想好销售策略，否则，等发现问题时，市场已不属于你的了。

2. 邱鼎在初创企业管理中，面对风险时是如何处理的？

邱鼎在初创企业管理中，面临市场、资金、人才等方面的风险。初创企业在创业之初，要把技术变成产品，再把产品变成钱的生产与营销环节，需要创业者下功夫来做。邱鼎在把技术变成产品的过程中，由于对市场没有做好调查，导致在采购原材料过程中资金支出大大超出预算；在制造过程中，由于缺乏对加工企业的调查与有效沟通，以及缺乏经验，导致产品制造出了问题，并且由于没有签订合同而无法索赔，自认损失。在市场推广过程中，缺乏专业的营销人才，让擅长技术而不擅长沟通的同事进行推销，导致推销不畅。在推销过程中，由于产品不符合市场要求，以及没有筛选出合格的中间商，导致中间商推销不力，压货和压款造成资金周转不灵，最终导致企业退出市场。

3. 考虑到资金的重要性，企业应如何管理有限的资金？

初创企业资金链非常薄弱，任何好的项目，如果后续资金不足，前期投入会受到很大影响。所以创业者应重视财务管理，不仅要对企业存量资金运用合理，对未来的流量资金也要有规划。创业者要进行成本核算，准确预测现金流量，编制财务报表进行财务分析，才能精确计算企业的收入与支出，才能评估项目是否值得投资，才能合理地预测企业利润。

复习思考题

1. 如何理解初创企业的内涵与特性？

初创企业是指创业者利用商业机会通过整合资源所创建的一个新的具有法人资格的实体，它能够提供产品或服务，以获利和成长为目标，并能创造价值。初创企业能否生存或健康成长至关重要，这既关系到初创企业的成败，又关系到企业今后能否持续发展。初创企业是成熟企业必经的一个阶段，也是企业商业模式的摸索阶段。初创企业由于根基不是很牢固，随时都面临着倒闭危险。很多失败通常是企业在初期管理上的不成熟所致。因此，创业者必须清晰地了解，一个企业能否走向辉煌，取得优异的成绩，与其在初创企业阶段的管理有着密切的联系。

初创企业的特性表现为：①初创企业具有高成长性和高风险性。初创企业由于规模较小，受技术环境变化、商业模式变革、竞争对手打压、内部管理缺陷等的影响，在许多方面都处于劣势，呈现出"易变""不稳定""高死亡率""充满风险"等特点。②初创企业管理是以生存为首要目标的"生存管理"。一切围绕生存而运作，应避免一切危及生存的做法。有机会就做出反应，而不是有计划、有组织、定位明确地开发利用自己所创造的机会。③初创企业具有灵活性和创新性。初创企业的机制灵活，以目标为导向，轻分工、强协作，创业者与团队成员相互融合成为一个整体，反应速度快，灵活且充满活力。④寻求社会高程度认同。社会高程度认同能够帮助初创企业快速在消费者心中建立良好形象，扩大企业的影响力。

2. 初创企业管理的内容有哪些？

初创企业管理技能主要包括企业战略管理、人力资源管理、财务管理、营销策略、技术创新与产品研发、风险管理等。

3. 结合你准备创业的项目，分析成长过程中可能会面临的挑战有哪些。

初创企业的数量很多，但能够实现成长的企业并不多，其中实现快速成长的企业则更少，其原因在于初创企业的成长会遇到各种限制和障碍，会面临各种发展陷阱和挑战。①内部管理复杂性的增强。初创企业的快速成长体现为市场的快速扩张、客户数量的规模化增加、员工人数的大幅增长等，会吸引各种组织（包括竞争对手、潜在投资人、管制机构、新闻媒体等）的注意力，同时也需要获取更多的资源以支撑其成长，这就使得企业内部的管理工作会在短时期内变得多且杂乱。对不确定性引起的复杂性进行管理，是初创企业成长过程中面临的主要管理问题。②创业团队管理能力的不足。对于初创企业而言，企业家管理一部分要用于现有业务的运作和优化，另一部分要用于扩张性活动，如开发新产品、新市场等。如果管理能力的增长跟不上企业规模扩张的步伐，就会出现管理危机。③外部环境不确定性的增加。企业的快速成长吸引了众多竞争对手的进入，改变了行业的竞争状况，让初创企业的市场环境变得更加不确定。④市场容量的限制。一方面，在市场容量有限的前提下，众多竞争对手的加入会阻碍初创企业的成长；另一方面，创业初期的区域市场容量将无法支撑企业快速发展的需要，创业者必须寻求扩张。扩张的路径主要有两条：地域扩张和产业延伸。地域扩张往往受到各地文化、法律和市场环境的影响；产业延伸则会面临资源不足、管理分散等多元化经营的相关障碍。如果创业者不能很好地解决这些问题，市场容量的局限性就会变得明显，最终会像一堵墙一样阻碍企业继续扩张和成长。⑤人力资源和资金的约束。初创企业的成长还面临极大的资源约束，尤其是人力资源和财务资源的缺口。但在创立初期和成长期，多数初创企业的自由现金流入不足，而且不够稳定，无法满足企业快速成长的需要，导致较大的资金缺口。⑥持续创新和战略规划能力的不足。由于创业的机会导向性和初创企业的生存压力，多数创业者更加注重行动而非战略思考，甚至许多人认为初创企业和中小企业没有战略，也不需要战略。但事实上，战略的缺乏往往导致初创企业随波逐流，小富即安，对未来的发展方向茫然不知所措，核心竞争力无法有效塑造，甚至被大企业或同行挤在角落里苦苦挣扎，发展遇到了瓶颈却无法有效突破。⑦创业者角色转变及团队建设的滞后。

4. 结合你准备创业的项目，分析如何合理使用初创企业成长管理策略。

初创企业成长是一个动态的过程，即通过变革创新和强化管理等手段整合资源并促使资源增值，进而追求持续发展的过程。创业管理除了需要为成长做好准备之外，还需要结合初创企业的管理特性，了解企业成长规律，掌握企业成长管理的技巧和策略，以保障企业快速、持续发展。

（1）注重整合外部资源。初创企业在创业过程中，往往会遇到人力、物力、财力相关资源匮乏的情况，仅仅依靠自身的力量，发展速度缓慢，所以要学会借助别人（包括竞争对手、合作伙伴、政府部门、社会团体等）的优势，通过发挥资源的杠杆效应来发展壮大自己，这是快速成长的有效策略。

（2）管理好初创企业持续成长需要的人力资源。企业根据创业战略分析人力资源供给与需求状况，并制定相应的政策和措施，确保在需要的时间和需要的岗位上可获得各种需要的人才，创造良好的人力资源环境，提供广阔的成长空间，实施经营成果分享计划，使人与事相结合，事得其人，人尽其才。

（3）注重用成长的方式解决成长过程中出现的问题。注重在成长阶段主动变革，善于把握变革的切入点，重视人力资源的开发，注重系统建设。

（4）提升复杂环境下的战略规划能力。明确的战略规划对企业创立初期的快速成长起到了重要作用，但这一时期创业者制订的战略规划显然具有这些特点：①明显的销售导向；②缺乏系统的分析；③战略规划具有战术性。企业持续成长的战略规划需要在原来的基础上不断调整，甚至制订新的战略规划。此时战略规划的重点是要把握对复杂环境的应对。

（5）学习并提升技能。初创企业的创立与成长本质上是一个学习的过程。学习是创业的核心，一位卓有成效的创业者也必定是一位优秀的学习者。他会从一切事物中学习。创业学习更多表现为经验学习、情境学习和关键事件学习，在行动中总结规律，分析问题的深层次原因，丰富知识，提升技能。值得注意的是，创业学习不能停留在对过去的总结和反思上，更重要的是指导未来，并在未来的发展中保持领先。

（6）从过分追求速度转变为突出企业的价值增加。正如初创企业快速发展的核心精髓是价值创新，企业在快速扩张时也要对所在行业提供的传统顾客价值进行"颠覆式"创新，通过重点打造顾客在意的价值要素，而在其他要素上提供适当价值，剔除不必要的要素，不仅能够为顾客提供卓越的价值感受，还能使企业以低成本的方式实现盈利，获取差异化和低成本的双重好处。

（7）形成稳定的核心价值观和文化氛围。对于追求成长的初创企业而言，创业团队务必要通过创业精神的保持和发扬，源源不断地给企业的成长注入创新与变革的基因，使其不因企业的成长而减弱，而是不断地迎接挑战，进行二次创业、三次创业等。

案例分析

1. 悦管家创业之初面临的主要问题是什么？

悦管家创业之初面临的主要问题是：①从市场角度看，家政服务企业尽管数量庞大，但规模较小、集中度低，存在规范性不够、极其分散、效率低下、优质的服务人员稀缺、没有统一的管理等问题，并且家政服务缺少创新，整体服务品质和客户满意度不高。②从企业角度看，悦管家由于推广手段有限，公司的营业收入增长缓慢，针对家政人员的培训和开店发展受到限制，存在供应链不完善、品牌和口碑尚未完全建立、客户认知和黏性较低的问题。

2. 成长中的悦管家是如何面对环境变化给企业带来的冲击的？

第一，取消补贴，"砍掉"不赚钱的业务，加强现金流及成本-收益的管控。第二，开拓发展 B 端业务，主要包括民宿保洁、酒店保洁、公寓保洁，以及办公物业保洁。B 端业务因为其服务时间正好与 C 端业务的高峰期互补，悦管家平台的服务人员能在接单状态下被大概率分配到适合的订单，实现服务员在不同部门之间的共享时间。第三，拓展新领域，进军企业餐厅，依托无油烟的中央厨房，为企业客户提供健康餐食。用万众创新的互联网思维鼓励厨师开发新菜品；引入人脸识别，用科技改变基础体验。第四，面对突如其来的新冠肺炎疫情困境，悦管家把保洁业务向消毒业务拓展，迅速进行微创新，使营业收入得以迅速恢复到接近疫情前的水平。

3. "后新冠时代"会给家政服务市场需求端造成什么样的影响？

新冠肺炎疫情对社会的影响相当深远，在相当长的时间内，人们的生活习惯都会面临根本性改变，客户需求服务由线下转向线上，希望得到整合性、高质量的增值服务。

大量的传统企业或主动或被动转型互联网，这让数字化社会开始加速。悦管家为应对疫情及未来市场的巨大变化，利用稳定的高质量服务在与各大物业公司合作中具有相当的竞争力。另外，继续完善合伙制经营和年轻化的人才战略，对组织构架、业务流程等进行一系列优化和调整，继续加大互联网技术（IT）投入，全面升级服务者平台、持续建设数据，实现数字驱动业务自运转，科技赋能更多云店体系中的创业者、就业者、参与者。不断深化家政领域的"双创"工作，未来在上海打造一个以家政服务业为核心产业生态园，建立家政服务业"创业带动就业"的产业孵化器，建立集家政培训和技能鉴定于一体的基地模式。

4. 初创企业迅速成长为什么必须具有持续创新的能力？

富于创新是推动企业成长的主要动力。企业创立之后，创业者关注的核心问题是销售和生存，将大量的精力和资源投入市场拓展和融资中，初创企业在创立初期创新的推动力会随着市场客户熟悉程度的增强和创业者投入资源的减弱而减弱。与此同时，知识产权保护不力，竞争对手模仿行为的增多，也可能让初创企业创新激励下降和减弱。因此，在缺乏资金、技术、人力资源和组织保证的情况下，保持初创企业持续创新的动力、能力和活力至关重要。

参考文献

[1] 李家华，张玉利，雷家骕. 创业基础 [M]. 北京：清华大学出版社，2015.

[2] 李时椿，常建坤. 创业学：理论、过程与实务 [M]. 2版. 北京：中国人民大学出版社，2016.

[3] 徐俊祥，徐焕然. 创未来：大学生创业基础知能训练教程 [M]. 2版. 北京：现代教育出版社，2017.

[4] 杨雪梅，王文亮. 大学生创新创业教程 [M]. 北京：清华大学出版社，2017.

[5] 黄海荣，杨辉. 大学生创新创业教育指导 [M]. 上海：上海交通大学出版社，2016.

[6] 张耀辉. 创业基础 [M]. 重庆：重庆大学出版社，2018.

[7] 杨芳，刘月波，刘万韬，等. 大学生创新与创业教程 [M]. 2版. 天津：南开大学出版社，2016.

[8] 邢大立，魏东初，梁汉钧. 大学生创业教育体系理论与实践 [M]. 广州：暨南大学出版社，2014.

[9] 吴世珍，靳安广，刘泽玉，等. 大学生创新创业教育教程 [M]. 沈阳：东北大学出版社，2016.

[10] 黄远征，陈劲，张有明，等. 创新与创业基础教程 [M]. 北京：清华大学出版社，2017.

[11] 周余. 创业百道：创业者实战百科 [M]. 北京：电子工业出版社，2015.

[12] 陈工孟. 创业基础与实务：上册 [M]. 北京：经济管理出版社，2016.

[13] 李秀华，刘武，赵德奎. 大学生创新与创业 [M]. 长春：吉林大学出版社，2015.

[14] 文胜，成波锦. 创业基础 [M]. 西安：西安交通大学出版社，2015.

[15] 杨芳. 创业设计与实务 [M]. 北京：机械工业出版社，2016.

[16] 李国强，刘君. 大学生创新创业基础 [M]. 北京：机械工业出版社，2019.

[17] 李家华. 创业基础 [M]. 2版. 北京：清华大学出版社，2017.

[18] 高静，黄俊. 创业基础理论与实务 [M]. 北京：清华大学出版社，2017.

[19] 张玉利，薛红志，陈寒松，等. 创业管理 [M]. 5版. 北京：机械工业出版社，2020.

[20] 张玉利. 创业研究经典文献述评 [M]. 北京：机械工业出版社，2018.

[21] 田增瑞. 创业基础 [M]. 北京：北京大学出版社，2017.

[22] 张玉利. 创业管理 [M]. 3版. 北京：机械工业出版社，2013.

[23] 吴晓义. 创业基础：理论、案例与实训. [M]. 2版. 北京：中国人民大学出版社，2019.

[24] 龚秀敏. 创业基础与能力训练 [M]. 北京：北京大学出版社，2016.

[25] 刘志阳. 创业画布 [M]. 北京：机械工业出版社，2018.

[26] 邓汉慧. 创业基础 [M]. 北京：北京大学出版社，2016.

[27] 赵公民. 创业基础：理论与实务 [M]. 北京：人民邮电出版社，2017.

[28] 王艳茹. 创业基础如何教：原理、方法与技巧 [M]. 北京：清华大学出版社，2017.

[29] 王兴元. 创业基础 [M]. 北京：清华大学出版社，2017.

[30] 李家华. 创业基础 [M]. 北京：北京师范大学出版社，2013.

[31] 杨秋玲，王鹏. 创业基础 [M]. 北京：北京理工大学出版社，2019.

[32] 许明. 创新创业基础 [M]. 大连：东北财经大学出版社，2019.

［33］薛永基．创业基础：理念、方法与应用［M］．北京：北京理工大学出版社，2016.

［34］黄玉珊，周松，欧阳亮．大学生创新创业基础与竞赛进阶教程［M］．北京：科学出版社，2019.

［35］张香兰，程培岩，史成安，等．大学生创新创业基础［M］．北京：清华大学出版社，2019.

［36］蔡剑，吴戈，王陈慧子．创业基础与创新实践［M］．北京：北京大学出版社，2015.

［37］李肖鸣．创业基础慕课学习评价手册［M］．北京：清华大学出版社，2015.